蔡东藩
中国通史

两晋篇 插图版

蔡东藩◎著　刘军◎编

时代文艺出版社
SHIDAI WENYI CHUBANSHE

图书在版编目（CIP）数据

蔡东藩中国通史．两晋篇：插图版 / 蔡东藩著；
刘军编．－－长春：时代文艺出版社，2024.10.
ISBN 978-7-5387-7542-6

Ⅰ．K209
中国国家版本馆CIP数据核字第20246L4B52号

蔡东藩中国通史·两晋篇（插图版）
CAI DONGFAN ZHONGGUO TONGSHI·LIANG JIN PIAN（CHATUBAN）

蔡东藩 著 刘军 编

| 出 品 人：吴　刚 |
| 责任编辑：邢　雪 |
| 装帧设计：末末美书 |
| 排版制作：胡玉冰 |

出版发行	时代文艺出版社
地　　址	长春市福祉大路5788号　龙腾国际大厦A座15层（130118）
电　　话	0431-81629751（总编办）　0431-81629758（发行部）
官方微博	weibo.com/tlapress
开　　本	690mm×980mm　1/16
印　　张	16.75
字　　数	259千字
印　　刷	唐山富达印务有限公司
版　　次	2024年10月第1版
印　　次	2024年10月第1次印刷
书　　号	ISBN 978-7-5387-7542-6
定　　价	49.80元

图书如有印装错误　请寄回印厂调换　（电话：010-83670070）

序

为了让更多读者体会蔡东藩《中国历朝通俗演义》的魅力，一批年轻的文化人经过艰苦努力，以专业的精神和严谨的态度，将蔡著的"旧白话"——这种"白话"今天已经不太能读得懂了——重新编写为今人能够轻松理解的当代白话。毫无疑问，这是让蔡著得到传承的较好方式之一。他们的工作"活化"了蔡著，既是一次对原著的致敬，也给原著的呈现带来了一种新的可能性。经过整理编写后的作品，为读者提供了便利，使得不同的读者都可以轻松地进入中国历史的深处。

蔡东藩的《中国历朝通俗演义》是一套让我印象深刻的书，少年时代曾经激起我的强烈兴趣。那是 20 世纪 70 年代中期，可以读的书少得可怜，但一个少年的求知欲是极高的，阅读的兴趣也极强，因此我极爱读些"杂书"。当时中华书局出版的蔡著就是让我爱不释手的"杂书"，它把历史讲得条理清晰，还饶有趣味。虽然引用文献的部分比较枯燥，但这套书还是深深吸引了我。看过一部之后，我就请求母亲将整套《中国历朝通俗演义》都借来。通过这套书，我对历史产生了兴趣。历史的复杂、深刻，实在超出一个少年的想象。看到那些征战杀伐、宫闱纷争之中人性的难测，确实感到蔡东藩笔下的历史与众不同。蔡东藩给予我的，是一个丰富和芜杂的历史。在这套书里，王朝的治乱兴衰，人生的枯荣沉浮，让人感慨万千，让我不得不去思考在渺远的时间深处的人。可以说，我对于中国历史的真正了解，就是从这套历史演义开始的。

四十多年前的印象一直延续到今天。不得不承认，这套讲述从秦朝到晚清的皇皇巨著，是一套难得的线索清晰、故事完整、细节生动的作品。它以通俗小说"演义"历史，以历史知识"丰富"通俗小说，既可信又可读。

蔡东藩对于历史的描述是从普通人的视角出发的。他不是一个鲁迅式的启蒙者，但他无疑具有一种另类的现代性，一种与五四新文学不同的表达方式。蔡东藩并不高调激越，他的现代性不是启蒙性的，不是"我启你蒙"，而是讲述历史、延续传统。

在《清史通俗演义》结尾，蔡东藩对自己做了一番评价，足以表现一个落寞文人的自信："录一代之兴亡，作后人之借鉴，是固可与列代史策，并传不朽云。"他相信自己的作品，足以与司马迁以来的史学名著"并传不朽"。

蔡著的不可替代之处，不仅在于他准确地挑出了历史的大线索，更在于他关注了历史深处的人的命运。有些历史叙述者，过于追求所谓"历史理性"，结果常常忘记历史是鲜活生命的延续。在这些人笔下，历史变成了一种刻板和单调的表达。而蔡著不同，他笔下的历史有血液、有温度，是可以触摸的。他的历史是充满人情味的"故事"。

从蔡著中，我们可以感受到活的历史，体验到个人命运与国家、文化之间密不可分的关系。冯友兰在《西南联大纪念碑》的碑文中这样阐释中国文明的命运："我国家以世界之古国，居东亚之天府，本应绍汉唐之遗烈，作并世之先进。将来建国完成，必于世界历史，居独特之地位。盖并世列强，虽新而不古；希腊罗马，有古而无今。惟我国家，亘古亘今，亦新亦旧，斯所谓'周虽旧邦，其命维新'者也。"今天，中国文化所具有的历史连续性和不断更新的魅力正在焕发光芒，冯先生对于中国未来的期许正在成为现实。

在这样的时机，就更凸显其价值。我们期望读者能够从中获得阅读的乐趣，并从历史中得到启发，走向更好的未来。

让我们一起进入这个丰富的历史世界。

是为序。

张颐武

笨儿当太子	001	竹林七贤	024
晋武帝被骗	004	枉死的皇太子	027
堕泪碑	007	司马伦篡位	030
东吴的覆亡	010	司马冏专权	032
羊车轶闻	013	王室内讧	035
晋武帝驾崩	016	平定荆州	038
悍后贾南风	019	烽火洛阳城	040
人臣的悲哀	022	刘渊建汉	043

contents

司马越起兵	046	祖逖渡江	066
呆皇帝暴死	049	大意失蓟城	068
北宫纯平贼	052	陶侃勇破乱贼	071
刘聪继位	054	西晋亡	074
司马越自误误国	057	东晋的兴立	077
洛阳失陷	060	石勒建后赵	079
怀帝愧死他乡	063	王敦造反	082

谯王举义	085	石勒称帝	107
元帝饮恨	088	石虎擅杀太后	110
讨伐王敦	091	蜀　乱	112
明帝早逝	094	石虎攻燕败逃	115
苏峻造反	096	李寿篡夺西蜀	118
勇将毛宝	098	慕容皝攻破高句丽	120
苏峻的败亡	101	宇文部溃败	123
刘曜失洛阳	104	桓温平巴蜀	126

谢艾凉州破敌	128	桓温石门退师	153
梁犊叛乱	131	慕容垂奔秦	156
石氏之乱	134	苻坚灭前燕	159
后赵亡国	137	奕帝被废	162
慕容恪灭魏	140	桓温去世	165
多疑的殷浩	143	张天锡降秦	168
苻生继任秦位	145	苻坚执意攻晋	170
暴君苻生	148	淝水之战	172
慕容俊托孤	150	慕容垂建后燕	175

凤凰入阿房	178	殷仲堪自误	216
秦主新城自缢	181	后凉吕氏家乱	219
慕容冲之死	184	南燕定都广固	221
苻丕被杀	185	刘裕大胜孙恩	224
北魏崛起	186	桓玄夺晋位	226
姚苌的噩梦	188	刘裕入都	229
北魏争雄	191	晋安帝回都	232
司马道子专权	194	赫连勃勃建夏	235
张贵人弑君	196	慕容超即位	236
小人王国宝	198	南燕危矣	238
三分凉土	201	慕容超亡国	241
慕容宝逃跑	203	北魏之变	244
中山变乱	205	平定卢循与西蜀	245
慕容盛复国	208	南凉国灭	249
王恭受戮	211	后秦灭亡	252
才女谢道韫	213	刘裕篡晋	254

笨儿当太子

晋朝起源于司马懿，司马懿起家于河内。司马懿曾在汉相曹操麾下任职，在曹丕谋权篡位之际掌握了兵权，并在与吴、蜀的数年对抗中建立了赫赫战功。司马懿死后，长子司马师继承父位，任大将军一职，统领各军。司马师位极人臣，飞扬跋扈，竟将魏主曹芳及皇后张氏废黜。司马师病死后，司马昭继承了兄长的职位。司马昭比兄长更为大逆不道，居然大摇大摆地穿龙袍、戴龙帽。魏主曹髦忍无可忍，愤恨交加道："司马昭之心，路人皆知。"

司马昭位居相国，加封晋公，不久又晋升爵位为晋王。没过多久，司马昭的长子司马炎被任命为副相国。父子二人正准备篡取曹家的皇位之际，司马昭却患了重病，没几天便死了。司马炎继承父位不到两个月，便指使家臣胁迫魏主曹奂让位。魏主刚刚让位，司马炎便立即颁发诏书，定国号为晋，改元泰始。历史上称司马炎为晋武帝。

司马炎执政之初，不但清正廉明，任人唯贤，而且非常节俭。有官员上奏说，皇帝的牛绳套已经破旧到不能再用了，司马炎就下令用麻绳替代丝绳。高阳人许允被司马昭杀害，但他的儿子许奇颇有才华。司马炎破例任命许奇为太常丞[1]，不久又升许奇为祠部郎[2]。

---

1 太常丞：古代官职名，是太常卿的属官，职掌宗庙、祭祀、朝会等礼仪事务。
2 祠部郎：古代官职名，魏晋南北朝时期尚书祠部曹长官的通称，亦称祠部郎中，资深勤能者可转侍郎。

司马炎篡位之后，大力革除魏朝弊政。他想，"魏朝是因为骨肉相残才弄得江山旁落，我如今侥幸得到江山，我的子孙如果也像曹魏那样，岂不是要重蹈覆辙[1]？"于是大封宗室。其他文武百官也都加官晋爵。

泰始二年（266年），有官员请求修建七庙，晋武帝担心劳民伤财，只将魏庙神位迁到其他地方，将魏庙改为太庙，所有魏氏诸王都降为侯，不久，册立王妃杨氏为皇后。杨氏从小被寄养在舅舅家，被册封为皇后以后，念及舅舅家的恩情，请求武帝册封赵俊夫妇，武帝欣然答应。赵俊的哥哥赵虞也被封官。赵虞有一个女儿名粲，颇有几分姿色。杨皇后召她入宫，让她陪伴自己。武帝退朝回到后宫，与皇后叙谈时，赵粲也不回避，有时还与武帝调情。

---

1 重蹈覆辙：再走翻过车的老路。指不吸取失败的教训，重犯过去的错误。

杨皇后劝武帝纳赵粲为嫔嫱，赐号夫人。武帝以为杨皇后是一个大度之人，哪知道杨皇后是想让赵粲做帮手，来把持后宫。武帝为色相所迷，满心欢喜地纳了赵粲。

杨皇后曾经生过一个儿子，取名为轨，不到两岁就夭折了。后来又接连生了两个儿子，年长的名衷，年幼的名柬。司马衷十分愚钝，七八岁了还不能识字，师傅再三教导也毫无起色。武帝说："这孩子太笨了，将来恐怕不能继承社稷。"偏偏杨皇后钟爱此儿，经常劝说武帝立嫡长子为太子，惹得武帝很不高兴。勉强拖延了一年，司马衷已经九岁了，杨皇后时不时地在武帝耳边提起册立太子的事，赵夫人也在旁边劝说："衷是大器晚成之人，将来肯定能继承大统。立储事关国家根基，如今主上登基两年却还没有立储，群臣怎么能安心呢？还是速立司马衷为太子吧。"妻妾二人一唱一和，即使武帝铁石心肠也不禁动摇。泰始三年（267年）正月，司马衷被立为太子。

这一年武帝特下诏书，任命蜀汉原尚书郎李密为太子洗马[1]。李密幼年丧父，母亲何氏改嫁，由祖母刘氏抚养成人。当时刘氏快一百岁了，起居服食全由李密一人侍奉。于是李密上表陈情，请求辞官回家，奉养祖母。表文言辞恳切，武帝阅览之后大为感动，感叹道："如此孝顺，名不虚传啊。"

泰始四年（268年），皇太后王氏驾崩，武帝依照古礼服丧。葬礼结束后，武帝依旧身披孝服临朝。直到百官再三恳请，武帝才恢复平常的穿着。母亲病丧后，武帝心中悲伤不已，无心处理外政，只将内政稍加整顿，百姓安居乐业，境内太平。过了一年多，武帝打算东征灭吴，特任中军将军羊祜为尚书左仆射，命他处理荆州军事。羊祜没有立刻与吴国交战，而是坐镇襄阳，日日操练士兵，静待时机。羊祜在军营中轻裘缓带[2]，颇有儒将之风。

1　太子洗马：古代官职名，指辅佐太子，教太子政事、文理方面的官员。
2　轻裘缓带：穿着轻暖的毛皮衣服，束着宽松的衣带。形容从容闲适的风度。

这时候，雍、凉交界处突然出现了一个叫秃发树机能的鲜卑族人。从前，鲜卑酋长匹孤集合上千人，从塞北迁居到黄河西面。当时酋长的妻子相掖氏恰好怀有身孕，到足月的时候，突然要分娩，还没来得及起床，就在被子中生下了孩子。鲜卑人称被子为秃发，于是将秃发两字作为婴儿的姓氏，取名寿阗。寿阗长大之后，继承父亲遗业，虽没什么壮举，但招揽了数千部众。秃发树机能是寿阗的儿子，他勇敢果断，多谋善战，经常带领数万人出没在雍、凉一带。泰始六年（270年），秃发树机能起兵造反。

晋武帝被骗

秃发树机能领兵造反，雍、凉边境被他劫掠一空。秦州刺史胡烈重伤身亡，部下将士大多被俘或身亡。扶风王司马亮奉命镇守雍、凉二州，听到消息后，急忙派遣刘旗将军支援边境。刘旗得知胡烈战败，不敢前进，在途中逗留。武帝下诏贬司马亮为车骑将军，并命司马亮将刘旗处死。司马亮回复道："镇守无方罪在司马亮，与刘旗无关。"武帝下诏将司马亮免官，并把他召回京都，任命尚书石鉴为安西将军，掌管秦州军事，讨伐秃发树机能，同时任命前河南尹杜预为秦州刺史，兼任轻车将军。杜预与石鉴向来不和，石鉴想借此机会陷害杜预，于是命杜预孤军出战。杜预知道石鉴是有意为难自己，就先养精蓄锐，打算来年春天再出兵。石鉴大怒，立即弹劾杜预。晋武帝下诏将杜预押入京都。幸亏杜预娶了皇帝的姑姑高陆公主为妻，才得以免罪。石鉴多次发兵，都被秃发树机能击退。泰始七年（271年），秃发树机能与北边叛军联合，一同攻打金城，凉州刺史牵弘被他们杀害。

武帝借秋猎之际挑选将帅，特命鲁公兼车骑将军贾充掌管秦、凉二州军事。诏书一下，贾充日夜担忧，不知所措，他本不懂用兵谋略，只是靠着阿谀奉承才得以位列元勋。朝堂众臣多趋附贾充，唯有侍中任恺、中书令庚纯刚正不阿，不愿意逢迎贾充。任恺担心贾充日后祸乱朝廷，便趁机向皇帝建议命贾充负责秦、凉二州的军事。武帝竟然准奏，并且迅速颁下诏书。贾充无计可施，只好硬着头皮上阵。

百官前往夕阳亭为贾充饯行。酒至半酣，贾充离席去换衣服，荀勖也起身跟随他出去。荀勖平日与贾充狼狈为奸，二人密谈许久，贾充皱眉问道："我实在不想去，你有没有什么法子？"荀勖回答道："听说主上正在为太子议婚，您有两个女儿待字闺中，何不好好谋划？倘若此事成了，大婚当前，皇帝也就不会派您远行了。"贾充狞笑道："恐怕鄙人没这福分。"荀勖靠近贾充，低声道："事在人为。"然后又低声说了几句。贾充听了喜出望外，连连拜谢。

贾充故意缓慢行军，每天只走数里。老天似乎也有意帮他，竟然连夜降雪。贾充立即派使者飞奏京都，说路上积雪甚厚，难以行军，只有等到天晴才可以继续前进。皇上体恤士兵，下令贾充返回京都，择日再启程。贾充连忙返回京都，凑巧自己的三女儿竟然被选中，成了太子妃。真是天遂人愿。

太子当时年已十二，武帝原本想纳卫瓘的女儿为太子妃。贾充的妻子郭槐暗地里贿赂宫人，让她们在杨皇后面前为自己的女儿说好话。妇道人家耳根子软，听到身边人提及贾充的女儿如何有德、如何有才，杨皇后不由得喜欢起来，于是就劝武帝纳贾充之女为太子妃。武帝摇头不允，杨皇后惊问原因，武帝答道："我打算聘娶卫家之女。卫家人德才兼备，女儿相貌秀美，秀外慧中；贾家人无德无才，女儿相貌丑陋，身短面黑。"杨皇后答道："听说贾充的女儿很有才华和品德，陛下不该固执己见，错失好儿媳。"武帝仍然不答应。杨皇后又请武帝询问群臣的意见，看看娶贾充之女是否可行。武帝这才略略点头答应。

武帝召群臣入宴，商议太子婚事。在夜宴上，荀勖极力夸赞贾充之女如何贤惠、如何端庄。冯纨也极力称赞贾充之女。武帝便问："贾充共有几个女儿？"荀勖答道："贾充的前妻生有两个女儿，已经出嫁，后妻生有两个女儿，尚未婚配。"武帝又问："尚未婚配的两个女儿，年龄多大？"荀勖又答道："臣听说他的小女儿最美，才十一岁，正好配给太子。"武帝道："十一岁未免太小。"荀勖立即接着说："贾充的第三个女儿，已经十四岁，虽然相貌比不上幼女，但才能和品德比幼女好。女子重德不重貌，请圣上明裁！"武帝道："既然这样，不如让贾充的第三个女儿嫁给我的儿子。"荀勖等人立即拜贺武帝，武帝面有喜色。这天贾充刚好回到京都，荀勖等人一出殿门，便欢天喜地跑到贾府道喜去了。

贾充的三女儿叫贾南风，又矮又胖，语言粗鄙。贾充听说武帝答应了婚事，自然笑逐颜开，对荀勖等人感激不已。贾充天天忙着筹备嫁妆，早把西征之事给忘了，武帝也不再提及此事。年底武帝下诏，让贾充官复原职。

泰始八年（272年）二月，是太子司马衷纳妃的佳期。女方出自相府豪门，自然穿金戴银，装扮得十分华丽，只是累坏了一群官员，既要两边贺喜，又要两边送礼。愚儿丑女结为夫妇，也算是天造地设的一对。武帝见了新妇样貌，心中懊悔不已，好在新郎新娘两人倒是亲热，武帝也只好由他们去了。

堕泪碑

征南大将军羊祜一直镇守襄阳，开垦田地八百多顷，兵强粮足。襄阳与吴国接壤，吴主孙皓是孙权的长孙，性情残暴，骄奢淫逸。吴国左丞相陆凯治国有方，很有威望，因此羊祜不敢贸然发兵。陆凯病死后，羊祜请奏攻打吴国。偏偏当时益州发生兵变，不得不将攻吴之事搁置下来。羊祜派参军王濬出任广汉太守，讨伐益州乱兵，不久叛乱就被扫平，王濬被封为益州刺史。因为他重信用、有威望，武帝打算任命王濬为大司农。羊祜想留下王濬一起征讨东吴，就上疏说："王濬适合领兵作战，不宜内用。"武帝于是加封王濬为龙骧将军，让他负责梁、益二州军事。

王濬原籍弘农，小名叫阿童，年少时就胸怀大志。后来王濬投入羊祜旗下，羊祜对他特别优待。羊祜的侄子羊暨曾对羊祜说："王濬经常大言不惭，日后恐怕会惹上事端！"羊祜笑着说："你有所不知，王濬有大才，时机一到，必会建立丰功伟业，你可别轻视他！"

羊祜打算举兵灭吴，令王濬秘密造船。王濬日夜不休地赶工，免不了有木头竹屑顺着江水东下。吴国建平县太守吾彦看见江心漂浮的大量竹木，猜测上流必定在造船，立即捞取少量竹木呈报孙皓，说："晋国正在密谋攻打吴国，应该立即加强建平的防备。"吴主孙皓一门心思都在享乐上，哪有心思顾虑晋国兵马。随手搁在一边。吾彦只好命工人冶铁为锁，将水路横断，以此作为江防。

羊祜以怀柔之术对待吴人。有时行军到吴境，军队如果割谷为粮，羊祜必定送去布匹作为补偿；在晋境狩猎，遇到从吴境跑来的受伤的禽兽，羊祜必定送还；吴人入晋境抢夺财物被晋军所杀，羊祜也厚加殡殓，并将他们的尸首送还；吴国的士兵被晋兵活捉了，不论是想投降晋国还是想回家，羊祜全部允准，不杀一个吴国人。因此，吴国人没有不信服羊祜的。

羊祜还派使者前往吴国与名将陆抗通好，互赠礼物。陆抗送酒给羊祜，羊祜当着使者的面喝下，丝毫不起疑心。陆抗生病了，羊祜送药给他，陆抗也是拿了药就服。部下从旁劝阻，陆抗摇头说："羊祜怎么可能毒害我？"还告诫部下说："他行德，我就不能行暴。如今只求各守边界，不求细利。"然而吴主孙皓对此却起了疑心，责骂陆抗私交羊祜。陆抗上书辩驳，并阐明十二条保国策略，吴主毫不理会。孙皓听信术士刁元的逸言，刁元说："在东南方出现了黄旗紫盖，陛下应该前往荆扬之地，才能坐稳江山。"孙皓听后，便领着士兵西行，后宫数千人全部随行。走到华里，春雪下个不停，天气异常寒冷，士兵们忍受不了寒冷，都悄悄地说："如果今日敌人来袭，我们定当战败。"孙皓听了这话，就领兵返回京都。陆抗忧国忧民，抑郁成疾，镇守西陵五年就去世了。他留下遗表说，西陵建平地处吴国上游，务必要加强此地的防守。吴主命陆抗的三个儿子统领军队。三个人虽擅长做文章，颇具盛名，但不懂得领兵之道。

咸宁四年（278年）春季，羊祜身患重病，带病进京。到了京都，羊祜仍然请求伐吴，说："臣命在旦夕，故特地前来觐见陛下，希望实现大志。"武帝好言劝慰，答应了他。羊祜于是在洛阳住了下来。武帝不忍让羊祜太过劳累，经常派中书令张华前去探望。羊祜病重，他举荐杜预接替自己。杜预当时已是度支尚书，因羊祜的举荐，官拜镇南大将军，负责荆州军事。杜预还没离开京都，羊祜就病死家中，享年五十八岁。武帝素服临丧，痛哭不已。武帝回宫后，特赐羊祜东园秘器、朝服、钱三十万、布百匹，追封羊祜为太傅，赐谥号成。

羊祜是南城人，家族九代都以德行闻名天下。羊祜镇守襄阳时，起居饮食非常简朴，俸禄不是分给亲戚就是奖赏军士，从来不积蓄闲财，临终之际，还嘱咐葬礼一切从简。襄阳的百姓得知羊祜去世，痛哭不已。因为羊祜喜欢登岘山[1]，百姓便在岘山脚下建立祠堂和石碑以纪念羊祜。百姓经过此碑，想起羊祜，就泪流不已。故杜预称此碑为堕泪碑。

1　岘（xiàn）山：古称霍阳山，位于汝阳。

东吴的覆亡

吴主孙皓以为天下太平，天天纵情酒色，宴请群臣。不仅如此，他还安排了十来个黄门郎暗地里监视群臣，经常用酷刑对待那些对他不满的大臣。晋国益州刺史王濬查明东吴情形后，上奏朝廷说："孙皓荒淫无度、惨无人道，应该立刻讨伐吴国。臣造船七年，这些船都还没用过。臣已经七十岁，没多久就要归天了，希望陛下不要错失良机，立即命臣东征！"武帝召群臣商议，群臣赞同王濬东征。武帝毅然决定发兵。

王濬奉命东下，长驱直入丹阳。丹阳主将盛纪出兵迎战，不敌王濬，来不及逃跑，就被王濬的将士擒获。王濬顺流直进，发现浅江之处暗藏铁锁，江心埋着铁锥，战船无法前进。于是下令建造数十只大筏，然后缚草为人，让草人个个身披战甲，手持兵器。王濬让善于游泳的士兵在水中牵筏先行，大筏遇到铁锥被阻住，士兵便往大筏上倾倒麻油，点上大火，熊熊烈火烧断了铁锁，战船没有了阻碍，一往直前，直达西陵。西陵是吴国的要塞，吴主派重兵扼守。可王濬的士兵训练有素，能征善战，西陵很快就被晋军攻占。

镇南大将军杜预进军江陵，密派管定、周旨泛舟夜渡，自己在巴山上张旗举火以迷惑吴军。吴国都督孙歆看见后非常害怕，诧异道："难道敌军想飞渡长江？"当下派兵抗敌，却陷入管定、周旨等人的埋伏之中，吴军大败。孙歆还没得到消息，正安坐帐中，等到晋军冲入时，想逃跑已经来不及了，只能投降。管定、周旨两位将领向杜预报功，杜预亲临江陵率兵攻城。

吴国将军伍延假装投降，暗地里却部署士兵抵御杜预。杜预早已猜到，就趁伍延军队未整时，攻他个措手不及。于是江陵城被攻陷，伍延战死。随

后,沅、湘以南各州郡看到如此形势都归顺晋国,奉送印绶。杜预派遣使节下诏,对他们进行安抚,同时让他们官居原职,远近之人皆对杜预敬佩不已。

当时春雨下个不停,江河水涨,贾充建议罢兵,武帝不为所动。杜预听闻贾充建议罢兵,急忙上表力争,同时召集各军商议攻取吴都之策。有人从旁阻挠,杜预气愤地说:"如今军威大振,势如破竹[1],用不了多久,就会完成大业。如果罢兵,岂不是半途而废?"于是命令其他将帅直接进入秣陵。

王濬从武昌拥舟东下,直指吴都建业。扬州官吏何恽听说王濬东来,劝刺史周浚立即发兵攻克吴都,首建奇功,不要把功劳让给王濬。周浚派何恽前去告诉王浑,王浑摇头说:"我奉命镇守江北,龙骧将军受我调遣。如果

---

1 势如破竹:意思是形势就像劈竹子,头上几节破开以后,下面各节顺着刀势就分开了。借以比喻作战或工作节节胜利,毫无阻碍。

他前来，我和他一同进军。"何恽答道："龙骧将军自巴蜀东下，所到之处全部攻下，功勋卓著，他还愿意受你调遣吗？您身为上将，何必事事受诏呢？"王浑始终没有听从。

原来，王濬初下建平时，奉诏受杜预调遣，直趋建业时又奉诏受王浑调遣。王濬到达西陵后，杜预写信给王濬说："你平定西藩后，当继续攻取秣陵，以平定百年流寇，拯救天下苍生。然后凯旋，这才算得上一时盛举！"王濬看过书信后大喜，写信给杜预说："我立即率水军顺流而下，抵达三山。"吴国的张象见敌军战舰占满了江面，慌忙请降。王濬立即进军建业。王浑派遣使者邀请王濬商议攻城之事，王濬答道："天公作美，我不能在此地逗留，我们改日再议。"使者回去禀报王浑，王濬则直赴建业。吴主孙皓连连接到警报，早已吓得不知所措，不得不起草降书，派人分别送交给王濬、王浑，并将御玺交给司马伷。王濬接到降书后驱舰进入建业，招降吴主孙皓。

朝廷大喜，开宴庆贺。武帝认为王濬功劳最大，准备下诏行赏。王浑得知王濬进入吴都后才领兵渡江，他见自己功落人后很是愤恨，就上表弹劾王濬，指责王濬不听从自己的调遣，奏请将王濬按例论罪。武帝明白王浑嫉妒王濬，就亲自评功论赏。王浑押着孙皓返京。朝廷下旨释放孙皓，封他为归命侯。武帝再次下旨大赦天下，改元太康。武帝让廷尉刘颂评定他们的功劳，刘颂偏袒王浑，评定王浑功劳最大。武帝认为刘颂评定不公，贬他为京兆太守。无奈王浑朝中私党甚多，儿子王济又与公主婚配，气焰逼人。武帝只得将王浑封为公爵，任命王濬为辅国大将军，与杜预等人并封县侯。随后，武帝派遣使者祭告羊祜祠庙。

羊车轶闻

晋武帝未登基前，天下一分为三，三国鼎立。自从西蜀并入魏国之后，三国就成了两国。等到魏国改为晋国，吴国并入晋国，晋国已经一统中原了。武帝将全国划分为十九州。

安乐公刘禅死于晋泰始七年（271年），归命侯孙皓死于晋太康二年（281年），两位降主都病死洛阳，晋朝从此没有了后患。废居于邺城的魏主曹奂无勇无谋，后于晋惠帝泰安元年（302年）在邺城病死。至此，武帝一统天下，下旨偃武修文[1]。圣旨一下，交州牧陶璜和右仆射山涛相继反对。山涛带病入朝，恳切规劝武帝不要去除州郡武备。武帝心想四海昌平，诏书也已经颁告天下，就不再改了。

俗话说："饱暖思淫欲。"武帝听闻南方多美女，就想挑选几个充作妾婢。当时京都洛阳流行迎娶吴国女子的风俗。武帝于是下旨征选吴国女子入宫。武帝见这些征选来的女子，个个花容月貌，冰肌玉骨，顿时龙心大悦，将她们全部收纳。自此，后宫佳丽不下万人。每天退朝后，武帝就乘羊车游历于宫苑中。每次羊车一停，就有无数美人拥上来，见到心仪之人，武帝就设宴赏花，与佳丽寻欢作乐。武帝乐此不疲[2]，今朝到东，明朝到西，好似花间蝴蝶四处漫飞。只是后宫佳丽近万，哪能个个都得到武帝宠幸。羊儿天生喜爱竹叶和食盐，聪明的宫女就想出一个方法，将竹叶插在门前，盐汁撒在地上，以此来吸引羊儿。这样就能有机会获得武帝的临幸了。

武帝日日淫乱，难免昏昏沉沉，无心国事。皇后的父亲车骑将军杨骏、

---

1 偃武修文：意思是停止武事，振兴文教。
2 乐此不疲：乐于做某事，沉浸其中，不觉疲倦。

杨骏的弟弟卫将军杨珧、太子太傅杨济三人趁机揽权,权倾朝野,人称"三杨"。山涛多次规劝武帝,武帝也觉得惭愧,但一见到美人,就把忠言抛在脑后了,哪里还管什么兴衰成败?

一天,侍臣捧入奏章让皇帝阅览,武帝批阅,发现是侍御史郭钦的奏章。言及国境北方有游牧民族威胁,宜早日定下防御之策,武帝看了几行便笑着说:"古人说的杞人忧天[1],就是这样的吧。"然后将其束之高阁[2],不再批答,依旧乘着羊车寻欢作乐去了。后来昌黎传来军报,说鲜卑部酋长慕容涉归率领手下入境抢掠。幸亏安北将军严询守备森严才没有兵败。武帝于是放

---

[1] 杞人忧天:杞国有个人担心天会塌下来,自己无处安身,以致吃不下饭,睡不好觉。比喻毫无必要的忧虑和担心。
[2] 束之高阁:把东西捆起来,放在高高的楼阁上。比喻放在一旁,不去管它。

下心来，更认为郭钦的奏章不值一提。不久，吴人叛乱，扬州刺史周浚采用围剿兼安抚之策，镇压了叛乱。南北之乱得以平定，君臣上下都安心享乐。权臣贵戚个个攀比斗富，洛阳城顿时成了花花世界。

当时除"三杨"之外，中护军羊琇、后将军王恺仗着自己是皇亲国戚，骄奢至极。羊琇是司马师继室羊后的堂弟，王恺是武帝的亲舅舅，他的姐姐是已故太后王氏，两家人都是皇室贵族，自然富贵。然而散骑常侍石崇比这两家人还要富有，羊琇自知比不上，倒也不与石崇攀比，偏偏王恺心中不服，时常与石崇攀比。

石崇，字季伦，是前司徒石苞的幼子，很有谋略。石苞临终分派财产，其他各子都分到钱财，只有石崇没有。石苞说石崇自己能发财致富，不用分给他了。果然，石崇年过二十就成为修武令，不久升为城阳太守，后因为伐吴有功受封为安阳乡侯。不久，又升任荆州刺史兼任南蛮校尉，加职鹰扬将军。在荆州时，他暗中派下属扮作强盗模样，抢劫豪贾巨商，一夜之间得以暴富。官拜卫尉后，石崇开始建筑规模宏大的住宅，数百间后房全部用珍珠镶嵌，日日夜夜歌舞升平。王恺用糖泡釜，石崇就用蜡作为柴火；王恺用紫丝布铺地，长达四十里，石崇就用锦布铺地，长达五十里；王恺用椒兰涂墙，石崇就用赤石脂涂墙；王恺屡斗屡败，就向武帝借来一株高约二尺的珊瑚树与石崇斗富。王恺扬扬得意，心想石崇家里肯定没有这样的宝贝。谁知石崇见到后，随手提起一把铁如意就将珊瑚树击成数段。王恺怒发冲冠，石崇却从容笑道："区区薄物，有什么值得炫耀？"然后命家仆取出家里珍藏的几十株珊瑚树，最大的有三四尺高，稍小的也有两三尺高。石崇指着那些珊瑚树对王恺说："你想要哪个随便拿。"王恺不禁咋舌，赧然无言，一溜烟跑回了家。从此，石崇名冠洛阳。

晋武帝驾崩

卫瓘世居安邑，他的父亲曾是魏朝时期的尚书大人，中年的时候就去世了。卫瓘因为父亲的庇佑，二十岁时就当了尚书郎，后来辅佐晋武帝立下功劳，受封为菑阳公。卫瓘的四子卫宣娶了武帝的女儿繁昌公主为妻，卫瓘位列皇亲国戚，很受武帝宠信。卫瓘对武帝忠心耿耿，想劝谏武帝废除当今太子。入见武帝时却欲言又止，始终不敢直抒胸臆。趁武帝在凌云台宴请百官，卫瓘假装喝醉，起身到御座前下跪道："臣有言上陈，不知陛下愿不愿听？"武帝让他但说无妨。卫瓘欲言又止，如此三次之后，才用手抚摩着座位道："此座可惜啊。"武帝明白了他的意思，说道："你真的醉了吧？"卫瓘叩头退出。武帝回宫后想了一个办法，将太子的所有官属全部召入殿中侍宴，暗地里让内侍把尚书那里的疑案交给太子，让太子裁判回答。太子司马衷生性愚笨，突然接到来文，完全不知道该怎么判决，召问官属，急切间却一个人也找不到，只好询问太子妃贾南风。贾南风略通文墨，但才疏学浅，于是派遣婢女去问其他大臣。

后来有个人代写了草文，这草文引古据今，旁征博引，很是出众。婢女将草文交给贾妃，贾妃担心慌乱之中会有错误，于是召入张泓，让他看看是否可行。张泓摇头回答道："太子不学无术，圣上早已清楚，这篇草文引古据今，一看就知道是他人所写。一旦事情败露，不但写此草文的官员要被贬官，就连太子之位也不能保全了。"贾妃大惊："那该怎么办？"张泓回答道："不如直接陈述观点。"贾妃转惊为喜，对张泓说："那就劳烦你为太子答复了，他日当与你共享富贵。"于是，张泓边陈述观点，太子边下笔记录。太子写完，张泓检查后交给内使。武帝看了太子的答文，发现语句虽然粗俗，观点却很清晰，不由得放下心来。于是召卫瓘进殿，将太子的答文拿给

他看。卫瓘看了几行便向武帝谢罪，众臣这才知道卫瓘诋毁过太子，于是异口同声称武帝圣明。卫瓘羞愧满面，武帝反而一再安慰他。当时贾充还在人世，听到这件事，派人对贾妃说："卫瓘这个老贼差点儿就毁了你的家。"自此，贾妃很是痛恨卫瓘，无奈武帝对卫瓘宠爱有加，贾妃不得不容忍过去。

卫瓘担任司空时，不论什么国家大事武帝都会与他商议，而卫瓘也时常献上良计，武帝很是受益。卫瓘曾经上书，请求辞官，武帝没有答应。

朝廷元老一个个地去世，只剩下一个卫瓘，既被贾妃忌恨又被杨氏排挤。卫宣曾娶武帝女儿为妻，但他喜欢拈花惹草，夫妻之间很不和睦。杨骏等人趁机设计，认为只要卫宣和公主离婚，卫瓘必定辞官。于是嘱咐黄门侍郎弹劾卫瓘父子，说他们背地里嘲讽武帝强迫卫宣娶公主。卫瓘既惭愧又恐惧，请求辞官。武帝准奏，罢免了他的爵位，并命繁昌公主回宫居住。后来，武帝知道卫宣被人诬陷，准备让公主返回卫家，可是那时卫宣已经病逝了。

杨骏扳倒卫瓘后，开始对付汝南王司马亮。武帝重用司马亮，封他为大司马，让他镇守许昌。与此同时，武帝封皇孙司马遹为广陵王。司马遹是太子的大儿子，是女官谢玖所生。谢玖原本是武帝宫中的才人，秀外慧中，很受武帝的宠爱，武帝将她赐给太子。一年以后，她便生下一个儿子，取名为遹。司马遹五岁时就聪慧过人。一天晚上，司马遹在武帝身边侍候，宫外忽然失火，左右惶恐不已。武帝想登上城楼看看，司马遹牵住武帝的衣袖，不让武帝上楼。武帝问为什么，司马遹答道："外面又黑又乱，不能让火苗照见陛下。"武帝不禁点头认可。

众人都夸司马遹是个奇儿，并说司马遹长得很像宣帝司马懿，将来必能继承大统。所以尽管太子很平庸，但武帝心想司马遹如此聪慧，将来应该没什么好担心的，就不想废掉太子。贾南风非常忌恨司马遹。太子的妾室一有身孕，贾南风就用戟向孕妇投掷，还责怪宫女防备约束不严。武帝听说后，下令将贾南风打入冷宫。赵粲和杨皇后都替她求情，再加上杨珧进言说："贾充有功于社稷，朝廷不应该忘记他的功劳，还是不要废除他的女儿。"武帝才将此事搁置。

转眼间已是太康十一年（290年），武帝改元太熙。武帝升王浑为司徒，起用卫瓘为太保，任命光禄大夫石鉴为司空。尽管三人同心协力地治理朝政，却始终斗不过三杨。武帝晚年贪色成病，经常不理朝政，诏令都出自杨骏之手，其他王公大臣完全无法参与。杨骏擅自废立公卿，私立心腹。武帝连日昏昏沉沉，不省人事。杨皇后口宣皇帝的旨意，让华廙与何勖写下遗诏，任命杨骏为太尉，兼任太子太傅，统领各军，管理尚书政事。等他们拟定好了诏书，杨皇后带着他们来到武帝病榻前，将草诏呈武帝阅览。只见武帝睁大两眼，看了许久才扔下，不说一句话。武帝在弥留之际问身边的人："汝南王司马亮来了没有？"他们回答："没来。"武帝长叹一声，闭目长逝。武帝在位二十五年，享年五十五岁。

悍后贾南风

武帝驾崩，杨骏主持国政。他将太子司马衷带到灵柩前，颁诏大赦天下，改太熙元年（290年）为永熙元年，尊皇后杨氏为皇太后，立贾南风为皇后。当时朝廷老臣大多去世，荀勖、冯紞等人也相继病逝，杨骏独揽朝政大权，自然恣意妄行。一个月后，武帝葬于峻阳陵，庙号世祖，尊谥武帝。晋主司马衷登基以后，国事全部交给杨骏处理，内政全部由贾南风把持，自己如同木偶一般，史称惠帝。

杨骏见贾后阴险多谋，对她时时加以防备。他特命外甥段广为散骑常侍，执掌国家机密；私党张劭为中护军，统领禁兵。所有诏书先给惠帝看，再让杨太后过目，然后才颁发。其实都由杨骏一人主裁，太后与惠帝唯唯诺诺，从未有过异言。朝中大臣对杨骏的刚愎自用[1]议论纷纷。

贾皇后生性阴险，不安守本分，此时统领六宫，内权在手，就想干预外政，偏偏上有杨太后，下有杨骏，干什么事都受到牵制，因此积怨成仇，恨不得立刻除去他们。再加上武帝在世时，杨太后曾严厉斥责过贾南风，贾皇后怀疑杨太后搬弄是非，所以处心积虑，伺机报复，却不知道暗地里杨太后曾多次为她求情。自从正位中宫后，贾皇后便日夜谋划。恰好殿中中郎孟观、李肇为杨骏所憎恨，多次遭到他的辱骂，二人恨杨骏入骨，心甘情愿做中宫的耳目，并且四处造谣，说杨骏将威胁江山社稷，不可不防。从中牵合的人叫董猛，是贾皇后的心腹。贾皇后派他指使孟观、李肇密谋铲除杨骏、废除杨太后。

---

[1] 刚愎自用：倔强固执，自以为是，不接受别人的意见。

太熙二年（291年），改元永平，春光和煦，楚王司马玮与淮南王司马允联袂入朝。贾皇后听说司马玮已经到了京都，立即命孟观、李肇连夜启奏惠帝，诬告杨骏谋反。惠帝立即下旨将杨骏贬官。孟观与李肇请求发兵讨伐杨骏。惠帝便命东安公司马繇率殿中侍卫四百人包围杨骏的府第。司马玮领兵驻扎在司马门，封淮南相刘颂为三公尚书，让他守卫殿中。

散骑常侍段广听闻变乱，连忙入宫觐见惠帝说："杨骏受先帝宠爱，一心一意辅佐朝政，他年老无子，哪有谋反的道理？愿陛下三思！"惠帝不听，段广便出宫告知杨骏。杨骏得知内变后，慌忙召其他臣子商议，主簿朱振献计道："如今忽生内变，肯定是宦官在为贾皇后出谋划策。目前的状况对您不利，您应该率家兵火烧云龙门，索要策划变乱的主谋，同时命太子的人马和外营兵拥皇太子入宫，迫使奸人交出首犯，这样你才能免祸。"杨骏一向刚愎自用，此时反而狐疑不决，支支吾吾道："云龙门是魏朝明帝所建的，耗费巨大，怎么可以烧毁呢？"侍中傅祗见杨骏犹豫不决，知道他不能成事，便起身说："我还是入宫观察事态进展吧。"于是掉头对其他同僚说："宫中不可无人，在这里聚议徒劳无益。"

贾皇后担心杨太后救父，派心腹监守太后宫殿，造谣说杨太后与杨骏一同谋反。东安公司马繇已率领殿中侍卫围烧杨骏的宅第，同时命弓箭手登上阁楼，射击杨骏家宅第大门。杨骏与家眷都无法逃走，司马繇带着几个人四面搜寻，随手杀死近百人，就是不见杨骏，走到马厩中，发觉有人蜷伏在马厩里，用长矛刺去，只听见几声惨叫。士兵拖出尸体一看，正是大名鼎鼎的杨太傅。

杨骏死后，尸体无人敢收。只有太傅舍人阎纂不忘故主，为他收尸，并将他安葬。此后刑赏大权由东安公司马繇掌握。司马繇是琅琊王司马伷的三儿子，司马伷曾经平定吴国，后来在青州病逝。司马伷的长子司马觐继承父亲的爵位，不幸早逝，司马觐的儿子司马睿继承爵位，司马繇受封为东安

公。此次应诏铲除杨骏，司马繇威震四海，太子太傅王戎对他说："大事已成，以后应当远离权势，不要重蹈覆辙。"司马繇却不肯听从。

第二天，惠帝下诏大赦天下，改永平元年（291年）为元康元年。贾皇后指使后将军荀悝将杨太后迁到永宁宫，让杨太后和她的母亲庞氏同居一室，暗地里教唆群臣弹劾杨太后。群臣趋炎附势，不敢违逆，于是联名上奏请求废除杨太后。下邳王司马晃勾结左仆射荀恺等人，上疏废去太后尊号，将其囚禁于金墉城。其他王公大臣上疏赞同司马晃。惠帝于是下旨废杨太后为平民，囚禁于金墉城。贾南风心如蛇蝎，废除杨太后不久，又夺去了杨太后母亲庞氏的性命。宗室日渐羸弱，敌不过外戚威权。

人臣的悲哀

贾皇后独断朝纲，开始委任亲信和党羽，任命贾模为散骑常侍兼任侍中，贾谧为散骑常侍兼任后军将军。贾谧对贾皇后说："张华是庶民，不会对您造成任何威胁，而且他为人儒雅、见识广泛，很得民心，可以将朝政交付给他。"于是贾皇后任命张华为侍中，兼任中书监，张华为国家尽职尽责，朝廷对他格外器重，贾皇后对张华也是恭敬有礼。张华曾作《女史箴》呈入宫中劝谏贾皇后，贾皇后丝毫不记恨张华。贾模很佩服张华的才能和谋略，遇到重大事情就让张华裁断。因此元康年间，虽然惠帝昏庸无能，但朝廷还能安然无事。

第二年，弘农县降下三尺深的冰雹。第三年，淮南洪涝严重，庄稼毁于

一旦，暴发饥荒。第四年，荆、扬、兖、豫、青、徐六州遭遇洪水，武库发生火灾。宗亲和朝廷元老相继病逝。匈奴也蠢蠢欲动。

秦、雍二州的氐人和羌人拥戴氐人齐万年为将帅。齐万年自立为帝，领兵围攻泾阳。梁王司马肜刚抵达泾阳，见氐、羌很是猖獗，急忙上奏求援。朝廷任命安西将军夏侯骏为统帅，率领建威将军周处、振威将军卢播前去讨伐齐万年。中书令陈准入谏道："夏侯骏与梁王都是皇室贵戚，二人都能够进不求名，退不畏罪。周处是吴国人，忠勇果断。只是他和梁王等人结怨，此番出去如果得不到援兵相助，必定丧命。朝廷应命积弩将军孟观带领上万精兵做周处的前锋。否则梁王必定命周处做前锋，使他陷入绝境。到时敌寇未灭，反牺牲了良将，岂不可惜？"朝廷置之不理。

原来周处刚正不阿，从不趋炎附势。梁王司马肜曾触犯律法，朝廷大臣因为他是皇亲国戚，都对此绝口不提，只有周处秉公执法。司马肜受到惩罚后，对周处恨之入骨。其他权贵也痛恨周处的耿直，于是趁齐万年叛乱之际，将周处派遣出去，以除去周处。与周处交好的士大夫们都为周处担忧，就连齐万年得知周处奉命从军后，也对属下说："周处曾担任新平太守，他文武兼备，你们不可轻敌。如果是他统领军队，我们只能退避。"于是带着七万人马屯守梁山。

周处和夏侯骏等人前去拜见梁王。梁王司马肜果然阴险，故意令周处率领五千勇猛的骑士先去攻打梁山。周处道："如果我军没有后援，必定全军覆没。周处死不足惜，但让国家蒙羞，这岂不可惜？"司马肜冷笑道："将军平日谁也不怕，现在怎么反倒怕起敌人来了？"周处正想辩解，夏侯骏马上说："将军放心前去，我会派卢将军、解刺史等人一同前去援助你。"周处领军前进，走到离敌人军营只有一里之遥的六陌整治军队，等候卢播、解系两军。短短一个晚上，梁王司马肜竟两次下令催战。第二天一早，士兵们还没有吃东西，催战令再次传来。周处见卢播、解系两军还没有来到，知道这是梁王司马肜公报私仇，自己必死无疑。于是上马长叹一声，领军直进。齐万年领兵前来，两军交锋，拼死奋战。从清晨到日落，两军大战数百回合。齐万年这边源源不断有士兵前来援助，前后差不多有七万人；周处这边只有五千士兵，而且都饥肠辘辘。弓箭也用完了，却连半点儿援军的踪影都没见到。属下劝周处退兵，周处按剑说道："今天是我为国效命的日子，怎么能够退兵？其他军队不来支援，让我孤军奋战，明明是想置我于死地，我死就是了！"说完便拍马向前，奋勇杀死数十名敌兵。无奈陷入敌军重重包围，周处力战而竭，被刺死阵中，其他士兵全部阵亡。

周处战死沙场，权臣贵戚私下庆祝。张华、陈准等人不敢弹劾梁王，只是上奏说周处忠勇，应给与优厚抚恤。于是惠帝追封周处为平西将军，赐钱百万。

竹林七贤

竹林七贤是指嵇康、阮籍、刘伶、山涛、王戎、向秀、阮咸这七个人，因他们常在竹林纵歌畅饮，人称"竹林七贤"。他们都是才华横溢、崇尚虚无、放荡不羁的豪爽之士。

左仆射王戎官拜司徒，毫无建树，升贬频繁，且生性吝啬，田园遍布全国各地，却日夜计较小利。王戎家里有上等的李子，有人出高价购买。王戎担心别人日后也种出他这样的李子，便先将李子的核钻空，然后再卖。王戎有个女儿，出嫁时，曾向王戎借了好几万钱，一直没还。女儿回家省亲时，王戎面带怒色，对女儿不冷不热。直到女儿还清旧债后，王戎才喜笑颜开。二儿子结婚时，王戎送给他一件单衣，不久后向儿子要了回来，时人都讥笑他是守财奴。

谯人嵇康擅长弹琴,会弹奏《广陵散》,因放荡不羁,得罪掌权者,而被大将军司马昭处死。

阮籍喜欢饮酒、放歌长啸,他不循礼法,瞧不起凡夫俗子,曾作《咏怀诗》八十余篇,以顺应自然为主旨,作《达庄论》以宣扬"无为",作《大人先生传》对名教礼法展开讽刺和批判,后来老死于陈留。阮籍的第二个儿子阮咸也狂放不羁,曾任散骑侍郎,武帝说他沉迷酒色、蔑视礼节,贬他为始平太守,但他得以寿终正寝。

河内人向秀曾与嵇康讨论养生的诀窍,二人一来一往探讨了数万句,后来官至散骑常侍[1]。

沛人刘伶嗜酒如命,随身带着酒。刘伶的妻子倒光他的酒,扔了他的

---

[1] 散骑常侍:古代官职名。入则规谏过失,备皇帝顾问;出则骑马散从。

酒斛，哭着劝他戒酒，刘伶说自己将在神灵牌位前宣誓，让妻子准备酒和肉来拜祭。等到酒和肉陈列在灵位前时，刘伶向天跪拜道："天生刘伶，以酒为名，一饮一斛，五斗解酲，妇女之言，慎不可听。"说完便起身将灵位前的酒和肉喝光吃光，然后大醉不醒。刘伶的妻子只好付诸一叹。刘伶酒醉之后喜欢与人争论不休，遇到性情粗暴的人对他拳脚相加，刘伶便缓缓说道："我这鸡肋一样的身子骨哪里抵挡得了您的拳脚啊？"晋国初期，文人应试，畅谈无为，刘伶却因为无用被贬，不久去世，只有一篇《酒德颂》流传后世。

尚书仆射山涛在竹林七贤中声望最高。山涛之外，就属王戎的声望高。王戎原籍临沂，出身名门望族，崇尚虚无。王戎的堂弟王衍眉清目秀，风度翩翩。王衍前来拜见山涛，山涛对他大加叹赏。等到王衍拜别离去时，山涛目送良久，叹道："到底什么人能生下这样的孩子？只是，误天下苍生的，也必定是此人啊。"王衍十四岁时前去拜访仆射羊祜，天文地理都能侃侃而谈，所有人都认为他是神童。杨骏想将自己的女儿嫁给王衍，王衍狂妄自大，傲然拒绝。武帝听闻王衍大名后，向王戎问道："当今之世哪个人可与王衍相比？"王戎回答道："当今之世无人可以与王衍相比，应当从古人中搜求。"武帝听后对王衍大为重用，多次提拔他，让他出任元城县令。可王衍终日夸夸其谈，不理政务。不久，武帝召王衍回京，官拜黄门侍郎，王衍仍高谈如故。每次高朋满座时，王衍便手执玉柄、麈尾，娓娓而谈，大力宣扬老庄思想，遇到纰漏之处便随口更改，没有人敢当面反驳他，但大家背地里却说他信口雌黄[1]。王衍不以为耻，反而自比子贡，四处鼓吹，风靡一时。王衍娶贾皇后的表亲郭氏为妻，郭氏仗势欺人，作威作福，贪得无厌。王衍对妻子的贪财行径很不满，绝口不提"钱"字。郭氏曾命婢女用钱将整张床

---

1 信口雌黄：比喻不顾事实，随口乱说。

环绕，让王衍没法走过去。第二天清晨，王衍起床看见这些钱后，招来婢女说道："赶快将这些阿堵物搬开。"仍旧不提"钱"字。

枉死的皇太子

贾皇后日益残暴，就连她的党羽贾模也担心将来会大难临头，累及身家，忐忑不安。于是，贾模和张华打算废去贾皇后，改立太子司马遹的生母谢淑媛为后。谢淑媛就是谢玖，因为司马遹被立为太子，母以子贵，谢玖得封为淑媛。贾皇后很是妒忌，不许太子与谢淑媛见面，并将谢淑媛迁往别宫。

贾模是贾皇后的同族哥哥。贾模曾多次来到后宫，向她陈明事情的利害。然而贾南风习性已经养成，怎么可能采纳良言？而贾模一而再劝诫，贾皇后便以为他有异心，于是下令不准贾模入谒。贾模忧心忡忡，最后竟得了绝症而死。

贾皇后的母亲郭槐想将韩寿的女儿嫁给太子，太子也想与韩家人结为亲家，以巩固自己的地位。韩寿的妻子贾午却不愿意，贾皇后也不赞成，她想让太子娶王衍的女儿。王衍有两个女儿，大女儿貌美如花，小女儿相貌丑陋，太子便想娶王衍的大女儿。但贾谧垂涎王衍大女儿的美貌，乞求贾皇后做主。贾皇后便让贾谧娶了王衍的大女儿，让太子娶了王衍的小女儿。太子娶了丑妇，自然痛恨贾皇后和贾谧。贾谧得知了这一消息，在贾皇后面前进献谗言。幸亏贾皇后的母亲郭槐从中调解，贾皇后才没有加害太子。

不久，郭槐病重，贾皇后前去探望。郭槐握住贾皇后的手说："你首先要保全太子，接着是防备赵粲、贾午。"贾皇后口头上答应，心中却不以为然。郭槐死后，贾谧在守丧期间跟跟跄跄地来到后宫，对贾皇后说："太子私敛钱财，结交小人，无非是想加害我们贾家人。哪天他登基为帝，只怕皇后您也要被囚禁在金墉城了。"贾皇后很是担心，连忙与赵粲、贾午商议如何废除太子。这时，贾午刚生下一个儿子。于是贾皇后派人将他秘密送入宫中，然后声称自己怀有身孕，快要生产，同时让内史四处宣扬太子的罪孽，准备废除太子，然后册立贾午的儿子为太子。

贾皇后见朝廷对废立太子之事议论纷纷，就想杀死太子以绝后患。于是再次设下计谋，让黄门宦官自首，说自己与司马遹密谋造反。惠帝下诏命卫士将太子关到许昌宫，百官不得送行。右卫督司马雅是惠帝的远房亲戚，一直在东宫做事，很得司马遹宠爱。司马雅千方百计想让太子复位。他和副督司许超、殿中郎士猗等人日夜谋划，决定利用赵王司马伦，共谋大事。赵王司马伦手握兵权，却生性鲁莽。司马雅请孙秀劝赵王司马伦废除贾皇后，迎回太子。司马伦唯命是从，并让通事令史张林和省事张衡等人作为内应。

偏偏孙秀对司马伦说："太子既聪明又刚烈，如果他返回东宫，必定伺机报复。你一直为贾皇后办事，即使现在为太子建立大功，太子也不一定感激你，说不定一有机会就想将你除掉。我们不如拖延时间，等到贾皇后害死太子，再以为太子报仇之名废除贾皇后，岂不是一举两得？"司马伦拍手赞成，连称好计。孙秀接着散布谣言，说有人想废除贾皇后迎回太子，同时劝贾谧赶紧除去太子。

贾谧立即告诉贾皇后，于是贾皇后召来太医程据，让他用巴豆、杏仁配置毒药，制成药丸。然后由孙虑假传圣旨，前去毒死太子。孙虑到了许昌宫后，逼太子吞下药丸。太子不肯，孙虑便乘太子不备，从袖子中拿出药杵用力砸了过去，太子中杵倒地。孙虑又拾起药杵，用力猛捶太子，太子气绝身亡，年仅二十三岁。

不久，孙秀派司马雅劝张华立即采取行动。张华还是没答应，司马雅气

得掉头就走,边走边说:"等到刀架到脖子上时,看你还是不是这个态度?"孙秀立即劝司马伦开始行动。于是司马伦伪造圣旨,召集兵马,准备入宫废掉贾皇后。

当时,齐王司马冏任翊军校尉,和司马伦率领三部司马闯进皇宫。华林让骆休作为内应,带司马冏来到惠帝的寝宫,逼迫惠帝前往东堂,并召贾谧进宫。贾谧应召前来,见士兵如林,经过西钟时,大喊:"皇后救我!"还没说完,便被人一刀砍死。贾皇后听到贾谧的呼救声,慌忙出来,迎面看到齐王司马冏,就问道:"你来干什么?"司马冏答:"奉旨抓捕你。"贾皇后长叹一声,前往建始殿,由司马冏派兵监守。之后,司马冏又领兵逮捕了赵粲、贾午,并将二人杀死。

司马伦篡位

司马伦将贾皇后贬为庶人，囚禁在金墉城。贾皇后的党羽刘振、董猛、孙虑、程据等人全部被杀。其他文武百官，只要与贾、郭、张、裴四家人有亲戚关系的，不是被杀就是被贬。然后司马伦假颁圣旨，大赦天下，自封都督，兼任相国侍中。任孙秀为中书令，受封大郡。百官听命于司马伦，而司马伦只信孙秀。

淮南王司马允当时在自己的封地，不在京都。太子被废后，朝议决定立司马允为太弟，催促他立刻返回京都。此事还没定下来，赵王司马伦就开始发难了。司马允不置可否，完全置身事外，不久便被册封为骠骑将军，兼任中护军。司马允性格沉稳、坚毅，宿卫将士们对他很是敬服。司马允知道司

马伦不怀好意，于是预先培养死士，以便将来诛杀司马伦。孙秀得知司马允的心思，就提醒司马伦提防司马允，司马伦这才有了防备之心。为防贾皇后与司马允勾结，二人就商议毒死贾皇后，册立皇太孙。于是，司马伦派尚书刘弘带着毒酒来到金墉城，贾皇后无可奈何，一饮而尽，命归黄泉。此后司马伦册立临淮王司马臧为皇太孙，召回原来的太子妃王氏，让她抚养司马臧。太子旧僚全部充当太孙官属，赵王司马伦兼任太孙太傅，追谥太子愍怀，改葬显平陵。

司马伦深信鬼神之说。孙秀想让司马伦篡位，便派赵奉对司马伦说："宣帝托梦给我，希望您早日登基，他将在邙山北面帮助您。"此后，司马伦开始密谋篡位。司马伦命太子詹事裴劭、左军将军卞粹等人充当宰相府的从事中郎。同时命义阳王司马威和黄门郎骆休闯入内廷，逼惠帝写退位诏书，下诏禅位。惠帝没办法，只得写下诏书，奉上皇帝玉玺。司马伦接受诏书、玉玺，派左卫将军王舆、前军将军司马雅等人率兵入殿，诏告三部司马。紧跟着，司马伦进入皇宫，登上太极殿，改元建始，将惠帝及羊皇后[1]迁往金墉城，尊惠帝为太上皇，改金墉城为永昌宫。

司马伦将皇太孙司马臧废为濮阳王，立自己的大儿子司马荂为皇太子，其他几个儿子也分握兵权。篡位后，司马伦前去太庙告祭祖宗，途中大风将御驾上的篷盖吹断。司马伦内心不安，便派人杀死濮阳王司马臧，以绝后患。司马伦视孙秀为心腹大臣，每次下旨都先让孙秀过目。孙秀常常自写圣旨，圣旨朝令夕改，百官们都习以为常了。孙旗的儿子孙弼和堂兄孙髦、孙辅、孙琰四人因为和孙秀的关系而被封为将军，孙旗也被封为车骑将军。身在襄阳的孙旗得知子侄被授官爵，担心大难将临，就派小儿子进京劝孙弼四人辞官。孙弼四人不愿意，孙旗也无计可施了。

---

[1] 羊皇后：即羊献容，贾南风死后，晋惠帝司马衷立羊献容为后。

孙秀担心齐王司马冏、成都王司马颖、河间王司马颙三人坐拥强兵，镇守各地，难以控制。于是便派遣自己的亲信分别前往三王镇守之地，同时加封司马冏为镇东大将军，封司马颖为征北大将军。偏偏齐王司马冏不接受他的笼络，首先发难，作檄文讨伐司马伦，并派人前去联合其他王公大臣。成都王司马颖迎接司马冏的使者，并召邺城县令卢志前来商议。卢志说："赵王谋权篡位，天人共愤，殿下顺承天命，讨伐逆臣，还用担心不成功吗？"司马颖便命卢志为谘议参军兼左长史，又命兖州刺史王彦、冀州刺史李毅、督护赵骧、石超等人做前驱，领兵前往京都，自己则领兵做后继部队。

大军抵达京都时，远近响应，共集齐二十万士兵，声势大振。各种警报陆续传入洛阳，司马伦与孙秀这才害怕起来。

司马冏专权

齐王司马冏领兵一路过关斩将，势如破竹，打败了孙会的部队。孙秀见孙会等人逃回，心急如焚，只好召大臣们一同商议。这时，左卫将军王舆与尚书广陵公司马漼见风使舵，带领七百多人从南掖门进入皇宫，倡言反正。三部司马依声附和，王舆便命三部司马分别守卫各个宫门，自己则领兵前往中书省捉拿孙秀。孙秀紧闭大门，不让王舆进来。王舆派兵登上围墙，扔进火把烧毁房屋，瞬间大火熊熊燃起，浓烟密布。孙秀、士猗、许超三人准备逃走，左部将军属下赵泉赶来了结三人性命。孙会、前将军谢惔、黄门令骆休、司马督王潜、尚书左丞孙弼等人全部被杀。王舆返回云龙门，派人让赵王司马伦迎回惠帝。

司马伦不得已只好下旨道："我将迎回太上皇。从此以后，归隐乡野不

再过问朝事。"司马伦颁发圣旨后，带上家眷从华林东门逃出。王舆率领数千人奔赴金墉城，迎回惠帝。惠帝与羊皇后并驾入宫，召百官入殿，下旨将司马伦父子送往金墉城，派兵监守。同时改元永宁，派人前去慰劳司马冏、司马颖、司马颙三王。梁王司马肜首先上表，请求诛杀司马伦父子以谢天下。惠帝召百官商议，百官都同意司马肜的建议，惠帝便命尚书袁敞带着毒酒前往金墉城。司马伦喝完毒酒后，用巾帕盖住脸哭喊道："孙秀误我！"不久便毒发身亡了。司马伦的儿子全部被杀，司马伦和孙秀的党羽有的被免官，有的被杀，所剩无几。

成都王司马颖抵达京都后，派部将赵骧、石超前去援助齐王司马冏，讨伐张泓等人。张泓等人听说京都复辟，司马伦被杀，便向司马冏投降。孙髦、张衡、伏胤等人被斩首东市，蔡璜畏罪自杀。义阳王司马威曾闯入皇宫抢走玉玺，惠帝铭记于心，复位以后立即将司马威杀死。东平王司马楙被免去官职。不久，惠帝下诏处死孙旗、孟观，并灭其三族。司马冏的士兵多达几十万，威震京都。惠帝封赏功臣，授齐王司马冏为大司马，成都王司马颖为大将军。

晋国依旧内乱不断。东莱王司马蕤与左卫将军王舆密谋杀害司马冏，被人告发后阴谋破灭。司马蕤是齐王司马冏同父异母的哥哥，性情粗暴，经常欺负司马冏。司马冏念及手足之情，对他格外包容。司马冏起兵讨伐司马伦时，司马伦将司马蕤逮捕下狱。惠帝复位，司马蕤得以被释放。

不久，司马冏升为辅政大臣，司马蕤却只做了个散骑常侍，心里更加愤愤不平，便向司马冏求官。司马冏没有答应，司马蕤恨上加恨，便秘密弹劾司马冏专权，劝惠帝将他贬官，惠帝没答应。左卫将军王舆认为自己有复辟大功，却没得到厚赏，便与司马蕤结为知己。二人决定在皇宫附近埋伏，等司马冏入朝的时候将他刺死。偏偏司马冏得到了消息，便立即上奏惠帝。惠帝下旨逮捕王舆并将他斩首示众，司马蕤被贬为庶民，迁居上庸。上庸内史陈钟揣测司马冏的心意，便暗中将司马蕤杀害。司马蕤与司马冏两兄弟互相残害之事，导致其他大臣也互相怀疑，生出无数祸端。

司马颖刻意求名，优待百姓，礼贤下士。司马冏却广结党羽，恣意妄为。司马冏想长久地把持国政，见皇孙们都已去世，而成都王司马颖却名声显赫，心想如果立司马颖为皇太弟，对自己会很不利，于是奏请立清河王司马覃为太子。司马覃是惠帝的弟弟司马遐的大儿子，年仅八岁。惠帝择日册立，让司马覃入居东宫，任司马冏为太子太师。侍中嵇绍是嵇康的儿子，见惠帝昏庸如故，内政被齐王司马冏把持，成都王司马颖又刻意求名，心想将来必生事端。于是上奏惠帝应当存不忘亡，安不忘危，预防祸乱。

嵇绍还写信给司马冏，援引古例规劝他。司马冏虽然回了信，但行动上却没有任何改进。惠帝又是一个糊涂人，不识好歹，只把嵇绍的奏折束之高阁。主簿王豹生性耿直，他写信给司马冏，劝司马冏让权返回封地。等了十来天，没有任何消息，便又写了一封信给司马冏。司马冏接连收到两封信，这才回信说会考虑，但心里依然犹豫不决。适逢长沙王来访，看到王豹的两封信时不禁勃然大怒："这小子竟敢离间兄弟至亲，应当将他拖到铜驼[1]下杀了。"经长沙王添油加醋一番，司马冏怒不可遏，奏请杀死王豹。惠帝准奏。王豹当即被活活打死。

王室内讧

司马冏贪图享乐，整日大摆宴席。河间王司马颙先前曾依附赵王司马伦，司马冏让他返回封地，并对他严加提防。司马颙的长史李含被任命为翊军校尉，李含与梁州刺史皇甫商有过冲突。皇甫商成为司马冏的党羽后，李含坐立不安。司马冏的右司马赵骧与李含也有矛盾，李含更是心神不宁，竟然离开京都返回关中。司马颙见李含回来，问他原因。李含谎称自己前来传达密诏，命司马颙诛杀司马冏。司马颙半信半疑，李含说："成都王是皇室至亲，建有大功却远归封地。齐王司马冏把持朝政，朝野侧目。我为你想到一个计策，你让长沙王写檄文讨伐齐王，齐王必定诛杀长沙王，我们便可借此兴兵。如果除去了齐王，让成都王回来辅佐朝政、永安社稷，岂不是一番大功劳？"司马颙贪功，居然同意了，并上奏惠帝。

司马颙将奏折呈上后，命李含为都督，进军阴盘；张方为前锋，进军新安；派遣使者邀成都王、新野王、范阳王一同兴兵讨伐洛阳，同时声称当时在洛阳驻军的长沙王司马乂是其内应。司马冏得知消息，派遣部将董艾攻袭

---

[1] 铜驼：铜铸的骆驼，多置于宫门寝殿之前。

司马乂。司马乂连同其党羽一百多人，乘车飞奔向皇宫，关闭所有宫门，胁迫惠帝号召卫士攻打大司马府。司马乂带惠帝登上城楼东门，逼惠帝传旨："大司马谋反。"董艾不顾利害，竟命属下朝城楼射箭，惠帝的随从伤的伤，死的死。其他将领见董艾如此无礼，以为司马冏真的谋反，于是转而攻打司马冏。接连战了三天三夜，司马冏大败。司马乂又命人火烧司马冏的府第。司马冏战败被杀，其子被囚，党羽全部被灭族。惠帝下旨大赦天下，改元太安，任命长沙王司马乂为太尉，负责统领全国的军事。

当时，李特在巴蜀兴风作乱。李特占领广汉，任命李超为太守，让他领兵前往成都。李超途中与蜀民约法三章，打开粮仓分派粮食，一路秋毫不犯[1]。罗尚出兵迎敌，战败而退，不得不在城外建筑堡垒，同时写信向梁州与原蜀江南中地区校尉求援。

河间王司马颙得知成都被围后，派衙博领兵前去援助。朝廷命张微为广汉太守，让他进军德阳。罗尚派督护张龟进军繁城。三路人马，遥相呼应，夹击李特。李特派次子李荡领兵攻打衙博，自己领兵攻打张龟，然后前往德阳抵挡张微。衙博领兵来到梓潼，在阳沔驻军。李荡前来，大胜衙博，衙博弃兵而逃，士兵全部投降。梓潼太守张演逃跑，西丞毛植投降。李特自封大将军、益州太守，改元建初。然后率领大军攻打张微。张微故意与李特僵持，一直不肯出兵迎战。等到李特的士兵松懈下来，才带兵突袭。李特抵挡不住，差点全军覆没。就在这时，李特次子李荡仗着一杆蛇矛冲锋陷阵，轻而易举地斩杀千人。张微不敢再斗，只好逃回德阳。李荡领兵进军德阳，将张微刺死，活捉张微的儿子张存。李特接见张存时，张存跪在地上请求保全性命，李特便放了他。随后任命骞硕为德阳太守，准备再次攻打成都。

---

1 秋毫不犯：指军纪严明，丝毫不侵犯人民的利益。

不久，朝廷派荆州刺史宗岱和建平太守孙阜带领三万水军前去援助成都。宗岱让孙阜做前锋进军德阳。李荡前去抵御孙阜，一战失利，退回德阳。益州从事任睿向罗尚献计道："李特将部下全部调遣到各地，军中毫无戒备，而朝廷援军快要抵达德阳，现在正是打败李特的大好时机。我们应趁此机会联合附近郡县百姓，约定日期一同攻打李特，内外夹击必能取胜。"罗尚命任睿连夜出城，前去联合附近郡县百姓。百姓得知孙阜率军入境，便答应了任睿。任睿返回内城报告罗尚，然后假意投降李特。李特不知是计，就将任睿留下。任睿在李特的营中留了两天便请求回家，李特毫不怀疑，由他自去。任睿返回内城，部署兵马，然后按照约定的日子领兵攻打李特。两军内外夹击，将李特、李辅一举歼灭。李流、李骧和李特的小儿子李雄三人带着家眷逃往赤祖。罗尚出城安抚百姓，将李特、李辅的首级送往洛阳。

平定荆州

蜀乱还没有平定，新野王司马歆递入急奏，说义阳人张昌聚众起义，锐不可当，请朝廷火速发兵，分道支援。当时，荆州东南方的民众，一直不肯向朝廷俯首称臣。司马歆镇守荆州，处事不当，惹恼了当地民众。义阳人张昌聚集几千人趁机造反。这时候，朝廷在荆州大量征收壮丁，让他们前去讨伐，当地人都不愿远行。诏书再三催促地方官，地方官不敢怠慢，只好奉命行事。当地百姓走投无路，索性聚在一起沦为盗匪。张昌趁机四处煽动，将安陆县的石岩山当作自己的巢穴，同时易名改姓成李辰。百姓听说后，纷纷前去投奔。

江夏太守弓钦派兵前去围剿，结果大败而归。于是张昌下山攻打江夏。新野王司马歆得知江夏失守，便派骑督靳满前去围剿张昌。靳满抵达江夏后，与张昌交锋，不到半日便被杀得大败而归。司马歆奏请朝廷派军援助，惠帝派监军华宏前去，华宏大败而逃。

兵败之事传到洛阳，惠帝赶紧命刘弘接替司马歆，担任镇南将军，统领荆州军事。刘弘是相州人，颇有才略，他采用宽严相济之策管理部下。张昌的党羽黄林进军袭击刘弘军营，被刘弘击退。刘弘接到朝廷圣旨后，立即赶往荆州。当时张昌还派了石冰攻打扬州，石冰击败刺史陈徽，扬州陷没。张昌接着攻破江州、武陵、零陵、豫章、武昌、长沙等地，名声大起。临淮人封云起兵呼应石冰，带兵侵扰徐州，导致荆、江、扬、豫、徐五州都被乱党占据。当地的官吏逃的逃，降的降，张昌便命部下担任太守。这群盗贼恃强行凶，到处掠夺，百姓不堪暴虐，巴望着朝廷早日赶走他们。刘弘御敌有方，一进入荆州境内，便废除苛政，然后任南蛮长史陶侃为大都护，牙门将皮初为都战帅，让二人进军襄阳，扼守要害。张昌屡攻不克，退守竟陵。陶侃让皮初留守襄阳，自己率兵攻打竟陵城，与张昌前后交战数十次，全是胜仗，斩杀数万敌兵，张昌弃城而逃。陶侃下令说："投降的人全部免死。"于是贼党弃戈抛甲，悉数投降。与此同时，刘乔派部将李杨等人攻下江夏，杀死刘尼，荆州自此平定。

刘弘领军来到荆州城下，见城门四闭，城上遍列官军。刘弘很是诧异，便喊城上人答话，叫他打开城门。守卒答道："我等奉范阳王命令在此守城。无论何人，概不放入。"刘弘答道："我奉诏前来管辖此地，难道范阳王不知道吗？究竟是谁在监守，让他出来说个明白。"说完，等了好一阵子，才见城门打开。一位将领带兵出门，跃马当先，来势汹汹。刘弘料他不怀好意，扬起马鞭向后一挥，将士们立即向前截住来将。来将无从杀入，这才自报姓名、职衔。原来他是长水校尉张奕，奉范阳王司马虓的命令驻守荆州。刘弘拿出诏书，张奕还是不信，挥刀想要打斗。刘弘一声喝令，将士们立即围住张奕，将他砍死。刘弘得以进入荆州城，安抚百姓。刘弘再命陶侃等人围剿张昌，张昌窜入下俊山，陶侃便领军入山搜缉，连斗数次，张昌的手下全部被杀，只剩下张昌一人一马逃往清水。不久，张昌便被陶侃追上，人头落地。陶侃率军回城复命，刘弘起座相迎，笑着对陶侃说："以前，我只是羊祜的参军，蒙他器重，他说我有朝一日必将镇守此地，如今果然应验。我看你也不是凡人，他日必定能继承老夫之位。"陶侃连声道谢。不久，刘弘劝百姓务农务桑，并减轻税赋。百姓欢庆不已。

这时，叛党石冰与封云相互勾结，攻陷临淮，气焰正盛。议郎周玘等人在江东起兵，推荐前吴兴太守顾秘统领扬州军事，并联合其他州郡讨伐乱党。周玘是前将军周处的儿子，颇有声望，只要他一声号召，四处便会响应。周玘大败石冰，斩杀一万多人。石冰从临淮退回寿春。征东将军刘准恰好戍守在广陵，听说石冰要来了，不禁感到惊惶害怕。只有度支陈敏愿出兵攻打石冰，刘准便派他前去抵御。陈敏以少胜多，屡战屡胜。石冰逃往建康，陈敏再与周玘合师进击，石冰再次战败。当时，封云正在徐州作战，于是石冰前去投奔封云。封云的部下张统料定石、封二人难成大事，便将二人的首级割下献给陈敏，扬州、徐州得以平定。周玘与贺循遣散部众，辞官还乡，不求封赏。陈敏被封为广陵相，恃勇生骄，渐渐地生出异心来了。

烽火洛阳城

这时，洛阳已经闹得一塌糊涂，局面不可收拾。惠帝昏庸至极，任人摆弄，大晋江山岌岌可危[1]。河间王司马颙不服从朝廷的命令，天天谋划着造

---

1 岌岌可危：形容十分危险，快要倾覆或灭亡。

反,长史李含又从旁挑拨,司马颙更加飞扬跋扈。成都王司马颖仗着自己德高望重,目中无人。长沙王司马乂把持朝政,事事都与司马颖商量,司马颖却还不知足,反与司马颙密谋铲除司马乂。司马颙写信约司马颖共同讨伐司马乂。不料朝廷传下诏书,惠帝欲亲征讨伐司马颙,命司马乂统领全国军事。一场大战由此开始了。司马颙任命张方为都督,率七万精兵从函谷出发向洛阳东面进攻。司马颖令陆机为前将军都督,率兵二十万攻向洛阳。

洛阳这边,惠帝亲自督战,长沙王司马乂一举将司马颖的军队击败,转而攻打司马颙。司马颙的都督张方率领军队靠近城门,见皇帝亲临,不禁沮丧,急忙后退。张方想要继续作战,部下却纷纷逃散,张方只好撤退。司马乂带兵从后面追上,杀死了张方五千多名士兵。张方退到十三里桥,鼓舞军心,带兵连夜前进数里,沿路修筑多重堡垒,为持久战做准备。司马乂骄傲轻敌,与张方再次交战后竟然失利。又过一年司马乂聚众誓师,鼓舞将士们和司马颖的军队决战。司马乂的军队屡战屡胜,斩杀司马颖的部下六七万人。

张方见司马颖失败，准备退兵之际，探听到都城粮食不足，料想城中将有内乱，于是留兵待变。果然不到几天，左卫将军朱默和东海王司马越通谋，勾结殿内的将士把司马乂拿下。都城将士觉得自己被司马越蒙骗，准备拥护司马乂反抗司马越。司马越知道后，不禁慌张起来，召来黄门侍郎潘滔商量，打算借张方之手灭掉司马乂。张方杀人不眨眼，命人把司马乂锁在柱子上活活用炭烤死了。

成都王司马颖进了都城后，派部将石超等人率领五万兵马分守十二城门。司马颖自命丞相，晋升司马越为尚书令。司马颙上疏给惠帝称司马颖有大功，可作为储副，又建议废除羊皇后。晋惠帝虽然舍不得美人，但也没办法，只好忍痛将羊皇后废为庶人，迁居金墉城，把皇太子司马覃降为清河王，立司马颖为皇太弟，统领中外军事，兼任丞相，并把他迁到邺城。提拔司马颙为太宰大都督，兼任雍州牧。

司马颖被封为皇太弟后，骄纵恣肆，目无君主。其随从孟玖等人又仗势横行，司马颖在众人心中的威望因此大大降低。右卫将军陈眕等人纷纷怂恿东海王司马越讨伐司马颖。司马越奏请惠帝北伐，自命大都督，沿途司马越不断招兵买马，募集了十万新兵。邺城民众得知后一片惊恐。

司马越驻军荡阴，打探到邺城人心不定，以为没什么隐患，就没有严加防备。哪知道司马颖的部将石超带兵杀来，气势汹汹，转眼间就攻破了司马越的军营。司马越仓皇逃命，竟无暇顾及惠帝。侍中嵇绍也在保护惠帝时被乱军所杀，血染帝衣，后左右欲为惠帝洗浣，惠帝竟黯然道："这是嵇侍中血，何必浣去。"

石超向司马颖告捷。司马颖命令卢志前去迎驾，和惠帝一同进入邺城。到了邺城，惠帝下诏大赦，改永安元年（304年）为建武元年。此时张方已经占据了洛阳，在洛阳城内独断专行。

司马颖命右司马和演为幽州刺史，让他杀害王浚。安北将军王浚曾是幽州统领，司马颖讨伐赵王司马伦时，司马颖曾让王浚起兵相助，王浚没有答应。于是司马颖怀恨在心，想要报复王浚。王浚知道司马颖不怀好意，决定联合其他力量讨伐司马颖。王浚又邀同并州刺史东嬴公司马腾联兵攻打邺城，司马腾答应下来。幽、并两州的将士以及乌桓、鲜卑的军队共十万人，直接朝邺城杀来。

司马颖和将领们商议军情，冠军将军刘渊说："我曾奉命担任五部大都督[1]，如今愿意为殿下说服五部一起抵御强敌。"于是司马颖封刘渊为北单于，让他马上出发。

刘渊辞别司马颖，来到左国城。匈奴右贤王刘宣和部众联名要求刘渊接受大单于的封号。刘渊接受了，共得部下五万人，定都离石，命儿子刘聪为鹿蠡王。刘渊令部将刘宏带着五千精兵支援邺城。这时，王浚和东嬴公司马腾已经打败了颖军将领王斌，正长驱直入邺城。石超带兵抵御，在平棘大败，退回邺城。邺城内一片惊乱，中书监卢志劝司马颖赶紧带惠帝前往洛阳。司马颖惊慌失措，只带了数十人，和卢志一起带着惠帝朝洛阳逃去。此时邺城已经被王浚各军抢劫一空。乌桓部酋没有追到司马颖，就和王浚等人一同回去了。邺城已经残破不堪，刘渊所派部将刘宏来不及支援，只好退兵回去，向刘渊报告。

刘渊建汉

刘渊得到刘宏的报告，立即令右于陆王刘景、左独鹿王刘延年率领步兵两万人征讨鲜卑。刘宣劝说刘渊不要为了晋朝攻打鲜卑、乌桓，应当安抚外

---

[1] 五部大都督：古代官职名，掌管入居塞内的五部匈奴的事务。

族，控制中原，以重振呼韩邪的基业。刘渊笑着说："你很有见识，但志向还不够远大。我们已经有十多万士兵，个个身手矫健，如果向南和晋争锋，可以以一当十。上可至汉高祖，下不失于魏武，呼韩邪又何足挂齿？"刘宣等人都叩头称："大单于英武过人，目光高远，我们远不能及。请即刻趁势称尊，抚慰众人。"刘渊缓缓地说："众人如果已经同心，我又何必去援救司马颖？暂且迁居左国城再作打算。"刘宣等人立刻起身，整理行装，随刘渊迁到左国城。远近各处又有几万人不断归附。刘渊正准备拥众称尊，统一北方，不料西部的巴蜀已经有人先称了王。野心勃勃的刘渊急不可耐，下令在南郊筑坛，告天祭地。登坛这一天，五部胡人都来拜贺。刘渊下令改称元熙元年，国号汉。刘渊的族人，也都被授予要职。

　　晋廷内乱不休，哪还顾得了什么边防。单单一座洛阳城，就已被弄得乱七八糟，没有宁日。张方带惠帝入都，独揽朝政，不但公卿百官无权无势，就连司马颖也被夺尽了权力。都城百姓都畏惧张方的威势，不敢声张。张方久留洛阳，部下每天四处劫掠，洛阳已经是十室九空了。张方打算拥着惠帝西去，又怕惠帝和百官不肯听从，便想借拜庙为名诱惠帝出宫。遂立刻派人禀告惠帝，请惠帝主持庙祀。惠帝不肯，张方顿时大怒道："他不出来拜庙，难道我就没办法让他西迁了吗？"随后，令部下齐集殿门，自己带领亲兵数百人跨马入宫，胁迫惠帝。惠帝知道后，慌忙躲进后园竹林中。张方令士兵到处搜查，硬把惠帝拉出。惠帝面如土色，说车马未备，等备好再走。士兵大声说："张将军已备好车马来接陛下，陛下不必多虑。"惠帝无奈，流着泪上了马车。

　　张方在宫门前面候着，见惠帝乘车出来，才在马上叩首道："如今寇贼纵横，侍卫又少，愿陛下亲临臣的营寨，臣定当竭尽全力敬奉陛下。"惠帝无话可说，四顾左右，身边没有一个公卿，只有中书监卢志，又担心他是张方的党羽，欲言又止。卢志对惠帝说："陛下今天还是听从张将军的建议吧。"惠帝只得答应，命令张方多带车辆，载上宫人和宝物。张方随即命令士卒入宫载运。士卒贪婪至极，你抢我夺，生怕分配不均。经过这番劫掠，魏晋以来百余年的积蓄荡然无存。穷凶极恶的张方，还想把宗庙宫室一概毁去。卢志急忙劝阻说："董卓焚烧洛阳，恶名流传至今，将军何必效仿他呢？"张方这才作罢。

　　过了三天，张方带着惠帝及司马颖、司马炽等人去往长安。当时正值寒冬，天降大雪，途中非常寒冷。到了新安，惠帝已经被冻得手脚麻木，一不小心从车上摔下来，伤了右脚。尚书高光正跟在惠帝后面，赶紧下马扶惠帝上车。惠帝这时才感到脚痛，摸着伤口流泪。高光撕下自己的衣襟，帮惠帝包扎伤口。惠帝边哭边说："我实在愚钝，让你们这么劳累。"高光也不禁流泪。好不容易到了灞上，远远看到有一些人马站在道路两旁，惠帝如惊弓之鸟，吓得冷汗淋漓。张方下马启奏说："太宰来迎车驾。"惠帝这才稍稍放心。不久，太宰司马颙便到了驾前，拱手参拜。惠帝按照旧例，下车止拜，并随司马颙进入长安，借征西府为行宫，休息了几天，再议大政。那时仆射

荀藩、司隶刘暾、太常郑球、河南尹周馥等人都还在洛阳，称为留台。惠帝承制行事，称年号为永安。羊皇后为张方所废，仍居住在金墉城。留台各官迎羊氏入宫，再奉她为皇后。于是长安、洛阳各设政府，号称东、西台。太宰司马颙想罢黜司马颖，问张方是否可行，张方认为不妥。但司马颙已拿定了主意，决定立司马炽为皇太弟。惠帝兄弟二十五人，相继死亡，只有司马颖、司马炽和吴王司马晏还在。司马晏资质平庸，司马炽却聪敏好学，所以司马颙想拥立司马炽为皇太弟。

司马越起兵

惠帝到了长安，政权已经被太宰司马颙把持。一切军国要政皆由司马颙、张方处理。

东海王司马越不愿入关受职，因此与太宰司马颙之间互生怨恨。中尉刘洽劝司马越讨伐张方，奉迎惠帝。司马越听从了刘洽的建议，传檄山东各州郡，西向讨逆，奉迎天子，还复旧都。东平王司马楙把徐州让给司马越，范阳王司马虓和幽州都督王浚也都响应司马越，推司马越为盟主，联兵勤王。司马越的两个弟弟司马腾和司马模都在方镇任职，受司马越管制。司马越改选各州郡刺史，朝臣们多奔赴东海。

司马越下令发兵西行，任命刘洽为司马，尚书曹馥为军司，让他们带军前进；令琅琊王司马睿留守下邳，接济军需。司马睿请求任命东海参军王导为司马，司马越答应下来。王导，字茂弘，是前光禄大夫王览的孙子，他明察秋毫[1]，富有远见，和司马睿很是亲近。司马睿把他引入军营，让他做自己

1　明察秋毫：本义为视力好到能察辨秋天鸟兽的细毛。后多形容人精明，目光敏锐，能洞察一切。

的参谋。王导也全心效力，知无不言。司马越留下这两个人后，便放心西行了。到了萧县，司马越的旗下已有三万余人。范阳王司马虓也从许昌赶到荥阳，声援司马越。司马越任命司马虓为豫州刺史，调派原豫州刺史刘乔转任冀州刺史，并任命刘蕃为淮北护军，刘舆为颍川太守。司马虓把刘舆的弟弟刘琨也封为司马。刘乔不肯受命，发兵抵制司马虓，并上疏司马颙，历数刘舆兄弟的罪状，说他们协同司马虓为逆，应该讨伐，等等。

石超见刘琨带兵杀来，仓促应战。不久，司马虓也来了，石超寡不敌众，往西南方向逃去。司马虓和刘琨紧追不舍，追上石超，将石超一刀砍死。刘琨一心救父，带着五千健骑乘夜去攻打刘乔。见外兵突然进攻，刘乔料想抵御不了，急忙逃出城去，刘琨进城解救了父亲。第二天早上，司马虓也到了，两军设宴庆贺。酒后谈论军情，刘琨建议司马虓说："刘乔被打败后，一定会去灵璧与他的儿子合兵。我们最好联合司马越，夹击刘乔父子，灭掉刘乔，然后就能乘胜入关了。"司马虓拍手叫好。正准备拨兵和司马越会合，外面忽然有探子来报，说东平王司马楙已经出守廪邱，司马虓听了，勃然大怒道："司马楙这个小人一定是来接应刘乔的，让我去教训教训他。"刘琨请命前去应战，司马虓令田督护协助刘琨攻打廪邱。军队还没到廪邱，就接到探子报告，说司马楙怯战，逃回兖州去了。

司马颙见司马越军队不断逼近，传令给司马颖又没有回音，只好和司马越议和。张方阻挠，司马颙便打消了议和的念头。司马颙的部下里有一个叫毕垣的参军，经常被张方欺侮，怀恨在心，常想设计陷害张方。得知司马越逼迫司马颙，他便趁机对司马颙说："张方久居灞上，一直按兵不动，一定是另有图谋。听说他的部下郅辅常和他秘密地谈论事情。为什么不下道诏令，先除去这个祸患呢？"缪播、缪胤还留在关中，此时也在旁边，便趁机插话说："山东起兵无非是因为张方一人，大王如果杀了张方，山东的士兵自然退去。"于是司马颙派人召来郅辅。此人是张方的心腹。郅辅应召入帐，毕垣贴在他耳边说："张方想造反，有人说你知道这件事情，所以大王特意把你召来。"郅辅惊愕不已，连称不知。毕垣装作不信的样子。郅辅对天发誓，说自己没骗他。毕垣又说："我知道你为人真诚，所以特地来告诉你。张方谋反之事属实，你没有听说倒也罢了，但大王今天问你，你应该说'是'，以免自招祸患。"郅辅点了点头。进了营帐，司马颙问他："张方谋反，你知道吗？"郅辅答了一个字"是"。司马颙又说："我派你去取张方的首级，你能办到吗？"郅辅又答一个"是"字。司马颙便拿出一封信，让他转交给张方，并要他顺便取了张方的首级。郅辅连答三个"是"字，便退出了营帐。见到毕桓，毕桓又对他说："你能不能取得荣华富贵，就看这一次了，千万别误事。"郅辅匆匆赶到张方的营帐。当时已是黄昏，郅辅带刀走了进去。营帐外面的守卒，因郅辅是张方的心腹，丝毫没起疑心。张方见郅辅进来，问他有什么事情。郅辅递过司马颙的信，张方走到灯下正准备拆信时，郅辅忽然拔刀砍去。随后郅辅提着张方的首级，向司马颙复命去了。

呆皇帝暴死

司马颙把人头送给司马越,想和司马越议和。司马越收下张方的首级后,却不答应议和。遣回使者后,司马越立刻令幽州将领祁弘做前锋,去长安接回惠帝,并派部将宋胄攻打洛阳,刘琨攻打荥阳。刘琨带着张方的首级来到荥阳城下,将首级呈给守将吕朗,吕朗急忙开城投降。宋胄在途中碰到邺城将领冯嵩奉命前来,于是二人一同赶往洛阳。留居洛阳的司马颖只好往长安逃去。司马颖逃到华阴时,听说司马颙和司马越已经议和,担心司马颙谋害自己,就不敢再往西逃。司马颙见司马越并没有退兵,开始后悔杀死张方。司马颙派弘农太守彭随和刁默率兵抵御司马越。祁弘旗下的鲜卑兵把彭、刁的部下打散成几个部分,彭随、刁默两队死伤无数。兵败的消息接连传到关中,司马颙吓得魂飞魄散,不知所措。不久,有人来报,说敌军已经深入。司马颙扬鞭逃跑,侥幸出城,环顾四周,心想孤身一人不能远去,就策马向太白山奔去。

祁弘杀进长安,城内无人敢挡,任由鲜卑兵烧杀抢掠。百官都逃到山里去了,惠帝还在行宫,没人保护。刚好司马越赶到,下令禁止劫掠,随后进宫拜见,又召集百官,宣布即日东归,命太弟太保梁柳为镇西将军,留守关中,自己则带领各路军队奉惠帝回洛阳。到了洛阳,惠帝登上旧殿,朝见百官。

永兴三年(306年)六月,惠帝又改元为光熙元年,下诏封赏迎驾诸臣,升司马越为太傅;范阳王司马虓为司空,仍驻镇邺城;司马模为镇东大将军,镇守许昌;王浚为骠骑大将军,统领东夷河北军事,兼任幽州刺史。此外如皇太弟以下,仍然各司其职。对司马颖和司马颙只下了一道赦书。

成都王司马颖从洛阳逃到华阴后，听说惠帝回了洛阳，先是折回南行，后来又渡河北上，准备投靠公师藩。顿邱太守冯嵩在路上截住司马颖，把他送到邺城囚禁起来。公师藩得知后，亲自带兵攻打邺城，司马虓急忙命兖州刺史苟晞带兵御敌。交战中公师藩被杀，汲桑、石勒等人逃跑。不久，司马虓在邺城病死。长史刘舆担心邺城人会释放司马颖，于是令人假充朝使，逼司马颖自尽，然后为司马虓发丧，并报告朝廷。司马颖的两个儿子也被杀死。

太傅司马越听说司马颙入关，马上派督护麋晃带兵征讨，麋晃在路上接到三军败退的消息，不敢进军。谁知司马颙又遭遇内变，长史杨腾想背叛司马颙归附司马越，于是假传司马颙的命令，令牵秀罢兵。牵秀出营迎接，却当头挨了一刀，倒地身亡。这一刀便是杨腾下的毒手。杨腾骗牵秀的属下，说自己是奉命行事。士兵们见牵秀无辜被杀，对司马颙更加不服，不肯为他效命。杨腾把牵秀的首级送给麋晃，麋晃正打算进关，都城却传出急诏，说惠帝暴崩，皇太弟登基，大赦天下。麋晃知道不必去讨罪了，便在途中等候，静待后命。

据说惠帝是被太傅司马越毒死的。一天晚上，惠帝在显阳殿里吃了几个饼子，不一会儿，忽然肚子绞痛起来。内侍召进御医时，惠帝已经不省人事了。御医诊视六脉，发现脉搏已如游丝，于是摇头说："罢了！罢了！"宫人问是什么病，他不敢说明，等穷究细问后，他才轻轻地说出"中毒"二字，然后一溜烟地出宫去了。毒究竟是谁下的，无从追究。不过司马越掌握政权后，对皇帝暴崩的事一点儿也不追究，只令侍中华混赶紧召皇太弟司马炽继位。说司马越可疑，还有一个原因，便是皇后羊氏担心皇太弟司马炽被立为皇帝，自己只能做皇嫂，做不了太后，于是密召清河王司马覃进入尚书阁，有意推立司马覃。恰巧司马炽也进来了，又有太傅司马越在旁拥立，羊氏一时尴尬，只好闭口不言，任司马炽即位。照此看来，宫

廷内外早已明争暗斗，羊皇后想立司马覃，司马越想立司马炽，只可怜那呆皇帝被人无辜毒死。

  皇太弟司马炽是武帝的幼子，即晋怀帝，继承兄位后，大赦天下，命太傅司马越辅政。司马越请出诏书，封河间王司马颙为司徒。司马颙应诏前去洛阳，当下携着家眷上车，出关东行。路过新安时，忽然来了一班凶悍的武夫，手持利刃，拦住司马颙的去路，大声喝道："快留下脑袋！"司马颙被吓呆了，不得不硬着头皮，战栗地问来人："你们是谁，居然敢拦我的车？"来人却反问司马颙是谁。司马颙说："我是河间王，被封为司徒，现在奉诏去洛阳。"来人哄然大笑，跳上车，把司马颙按倒，扼住他的喉咙。司马颙的三个儿子上前相救，却被这班莽夫拳打脚踢一通，相继毙命。司马颙被扼住很久，气不能出，两手一抖，双足一伸，一命呜呼！

北宫纯平贼

江南安定后，河北一带却仍有乱事。太傅司马越虽然出镇许昌，但一切朝政事务仍然由他主持，怀帝没有实权。司马越以邺城空虚为由，特征北将军驻守邺城，并令王衍为司徒。怀帝自然答应。

顿邱太守魏植为流民所迫，率领部下五六万人大掠兖州。太傅司马越赶紧命苟晞带兵支援，苟晞出守无盐，派苟纯据守青州。苟纯嗜杀，比苟晞还要严厉，民间都流传歌谣："一苟不如一苟，小苟毒过大苟。"不久，苟晞打败魏植，回到青州。王弥却又蠢蠢欲动，召集数万党羽分别进犯青、徐、兖、豫四州。苟晞奉诏出征，连战不胜。

司马越只能制内，不能制外。王弥从小路攻入许昌，又从许昌进逼洛阳。司马越派王斌率领五千士兵护卫京师。凉州刺史张轨也派督护北宫纯领兵支援。统将北宫纯入城见了王衍，和王斌会师，相约出战。北宫纯挑选一百多名勇士作为前锋，然后疾驰而出与王弥对战。刚开始交战，北宫纯便挥动令旗，一队身长力大的壮士身跨铁骑，手持利刃，不管枪林箭雨，硬着头皮朝城内冲去。凉州兵也不甘落后，拼了性命，一齐跟入。王弥党羽心慌意乱，纷纷退后。北宫纯趁势追杀，王斌也率兵跟进，杀得王弥部队大败，抱头东窜。

此时，都城里又冲出一支生力军，来接应北宫纯、王斌。军官是左卫将军王秉。王秉一路人马继续追击王弥，一直追到七里涧，王弥以为来军较弱，当下勒马横刀和王秉对战。众人勉强从命，但略一交手，便又溃散。王弥只得与部下王桑投奔汉主刘渊。刘渊和王弥是旧交，当即便派使者迎接。王弥大喜，随使者去见刘渊。刘渊当即任命王弥为司隶校尉，并任命王桑为散骑侍郎。刘灵也前来投奔刘渊，被封为平北将军。刘渊让他们做向导，命

刘聪带领数千士兵一同朝河东进袭。北宫纯从洛阳回师，途中遇到刘聪的军队，北宫纯带兵冲杀过去。刘聪突然遭袭，手忙脚乱，匆匆收兵逃了回去。北宫纯回到凉州，向张轨禀明情况。

刘渊听说刘聪兵败，未免失望。他趁着秋高马肥，麾兵南下。到了平阳，太守宋抽惊慌失措，弃城南逃。刘渊占领了平阳，再攻河东。河东太守路述出城迎战，因寡不敌众退守城中。刘渊率兵猛攻，路述坚持死战，力竭而亡。刘渊连得数郡，便移居蒲子。上郡四部中鲜卑陆逐延、氐酋单征都向刘渊投降。刘渊又派王弥、石勒兵分两路攻打邺城。征北将军和郁贪生怕死，将邺城拱手相让。刘渊雄心得逞，公然称帝，大赦境内，改元永凤，改蒲子城为汉都。

刘渊称帝后，两河大震。晋廷派豫州刺史裴宪戍守[1]白马，车骑将军王

1　戍守：武装守卫；防守。

堪镇守东燕，平北将军曹武驻守大阳。刘渊令石勒、刘灵率三万士兵攻打魏、汲、顿邱三郡，百姓纷纷降附。石勒和刘聪请刘渊从中挑选五万壮丁作为士兵。魏郡太守王粹领兵抵御，被石勒活捉，押到三台，一刀毙命。

晋怀帝永嘉三年（309年），汉太史令建议迁都，刘渊马上下令迁都平阳。恰巧汾水边有人拾得玺篆，献给刘渊，刘渊认为这是祥瑞之物，再次改元，以"河瑞"二字为年号。

汉大将军石勒率领十多万兵马进攻钜鹿、常山，以张宾为主谋。张宾屡次向石勒献策，无一不是好计，因而石勒将他视为亲信，采用他的计策一路势如破竹。

弘农太守垣延探知汉兵骄傲懈怠，用了一条诈降计，亲自参拜刘聪，假意投降。刘聪沿途纳降，丝毫不怀疑。谁知到了半夜，营外喊声连天，营内呼声动地，外杀进，里杀出，刘聪的军营立刻被晋军踏平。刘聪慌忙上马，率众而逃，侥幸保全了性命。垣延上表报捷，朝臣称庆。不料过了二十来天，刘聪等人又杀到宜阳，前有精骑，后有锐卒，更为猖狂。

刘聪继位

刘聪连破晋军，直达洛阳，在西明门外扎下营垒。凉州刺史张轨派北宫纯等人进城支援洛阳。北宫纯赶到洛阳，和汉军相向而驻。半夜，北宫纯率兵偷袭汉营。刘聪令征虏将军呼延颢出营抗敌，呼延颢刚出营门就被北宫纯一刀砍死在地。汉兵见呼延颢被杀，惊慌失措。北宫纯趁机冲入营中，左劈右杀，杀死几十个汉兵。刘聪的军队招架不住，边战边逃，退到洛水沿岸的寨中。北宫纯担心有埋伏，只好收兵回营。

第二天，呼延翼的军营发生内乱。士兵不服呼延翼的命令，杀死了呼延翼，然后各自逃散。刘渊听到消息后，命令刘聪迅速回师。刘聪不肯退兵，于是刘渊让刘聪留攻。刘聪攻打宣阳门，刘曜攻上东门，王弥攻广阳门，刘景攻大夏门，四面同时进攻，声震山谷。太傅司马越绕城固守，又调北宫纯登城抵御。刘聪连攻几天，无法攻克，竟想去嵩山求神佛保佑，好快点攻取洛阳，当即命平晋将军刘厉和冠军将军呼延朗暂时带军，自己则策马朝嵩山奔去。司马越的参军孙询得知刘聪不在军营，告知司马越。司马越命孙询挑选三千精兵，由将军邱光、楼裒等人带领，朝汉军冲杀而去。呼延朗冒冒失失应战，一个疏忽就被邱光、楼裒结束了性命。刘厉急忙率兵来救时，已经来不及了。邱、楼二将带着士兵横冲直撞。刘厉只好带兵逃跑。刘聪在半路上得到消息，急忙赶回相助，邱、楼二人这才收兵进城。不料刘厉担心刘聪怪罪他，竟投河自尽了。

石勒自从攻破壶关后，在并州一带烧杀抢掠，收复了山北诸地，又和刘灵进攻常山。幽州都督王浚派部将祁弘与鲜卑部酋段务勿尘带领十多万骑兵讨伐石勒。石勒在飞龙山扎营，专等祁弘前来。祁弘带兵一路长驱直入，到了飞龙山，见石勒的军队已经扎稳，便心生一计，让段务勿尘带着本部人马登山而下，直逼石勒的大营，自己则率领部众和石勒直接交战。石勒令刘灵守营，二人分兵力战祁弘。两军都是劲旅，旗鼓相当，不分胜负。这时段务勿尘从石军身后压来，直攻大营，刘灵保不住营寨，只得逃出。石军见此情景，自然慌乱，石勒惊恐万分，向南奔去。刘灵稍迟一步，被祁弘从后面追上，用槊猛戳，当即毙命。汉军将士共死了一万多人。石勒垂头丧气地逃到黎阳，听说幽州兵已经回去，马上又兵分四路，攻陷三十余座城寨，再次进兵信都。东海司马王斌带兵抵御石勒，一战即亡。晋车骑将军王堪、豫州刺史裴宪奉诏联兵，合攻石勒。石勒带兵抵抗，取道黄牛垒，魏郡太守刘矩举城投降，石勒兵势得以增强。裴宪得知石勒的军队更加强大，偷偷南逃。王堪孤掌难鸣，只得退到仓垣。石勒又从石桥渡河，攻陷白马，杀死三千多人，然后东袭鄄城，杀死兖州刺史袁孚。紧接着，石勒又进攻仓垣，大胜王堪，然后攻克广宗、清河、平原、阳平诸县。捷书接连传到平阳，刘渊封石勒为镇东大将军兼汲郡公，又命刘聪、刘曜等带兵与石勒会合，一同进攻河内。河内太守裴整飞书求援，晋朝廷命宋抽为征虏将军，支援河内。路上，宋抽遇上石勒的军队，被石勒击败。裴整向汉投降，被汉廷封为尚书左丞。河内督将郭默收集残余部将，自命为坞主。刘琨上表，任命郭默为河内太守。

这一年已经是怀帝永嘉四年（310年）。刘渊患病，担心自己时日不多，便下了顾命[1]，命梁王刘和为太子。刘渊召刘欢乐、刘洋、刘延年三人入宫，

---

1 顾命：临终遗命。

亲授遗命，让他们拥立太子，同心辅政。两天之后，刘渊便逝世了。

太子刘和继为汉主。大司马刘聪率领全军攻打都城，把刘锐、呼延攸、刘乘捉住，并将刘和杀死。刘聪进了光极殿，下令诛杀刘锐、呼延攸、刘乘三人，枭其首级，示众三天。群臣联名上疏，让刘聪继承皇位。

刘聪继位后，改元光兴。刘聪将国家要事依次处理，所有王公大臣仍任原职，众人都毫无异言。刘聪便趁国中无事，寻欢作乐。

司马越自误误国

汉主刘聪大举进攻晋国，派河内王刘粲、始安王刘曜以及王弥率兵攻打洛阳，又令石勒带领四万骑兵和刘粲会师，一起前往大阳城。晋监军裴邈在渑池被汉军打败，往南逃去。汉军兵分两路直指洛川，沿途四掠，烽火连天。刘琨在并州得到消息，与拓跋猗卢一同发兵攻打刘聪、石勒，并先派人到洛阳向太傅司马越报信。

汉军齐逼洛阳，有进无退。洛阳城已是粮食匮乏、军民疲惫，眼看快要守不住了。司马越向各地传发檄文，下令征兵支援。可是朝臣们早已四散而逃，多半不肯应召。司马越已经失去众望，心里却不服气，听说胡人日渐猖狂，便穿着战袍自请讨伐石勒。

石勒开始攻打许昌，司马确出兵防御。司马确到了南顿，正碰上石勒率众杀来。见敌军矛戟如林，士卒如蚁，晋军大惊失色，立即往回逃去。司马确还想和石勒决一胜负，哪知部下都情急逃生，不肯听令。敌军抢先冲来，一阵乱砍，晋军伤亡惨重，司马确成了刀下鬼。石勒扫尽了司马确的部众，又进军许昌，杀死平东将军王康，占领城池。

许昌失守，洛阳更加危急。怀帝寝食难安，急忙下诏命河北各将连夜进都支援。青州都督苟晞接到诏书后，向部下说道："司马越无道，使天下大乱，我怎能以不义示人？汉韩信不忍小惠，所以死在妇人手中。如今为国家计，我唯有上尊王室、入诛国贼，和诸君共建大功。为国尽忠，本是应该，何足挂齿？"说完，便令记室代写檄文，告示各州。当即便有人将檄文传到都城，怀帝看完后，下诏慰勉苟晞。汉将王弥这时已派左长史曹嶷为安东将军，向东进略青州。曹嶷攻破琅琊，进入齐地，连营数十里进逼临淄。苟晞登城见敌兵气势汹汹，不禁心惊胆战，直到曹嶷的军队靠近了城池，他才麾兵出战。曹嶷且退且进，苟晞且战且守。大战了一天后，苟晞招架不住，弃城而逃。苟纯随苟晞一同逃往高平。苟晞在高平重新招募了几千士兵，这时传来怀帝的密令，让苟晞讨伐司马越。苟晞听说河南尹潘滔和尚书刘望在司马越面前诬陷自己，便向怀帝上疏历数司马越的罪状。

怀帝看了苟晞的表文后，盼望苟晞能出兵项城，削除司马越的权势，苟晞却一直没来。怀帝忍无可忍，又下诏给苟晞，让他擒获司马越。苟晞接到诏书后，派征虏将军王赞为先锋，带着裨将陈午赶赴项城，并写了一篇表文让使臣带给怀帝。

使臣带着表文走到成皋的时候被骑兵截住，并被押到项城去见司马越。司马越搜到苟晞的表文，不禁大怒道："我早就怀疑苟晞与皇上通使，必有隐情，现在果然被我截获。可恨！可恨！"于是将使臣扣住，又令从事中郎杨瑁担任兖州刺史，与徐州刺史裴盾，一起征讨苟晞。苟晞偷偷派骑兵到洛阳抓捕潘滔。潘滔趁夜逃走，尚书刘曾和侍中程延被骑兵抓到，苟晞审讯后得知二人都是司马越的私党，就将二人一并斩首。

司马越得到消息后，顿时感到内外交迫、进退两难，竟忧愤成疾。临死前，他召来王衍，嘱咐后事。王衍秘不发丧，只将司马越的尸体棺殓，装在车上，打算回东海安葬司马越。

汉将石勒听说司马越病死，即刻快马加鞭追来，在苦县宁平城竟碰上了给司马越送丧的队伍。王衍不会用兵，襄阳王司马范等人也都没有经历过大敌，二人面面相觑，不知所措。只有将军钱端带领士兵朝石勒攻去。两军交战了两三个时辰，汉军很是厉害，任意厮杀，无人敢挡，钱端战死。石勒又指挥铁骑围住王衍等人。王衍的部下虽有好几万，却没有一个不怕死，再加上无人统帅、号令不一，人人都抱着逃命的心思，你想先跑，我怕落后。一时间自相践踏，积尸如山。最凶狠的还是石勒，他发出一声号令，叫骑士四面乱射，不让众人逃脱。王衍只能闭目等死，束手就擒。除王衍及襄阳王司马范外，还有任城王等人也统统被拿住，押入石勒的军营。

石勒令人将俘虏全部囚禁在民舍。到了半夜，令士兵推倒墙壁，将囚徒压死。石勒又命人劈开司马越的棺材，焚骨扬灰，并说道："扰乱晋朝天下的就是此人，我今天为天下泄恨，焚烧其骨以告天地。"

洛阳失陷

司马越病死后，怀帝改任众大臣，又颁诏天下，督促各地带兵前来护卫京师。此时此刻，天下纷争不断，世道日益混乱，两河南北又频频遭到胡人劫掠，各镇将领连自己都顾不上，又怎么会去护卫都城呢？

荆州、襄阳一带闹得一塌糊涂。征南将军山简驻守在襄阳时，襄阳时而被王如所逼，时而被石勒所攻，山简只好迁到夏口勉强支撑。荆州刺史王澄误信谣言回到江陵，那时巴、蜀流民游居在荆、湘两地，杀害了当地县令。王澄派内史王机带兵平定，流民望风请降，王澄假装受降，私底下却令王机夜袭流民，斩杀了八千多人。益州、梁州的流民看到这情形，不免兔死狐悲[1]。湘州参军冯素对流民赶尽杀绝，流民被迫造反，攻破零陵，进掠武昌。王机派兵抵御，失败而回。王澄对此并不在意，依旧和王机日夜纵酒，消遣光阴。

成都被李雄占据，前益州刺史罗尚始终无法收复。李雄又出兵东侵，攻打涪城。梓潼太守谯登固守三年，粮尽援绝，成都最终陷没。谯登战败被抓，李雄将其处死。长江上下游一派纷乱，只有琅琊王司马睿在江东安居无事。

洛阳城作为一国之都，此时内无粮草，外无救兵。怀帝终日愁苦，但也无可奈何。忽然传来消息说，汉大将军呼延晏率领两万七千名士兵朝洛阳杀来，接着败报又频频传来。不久又听说刘曜、王弥、石勒三路人马和呼延晏一同逼近洛阳。几天之后，汉军果然到了洛阳，猛攻平昌门。城内将士们无

---

1 兔死狐悲：兔子死了，狐狸感到悲伤。比喻因同伙的失败或死亡而感到悲伤。

心拒守，才一晚上，外城便被汉军攻破。汉军又攻进内城，在城内杀人放火，很是猖獗。汉军骚扰了一天一夜后，竟自行退去了。怀帝赶紧命荀藩兄弟备好船只，准备东行。荀藩和弟弟荀组奉命而去，却发现船只已经被汉军烧毁。二人不敢回去见怀帝，只好逃跑。

都城已经残破不堪，宣阳门更是形同虚设，呼延晏和王弥轻而易举地进了城。城内侍卫纷纷逃窜，汉军横冲直撞，如入无人之境。两位汉将带兵闯进南宫，纵兵大肆抢掠，把宫中抢劫一空。石勒进了洛阳，见城里已经形同废墟，便带兵去了许昌。

大将军荀晞驻守在仓垣，豫章王司马端从洛阳逃到仓垣。荀晞这时才知道洛阳失陷，于是奉司马端为皇太子，迁守蒙城，设立行台，自命太子太傅，命别将王赞驻守阳夏。荀晞出身微贱，却志骄气盈，这次挟持司马端即位，独揽大权，更是得意扬扬，整日饮酒作乐。部下稍有忤逆，荀晞就对他们施以酷刑，他还对百姓横征暴敛，因此将士离心，百姓怨声载道。辽西太守阎亨上疏劝谏，却被苟晞下令斩首。

部将温畿、傅宣等相继叛离苟晞，瘟疫、饥荒又频频发生，眼看仓垣将要保不住了。这时石勒从许昌杀来，攻破阳夏，擒获王赞，奔往蒙城。苟晞只知道饮酒调情，直到石勒的军队进了城，他才慌忙集合军队。然而已经来不及了，苟晞兄弟和豫章王司马端都被石勒抓住。刘聪提拔石勒为幽州牧。王弥本想在青州称王，因对石勒有所顾虑，便趁此机会给石勒写了一封信，说："石公一举捕获苟晞，令人佩服。如果再任用我做你的左臂右膀，天下还有什么难对付的呢？"石勒看完信，对参谋张宾说："王弥位重言卑，一定不怀好意。"张宾认为王弥在试探石勒，于是劝石勒先下手为强。石勒便请王弥到军营喝酒。酒席上，石勒对王弥殷勤备至，王弥渐渐放松了戒备。酒至半酣，石勒忽然拔剑朝王弥挥去，刹那间，王弥人头落地。王弥的部下不敢反抗，都投降了石勒。

刘聪听闻此事后责备石勒，石勒却称王弥想要谋叛。刘聪因王弥死去，已经损失了一名大将，不得不拉拢石勒。于是提拔石勒为镇东大将军，让他统管并、幽两州军事。苟晞和王赞密谋杀死石勒，消息泄露后，反被石勒所杀，豫章王司马端和苟纯也被杀死。

当时海内大乱，唯独江东稍微安宁，士大夫们为了避乱，陆续来到江东。王导劝司马睿广揽俊杰，于是司马睿召集了一百零六个人，个个都授为佐吏，史称百六掾。

怀帝愧死他乡

江东初定，百废待兴[1]。这时传来石勒在葛陂征兵造船、将要攻打建业的消息。司马睿得知后，在寿春城召集士兵，任命纪瞻为扬威将军征讨石勒。石勒率兵抵御，两军僵持了三个多月。在僵持的这段时间里，因为一直下雨，石勒的士兵都染上了瘟疫，加上粮食短缺，士兵死亡过半。石勒不免担心起来，和将领们商量停战。

右长史刁膺认为，不如向江东暂时求和，而以孔苌为首的三十几位将领则厉声说道："一派胡言！我们没有失败，为什么要投降？如果分路进军，晚上攻进寿春，斩杀敌军将领，夺取城内粮食，然后乘胜攻占丹阳，夺取江南，不出一年，就能大告成功了！"石勒大喜，赏给他们每人一匹战马。谋士张宾却始终不说话。石勒问道："你有什么看法？"张宾回答道："我认为，将军最好先去占据邺城，夺下河北。河北攻取下来后，再麾兵南下。可以先把军备运走，将军在后面慢慢退兵，这样就不会出什么问题了。江东的军队听说我们北去，庆幸还来不及，哪还愿意追？"石勒卷起袖子，兴奋地说道："妙计！妙计！就听你的了。"又斥责刁膺说："你既然来辅佐我，就应该助我成就大业，怎么能劝我投降？我本应该把你处死，但看你没有什么恶意，姑且饶了你。"刁膺慌忙拜谢，羞愧退下。石勒贬刁膺为裨将，提拔张宾为左长史。

石勒派侄子石虎带领两千骑兵抵挡晋军，然后亲自带兵从葛陂出发，军备在先，兵队在后，依次北去。石虎在去寿春的路上碰到几十艘江南船只运米而来，他马上带兵去抢，不料两边的伏兵蜂拥而起。石虎的军队只顾着抢

---

[1] 百废待兴：意思是许多被搁置的事情等着要兴办。

米,一经交锋,纷纷溃散。石虎也拍马而逃,晋将纪瞻带兵追了一百多里,正碰上石勒的军队。石勒严阵以待,很是威严。纪瞻不敢进攻,只好退回寿春。

东燕渡河时,石勒听说汲郡太守向冰带着几千人驻扎在枋头,担心遭到攻击,就和将领们商量对策。张宾说:"向冰的船都在对岸,我们如果派人乘筏,从小路出发把向冰的船抢过来,运送大军,军队一过河,还怕向冰吗?"于是石勒命部将孔苌、支雄前去抢船。船上的人没有防备,所有的船只都被孔、支二人抢了过来。向冰知道后,带兵收船,可已经晚了,石勒的军队早已过了河。向冰只好回营防守。

石勒令主簿鲜于丰攻打向冰,预先设好埋伏。向冰起初不想接战,可鲜于丰在营前百般辱骂,激起了他的怒气,他便带兵来追。鲜于丰边战边跑,把向冰引进埋伏圈。周围的伏兵突然一拥而起,四面夹攻。向冰奋力杀出一条血路，落荒而逃。石勒攻进向冰的军营，把营里所有财物都拿了去，然后奔向邺城。邺城守将刘演把守兵分布在铜雀、金虎、冰井三台，严阵以待。

勒将孔苌等想立刻攻取三台，张宾阻止说："刘演虽然薄弱，但部下还有几千人，三台也很险固，不容易攻取，我们何必在这里费劲？王浚和刘琨才是大敌，应该先去攻打他们。况且现在天下大闹饥荒，不如先占据要地，广储粮食，再往西占领平阳，往北攻取幽、并二州，这样才能成就霸业。"石勒问："依你之见，我们该去哪里？"张宾答道："邯郸和襄国，你选一个吧。"石勒兴奋地说："襄国。"于是他便率兵攻打襄国。襄国城里毫无防备，石勒毫不费力就攻占了城池。刘聪下诏褒奖，晋升石勒为散骑常侍，并封他为上党公。

此时，怀帝已被汉军捉去一年多了，由呼延晏押送到平阳。刘聪为怀帝授职，加封他为会稽郡公。跟随他的庾珉和王俊也都得到官职。这三人入朝拜谢。刘聪邀他们一起喝酒，对怀帝说："你是豫章王的时候，朕在中原，曾和王济去拜访过你。你请朕听乐府歌，带朕去射厅比试技艺，那时你送了柘弓[1]和银砚给朕，你还记得吗？"怀帝答道："我怎么敢忘记，只恨当时没有早识龙颜。"刘聪又说："你们为什么总是自相残杀呢？"怀帝说："这是天意。大汉将应天受命，所以上天为您驱除障碍，如果司马家能守住武帝的遗业，九族和睦，陛下哪还能得到天下？"

时光飞逝，第二年元旦，刘聪在光极殿大宴群臣，命怀帝改穿青衣，站在一旁给他斟酒。怀帝满脸羞惭，庾珉和王俊见此情形，不禁哭泣。刘聪大怒，等怀帝斟完酒，命人将他们三人赶了出去。一个月之后，有人诬陷庾珉和王俊密谋叛乱，刘聪便命人杀了庾珉和王俊，又赐给怀帝一杯毒酒。

1　柘弓：柘木做的弓。柘树枝长而坚，宜作弓。

祖逖渡江

怀帝去世后，秦王司马邺主持丧礼，后司马邺即位，即晋愍帝。愍帝传旨大赦，改元建兴。新朝廷总共只有四辆马车，百官没有官服印绶，就在衣服上署号，将就了事。愍帝后来又命琅琊王司马睿为左丞相，统领陕东军事，南阳王司马保为右丞相，统领陕西军事，并且给两王下了诏令，让他们兴师北伐。

琅琊王司马睿无心北上，得到新皇的诏旨后，只派使者前去祝贺，却并不兴师。不久，长安又有诏令送来，再次让司马睿北伐。司马睿读完诏书，踌躇半天，便与来使刘蜀和苏马商谈，说请皇上再宽限些时日，等他准备好了再兴师。刘、苏二人不便力劝，当即告辞。司马睿写了一封表文当作复命。司马睿的做法惹恼了军谘祭酒[1]祖逖。

祖逖，字士雅，祖籍范阳，为人不拘小节，仗义疏财，与刘琨一同做过司州主簿，二人意气相投，共被同寝。夜半听到鸡叫声，祖逖就把刘琨踢醒，说："这不是恶声，是唤醒世人的声音，赶快起床舞剑。"有时谈到世事，二人也互相鼓励说："如果天下大乱，豪杰并起，我和你也当共济社稷。"不久，祖逖做了太子舍人，后来又被调为济阴太守。母亲去世后，他才辞官回家守丧。中原动乱时，祖逖带着亲党到淮泗避难，衣服粮食都和众人共享，众人对祖逖心悦诚服[2]，推他为行主。司马睿听说祖逖的大名后，特意任命他为军谘祭酒，令祖逖戍守京口。祖逖怀匡复之心，经常结识勇士，

---

1 军谘祭酒：古代官职名，主要存在于东汉末年和晋朝时期，其职责是负责军队的日常事务，包括但不限于组织军事训练、制定战术、安排军队的部署等。
2 心悦诚服：由衷地高兴，真心地服气。指真心地服气或服从。

与他们探讨如何为国效力。

听说司马睿两次受诏,却都拒绝北伐,祖逖毅然前去拜见,对司马睿说道:"国家丧乱不是执政者昏庸,而是因为藩王争权、自相残杀,胡人才得以趁机作乱,流毒中原。如今百姓正处于水深火热之中,人人都想铲除强胡,大王如果发布威令,派有志之士做统率,收复中原,料想各郡国的豪杰一定闻风依附。这样一来必然能够收复中原,洗雪国耻,希望大王不要错失良机!"司马睿见他义正词严,倒也不好驳斥,就命祖逖为奋威将军兼任豫州刺史,送给祖逖一千人的粮食和三千匹布,却不发军械和士兵,只让祖逖自己招募。祖逖立刻回到京口,率领一百多部众乘舟渡江。船队行驶到江中时,祖逖击桨宣誓,誓要收复中原。众人见他神采奕奕,气宇轩昂,都慨然叹服。到了江阴,祖逖马上打造兵器,招募了两千多人,然后北进。并州都督刘琨听说祖逖起兵渡江,感慨万千:"我曾担心祖逖会比我先立功,如今他果然行动了。"

占据襄国的石勒一心想夺取幽、并两州，想了许多办法，欺王浚、骗刘琨，最后终于把幽州夺了去，然后又计划夺取并州。幽州都督王浚自从洛阳陷落后，就设坛祭天，布告天下，谎称受诏，假立太子，自命尚书令，设置百官。前豫州刺史裴宪从南方过来投奔，王浚便命裴宪和枣嵩为尚书。王浚派督护王昌、中山太守王豹等率兵三万攻打石勒。石勒出战不利，逃回城中。段末杯带兵攻城，被石勒擒住作为人质，派人向段疾陆眷求和。段疾陆眷答应议和，用铠马金银赎回段末杯。石勒召来段末杯一起饮酒，以金帛厚赠，然后把他送到段疾陆眷的军营。段疾陆眷感念石勒的厚恩，和石虎订盟，结为兄弟，发誓互不相侵，随后带兵退去。王昌失去援助，只好退兵。

王浚和段氏，本来是甥舅亲戚，相约互相援助。这次段氏被石勒诱去，王浚如同断了一只胳膊。但王浚不以为意，还和刘琨争夺冀州。原来代郡、上谷、广宁三郡百姓都属冀州管辖，因为王浚残暴，纷纷趋附刘琨。王浚愤愤不平，竟撤回征讨石勒的各军，转攻刘琨，劫掠三郡。刘琨不能与他相争，只好由着他耀武扬威，三郡的百姓都被王浚驱赶出塞，在外颠沛流离。王浚自加尊号，戕杀谏官，强虏见此情景，生出异心，伺机而入。

大意失蓟城

王浚骄横放肆，妄想当皇帝，就去和燕相胡矩商议。胡矩婉言劝阻，却被王浚贬为魏郡守。北海太守刘搏和司空掾高柔先后劝谏王浚，都被王浚杀害。当时幽州一带，连年饥荒，旱灾、蝗灾不断，百姓困苦不堪。而王浚、枣嵩却大肆横征暴敛，为非作歹。

就在幽州衰落之际，石勒来了。虽然他对幽州虎视眈眈，却不敢贸然动手，想先写信给王浚，探明虚实。石勒向张宾请教，张宾说："王浚名为晋朝臣子，实则想自立为王。只是担心天下人不服，所以拖延至今。将军威震天下，即使态度谦卑、厚礼相送，他也未必能相信您，更何况要正面和他对抗。"石勒犹豫一会儿，问："依你之见，应当用什么方法？"张宾说道："荀息灭虞、勾践伐吴的故事，详细记录在《春秋左传》里，何不借鉴前人的方法？"石勒立即命张宾草拟一份奏表，交给门下舍人王子春和董肇，让他们带些奇珍异宝，一半献给王浚，一半赠给枣嵩。王子春与董肇随即到了幽州，王浚召见了他们，问明来意。王子春格外谦恭，上前跪拜并呈上表文，王浚打开一看，大意是石勒有意投靠，并大赞王浚德高望重，表示愿意

辅助王浚早登帝位。王浚看完奏表，不禁喜笑颜开。随后，王子春又去拜见枣嵩，将礼物赠予他，托他代为周旋。枣嵩满口答应，与王浚商议后，派使者随同王子春和董肇去往石勒驻地。

使者来到石勒的驻地时，石勒早将强兵精甲换成了羸弱士兵。石勒朝北跪拜，恭敬地接受使者递来的信函。王浚的使者返回后，奏报说石勒实力弱小，但心意诚恳。看了董肇的上表后，王浚翁婿二人十分高兴。

石勒大军行至易水时，王浚督护孙纬发觉不对，急忙禀告王浚。王浚笑着说："石公此次前来，是履行之前的约定，怎么能闭城拒绝？"众武将齐声进谏道："羯人贪婪而且没有信用，此次前来一定有诡计。"王浚不禁大怒，这时，仆人呈上范阳镇守游统的书信，信中说"石勒前来，志在劝进，请勿多疑"等语。原来，游统早就暗中投靠了石勒。王浚信以为真，当即下令道："再有说出兵攻打石勒者，杀无赦！"将士们不敢再说。

两天后，石勒率兵到了蓟城。天刚破晓，石勒担心城内有埋伏，就先赶了几十头牛羊进城，说是带来的礼物。实际上是想借此堵塞街道、阻碍伏兵。大军进到城里，石勒发现城中守备空虚，便立即领兵进犯，四处杀掠。王浚得知后惊慌不安。石勒率众人来到大厅，命令王浚出来相见。王浚还心存侥幸，以为石勒能好意相待，不料刚到大厅，就被石勒的部下绑了起来。

王浚羞愤交加，大骂石勒大逆不道，石勒笑着说："王公位居高位、手握重兵，却坐观神州倾覆，只思自立为王，不也是大逆不道吗？听说你还任用奸臣，残虐百姓，陷害忠良，这才叫大逆不道。"说完派部将王洛生将王浚押往襄国。王浚的一万多党羽全部被处死。

王浚大势已去，部下纷纷到石勒帐中谢罪，唯独少了尚书裴宪和从事中郎荀绰。石勒找来他们二人当面呵斥。裴宪说："我们世代侍奉晋国，蒙受朝廷恩宠，王浚虽然狡诈，却还是朝中大臣，因此我二人才追随他。人生在世，早晚会死，又何必求饶？"说完掉头就走，石勒急忙叫住他们，以礼相待，反而将枣嵩、朱硕处斩。游统前来道贺，他自恃功高，认定石勒必定会重重封赏自己。没想到石勒却大骂游统不忠，砍了他的脑袋。石勒对心腹说道："我最高兴的不是得到了幽州，而是得到了裴宪、荀绰二人。"于是任命裴宪为从事中郎，荀绰为参军。石勒杀死王浚，将他的首级用盒子装好送往平阳。汉主刘聪授予石勒大都督兼骠骑大将军之位，并加封他为东单于。

陶侃勇破乱贼

汉主刘聪自恃强大，恣意妄为，奢靡淫乱。刘聪虽然不是明君，但余威尚存。石勒、刘曜进退无常，终为晋患。晋愍帝孤守关中，岌岌可危，只盼着三路兵马，合力勤王。建兴三年（225年）二月，愍帝任命左丞相司马睿为丞相，统领内外军政，南阳王司马保为相国，刘琨为司空。

此时给他们加官晋爵，无非是劝勉征战之意。无奈刘琨在晋阳，位于边关重地，一步都不敢远离。司马保占据秦州，收抚氐、羌后军威稍振，但也无心顾及长安。司马睿据有江左，相比之下实力较强，但是与关中一东一西，距离太远。荆、湘一带又发生叛乱，司马睿的军队在途中被阻。所以尽管诏书一次比一次催得紧，司马睿却总以道路不顺为由，说等两江平定后才能启程。

沿江的乱贼头目，分别是杜弢、胡亢和杜曾。胡亢曾是前新野王歆牙的门将，歆牙死后将士四散，胡亢来到竟陵，纠集散众，自号楚公，任用杜曾为竟陵太守。杜曾英勇过人，能披甲入水而不沉没，胡亢视杜曾为心腹，经

常命他抢掠荆、湘二地。百姓因此不得安居，流离失所。扬州刺史王敦屯兵豫章，让武昌太守陶侃、寻阳太守周访和历阳内史甘卓与他合力讨伐杜弢。此时杜弢正进攻包围浔水城，陶侃命明威将军朱伺为前锋，奋力击退杜弢。杜弢带兵撤退，陶侃便对朱伺说："杜弢必定会趁我不备，转攻武昌，我军应当回城拦堵，不能中计！"说完，命朱伺带一小队轻骑，从小道先回，自己则率兵跟在后面。

朱伺到了江陵，正在城外安营时，忽然听到远处喊声大震。朱伺料想是杜弢率兵赶来，不禁大呼："陶公真是神机妙算啊，现在有我在此地镇守，看贼兵还能撼动江陵吗？"不消片刻，杜弢率兵而来。朱伺骑马杀出，迎头痛击，反使杜弢有些意外，仓促应战。双方正在酣战，不料后面又来了一支步兵，各执短刀，杀入阵中。杜弢等人前后受敌，立即溃散，逃往长沙。朱伺与步兵会合，追了数十里，擒斩近千人，方才回城。这支步兵正是陶侃带来的。得胜后，陶侃派参军王贡向王敦告捷，王敦欣然道："今天如果没有陶侯，也就没有荆州了。"随后王敦上表朝廷，封陶侃为荆州刺史。

陶侃的使者王贡从豫章回营，取道竟陵。此时竟陵城内，杜曾因胡亢猜忌，失去下属支持，便指使参军王冲杀了胡亢，吞并胡亢的部众。王贡想趁机立功，就进入竟陵城，假传陶侃命令，任命杜曾为前锋大都督，命他杀死王冲。王冲本来在山简麾下做事，山简病死夏口后，他就聚众作乱。杜曾听了王贡的话，立即见风使舵，将王冲杀死。王贡给陶侃写信，只说杜曾愿意投降，却没有提及假传命令之事。于是陶侃回信征召杜曾，杜曾见信中没有提及册封自己为前锋大都督一事，未免起疑，不肯应召。王贡担心假传命令之事泄露后，自己会被处死，索性将实情告诉杜曾，并与杜曾合谋，准备袭击陶侃。陶侃不知二人的密谋，未做丝毫防备，突然被杜曾带兵杀入，全营大乱，陶侃命不该绝，侥幸逃脱。王敦因此上表朝廷，夺了陶侃的官位。不久，陶侃与周访等人一起打败杜弢，得以官复原职。

杜曾、王贡与杜弢联合起来到处劫掠，王敦命陶侃、甘卓等人合力退敌。经过大小数十战，杜弢的士兵死伤惨重，便派使者到建业向司马睿乞降，司马睿没有答应。杜弢无计可施，便给南平太守应詹写信，托他代为周旋，表示愿意立功赎罪。应詹将原信转呈建业，并称杜弢已经有悔改之意，应当借此平息战事。司马睿派前南海太守王运前去接受杜弢的投降，并命杜弢为巴东监军。杜弢已经受命，但征讨他的诸多将士却不肯罢兵，仍然攻伐不止。杜弢愤怒不已，继续作乱，派部将杜弘、张彦偷袭临川和豫章。临川内史谢摛被杀，豫章几乎被攻陷，幸亏周访杀了张彦，驱逐杜弘，豫章才安定下来。陶侃专门进攻杜弢，杜弢派王贡迎战，王贡却被陶侃慑服，反戈攻打杜弢。杜弢打不过王贡，除逃跑外别无他法。但王贡与杜弢麾下的将士早已熟识，便向他们大呼："投降的不但可以免死，还可以升官。"于是人人解甲，只剩下杜弢一人一骑狂窜而去。投降的众将士，陶侃择优录用。士兵们乘胜追到长沙，杜弢下落不明，或许是死在荒野了。杜弢已死，只有杜曾逃到了石城。琅琊王司马睿得知长沙捷报，依例颁发赦书，分赏诸将。

西晋亡

汉中山王刘曜奉汉主刘聪之命，出兵攻打关中。晋愍帝命麴允为大都督，率兵抵御，任命索綝为尚书仆射，保卫长安。刘曜进军冯翊，太守梁肃弃城逃到万年。刘曜占领冯翊，移兵攻打北地。麴允到了灵武，因为势单力薄，不敢轻进，请求长安支援。然长安无兵可调，只得向南阳王刘保征兵。

南阳王刘保不愿支援长安，但也不好推辞，于是命胡崧为前锋都督，会集各军，然后进援。麴允等不到援兵，又请求保卫皇帝。索綝阻拦他，不让他去保卫皇帝，并且督促麴允速速救援北地。麴允不得已，率众救援，途中遥望北地，只见烟焰蔽天，大火燎原，心中惊疑不已。又见一班难民，狼狈前来，便停止行军，问明北地情形。难民答道："郡城已经沦陷，恐怕来不及救援了。"说完，踉跄而去。麴允听了这话，进退两难，不料部众竟然各自逃回去了，麴允只好上马返回。其实，当时北地尚未沦陷，刘曜命汉兵假扮难民，前去迷惑麴允。麴允不辨真伪，竟然中计。麴允返回到磻石谷，被刘曜追杀。麴允连忙逃窜，一直跑到灵武城内。麴允手下的数百骑兵能够安全归来，还算大幸。

麴允为人忠厚，可惜既不果断，又没有威信，将士们人心涣散。安定太守焦嵩，本来由麴允举荐，可他却瞧不起麴允。麴允派人告知焦嵩，让他立即支援。焦嵩冷笑道："等他危急了，再救也不迟。"于是让来人先回去，说会聚齐人马，然后救援。麴允无法催逼，只好束手坐等。此时刘曜已攻取北地，攻占泾阳。渭北诸城，相继失守。刘曜长驱直入，势如破竹。

刘曜率军进逼长安。晋愍帝四面征兵。并州都督刘琨还想约代王拓跋猗卢一同支援关中，偏偏拓跋猗卢被拓跋六修杀死，局面一片混乱。拓跋普根得知后，仗义兴师，攻打拓跋六修。拓跋六修连战失利，不久后被杀。国中尚未安定，拓跋普根当然不能出兵帮助刘琨。刘琨孤掌难鸣，只好自保。琅琊王司马睿因为路途遥远，一时不能西行。凉州刺史张寔派遣王该率五千人入援长安。

张寔是凉州牧张轨的儿子。张轨在凉州多年，始终效忠晋朝廷。国家一有危难，就发兵救援，晋廷封他为凉州牧、西平公。晋愍帝二年（314年）六月，张轨一病不起。张轨死前嘱咐儿子及将士，让他们安抚百姓，报效国家。张轨死后，张玺等人表面上辅佐世子，暗地里却妄图谋取大位。晋愍帝命

张寔为凉州刺史，承继西平公爵位，赐张轨谥号武穆。凉州军士得到一个刻着"皇帝行玺"四字的玉玺，将它献给张寔。张寔秉承父命，不肯背叛晋朝廷，将玉玺送入长安。这个时候，刘曜已经率军攻打长安，直逼内城。

长安城中粮食匮乏，一斗米值黄金二两，百姓有的饿死，有的逃亡。凉州有一千名义勇士入城驻守，誓死不移。麹允运来些酒糟，碾碎了做成粥，暂时供应宫廷。当时已经是晋愍帝三年（315年）深冬，雨雪霏霏，饥寒交迫，外面的锣鼓声、刀箭声，络绎不绝，日夜惊心。晋愍帝召见麹允、索𬘭共商大计。麹允垂泪不语。索𬘭只说了一个"降"字。晋愍帝不禁泣涕不已，对麹允说："外无救援，看来只好忍辱投降。"麹允仍然不答。晋愍帝长叹："误我国事的就是麹允、索𬘭两个人啊。"随即召入侍中宗敞，叫他写好降书，送往刘曜军营。宗敞拿着降书出了大殿，转交给索𬘭。索𬘭留下宗敞暂住，派人出城拜见刘曜，要刘曜许他为车骑将军，封他为万户郡公才肯举城投降。刘曜大怒，将使者斩首示众。索𬘭没办法，只好让宗敞前去拜见刘曜，商议投降事宜。

刘曜收了降书，令宗敞回去复命。晋愍帝亲自乘着羊车，出了东门，悲不自胜。御史中丞吉朗掩面而泣，叹道："我既没有智谋，又没有勇略，还有什么脸面侍奉君主？"说完用头撞门，倒地而亡。晋愍帝前往刘曜的军营。刘曜见了晋愍帝之后，让宗敞侍奉晋愍帝回宫，收拾行装，准备东行。

第二天，刘曜进入长安城，查检府库，并命令士兵将晋愍帝带往军营。又过了一天，刘曜派将士押解晋愍帝等人前往平阳。晋愍帝进了汉光极殿，叩头行礼。麹允伏地痛哭，刘聪大怒，下命将麹允关入狱中，麹允当即自杀。刘聪任命晋愍帝为光禄大夫，封为怀安侯，追封麹允为车骑将军，以颂扬忠节，并将索𬘭斩首。之后，汉主刘聪下令大赦，改年号为麟嘉，命中山王刘曜掌管陕西军事，担任太宰，改封为秦王。于是西晋两都一并沦陷，西晋灭亡。

东晋的兴立

建武元年（317年）十二月，汉主刘聪杀死晋愍帝。晋愍帝被杀，全是刘粲的主张。荥阳太守李矩招降洛阳汉将赵固，与河内太守郭默一同攻打汉境，军队驻扎在小平津。刘聪令太子刘粲带兵抵御，赵固扬言要活捉刘粲，换回天子。刘粲派人上奏道："如今司马睿占据江东，赵固、李矩叛变都是打着愍帝的名号。只有杀了愍帝，才能断了他们的念头。"于是刘聪下令处死了愍帝。

愍帝被害的消息传到建康，晋王司马睿悲痛万分。百官请他称尊，司马睿不肯。百官力劝晋王司马睿登位。司马睿为之动容，令文官写好令文，颁示朝堂。

司马睿是江东开国的第一个君主，历史上称为东晋，又因他后来庙号是元皇帝，所以沿称元帝。元帝司马睿既已即位，颁诏大赦，改建武二年为太兴元年（318年），立王太子司马绍为皇太子。

司马绍幼年聪颖，一向受父亲宠爱。一次长安使者到来，元帝问司马绍道："你说太阳和长安哪一个更近？"司马绍答道："长安近。只听说有人从长安来，没听说过有人从太阳上来。"第二天，元帝款待来使，并宴及群臣，又召司马绍出来问道："究竟长安近呢，还是太阳近呢？"司马绍却答说："太阳近。"元帝怒道："你不是说长安近吗，为什么今天变了说法？"司马绍又答道："抬头就能看见太阳，却看不见长安，所以说是太阳近。"元帝更加觉得惊异，群臣都说司马绍是奇童。

司马绍长大以后，颇为仁孝，又擅长文辞武艺，亲贤礼士，虚心纳谏，庾亮、温峤等人是他的布衣之交。庾亮风格峻整，善谈老、庄。元帝称庾亮有清才，所以让司马绍娶庾亮的妹妹为妻。司马绍当了太子，庾氏自然就成

了太子妃，庾亮也得以侍奉东宫。元帝曾赐给太子韩非子的著作，庾亮进谏道："韩非子太过刻薄，不足效仿。"太子司马绍采纳庾亮的建议，主张宽仁，人们都称赞司马绍是贤能的储君。

这时，忽然从河北传来消息，说前并州都督刘琨被幽州刺史段匹䃅杀死。段匹䃅和刘琨既是异姓兄弟又是亲家，段匹䃅怎么会杀害刘琨呢？原来元帝即位后，曾任命刘琨为太尉，封他为广武侯，段匹䃅为渤海公。那时段匹䃅的弟弟去世，段匹䃅前去奔丧。刘琨派儿子刘群去送段匹䃅。段匹䃅的堂弟段末柸私通石勒，率军袭击段匹䃅。段匹䃅逃脱，刘群却被段末柸捉住。段末柸对刘群以礼相待，许诺让刘琨做幽州刺史，诱使刘群和他一起攻打段匹䃅。刘群不得已，只好答应段末柸，给父亲刘琨写信，请求他做内应。

段匹䃅当时已经回到蓟城，为了防备段末柸，屡次派人侦察。凑巧段末柸的信差被段匹䃅抓住，刘群的信被段匹䃅搜出。段匹䃅随即把原信拿给刘琨看，刘琨大为惊讶。段匹䃅道："我知道您没有这个意思，所以才给您看。"

刘琨答道："这是段末柸的反间计，他想以此离间我们，我不会因为一个儿子就背弃信义。"段匹磾听了一笑了之。刘琨原本驻扎在别的军营，此时被段匹磾召来，彼此表明心迹，和好如初。刘琨打算回到驻地，段匹磾的弟弟段叔军说道："胡人向来被东晋轻视。现在东晋不过是畏惧我们兵多，所以才甘心听命于我们。如今我们骨肉相残，如果有人劝刘琨向我们发难，我们就危险了。"因此段匹磾迟迟不肯让刘琨离开。刘琨的儿子刘遵留守北府小城，听说刘琨被拘禁，便和左长史杨桥及如绥闭门自守。段匹磾派人劝告，刘遵等人不从。段匹磾发兵围攻，双方相持了二十天，城中粮尽箭空。守将龙季猛暗中投降段匹磾，杀死杨桥、如绥，挟持刘遵，开城迎接段匹磾。段匹磾假称奉诏把刘琨勒死，并杀掉他的儿子、侄子四人。元帝听说段匹磾杀死刘琨，迫于段匹磾逼人的气势，不敢斥责他，也没有为刘琨举行葬礼。

石勒建后赵

汉主刘聪骄淫荒虐，荒废政事，朝廷内外，奸臣当道，贿赂成风。刘聪晚年病势加重，呜呼而逝，太子刘粲继任汉主。

刘粲即位后，司空靳准心怀鬼胎，暗中对刘粲说道："臣听说各位公侯有心谋乱，准备先杀太保再杀大臣，另推大司马为主。陛下如果不先铲除他们的话，臣担心陛下将有大祸。"刘粲惊慌道："恐怕并无此事，你不要乱猜！"靳准默然退出后，担心刘粲告诉诸王，急忙和皇太后、皇后商议，让她们借机向皇上进言。二后趁着刘粲入宫行乐的时候，便进谗言。虽然是无端捏造，但刘粲信以为真，竟毅然下令将太宰上洛王刘景等人一并斩首。刘骥的弟弟吴王刘逞也连坐被诛。只有太傅朱纪、太保呼延晏和太尉范隆逃出长安。

刘粲大阅上林苑，谋划讨伐石勒，任命丞相刘曜为相国，掌管军事，镇守长安；任命靳准为大将军，掌管尚书事务。哪知靳准大权到手后，当即带兵入宫，令人将刘粲刺死，并派人拘拿刘氏家眷，将他们全部斩首，只留下靳太后和靳皇后二人。他还命人挖开刘渊、刘聪的陵墓，将刘聪的尸体悬挂示众，并纵火焚毁了刘氏宗庙。

靳准自号大将军、汉天王，召见汉臣胡嵩，让他将传国玉玺送还晋廷。胡嵩不敢受命。靳准大怒，随即下令斩杀胡嵩，另外派人通使司州。当时司州还有晋国的属地，河内太守李矩担任刺史。他听到汉使前来，急忙接见。来使说道："靳准大将军已经铲灭了刘氏，为晋朝报了仇，正要率军回归故里，请你务必转告皇上！"李矩火速上奏元帝，派太常韩胤等人恭迎靳准。韩胤还没到平阳，刘曜、石勒等人已经出兵攻打靳准。战火纷飞，不便前行。靳准擅任私党，诛杀异己，释放王延，并任王延为左光禄大夫。王延不从，靳准大怒，将王延杀死。

相国刘曜从长安发兵，讨伐叛贼，大将军石勒也率五万精兵讨伐靳准。车骑将军乔泰等人见此情形，刺杀了靳准，推靳明为盟主，再让卜泰将传国玉玺献给刘曜。刘曜厚待卜泰，令人回去报告靳明，答应让他归降。

卜泰带着玉玺投降刘曜，却没有禀报石勒。石勒听说后，不禁大怒，立即派兵攻打靳明。靳明屡次出兵都以失败告终，只好固守城池，并向刘曜求救。刘曜派刘雅等人前去招降，靳明带着平阳成千上万的百姓投奔刘曜的军营，没想到刘曜却下令把他绑住，推出去斩首，并将靳氏全家处死。

刘曜迁都长安，改称新号赵，颁令大赦天下。刘曜封石勒为太宰、大将军，并加封赵王。

石勒昭告天下，与刘曜势不两立。石虎当下倡议，请石勒称尊，众位将士百余人都赞成石虎的提议，异口同声要石勒称尊。于是石勒继承赵王位，大赦天下，将百姓田租减半，并赐给孤老鳏寡者每人两担谷子，随即大宴七天，并依照春秋列国及汉初侯王旧例，号为赵王元年。史家称其为后赵，是为了和刘曜有所区别。石勒下令禁止胡人凌侮汉人，并派官吏到各个州郡劝民务农，朝会时用天子礼乐。

　　石勒听说桃豹在蓬陂大败而回，很是忧虑，于是与祖逖讲和。桃豹据守蓬陂，祖逖派部将韩潜率兵攻打，占领了东台，从东门出入。桃豹据守西台，从南门出入，与韩潜相持了四十多天。祖逖将士兵装在布袋里，伪称是米粮，派一千人运送给韩潜，又另派数人挑米送去。桃豹见他陆续运粮，便发兵去抢，运米的人弃担而逃。桃豹军营正苦于没有粮食，夺得粮米后，自然欢喜。唯独桃豹以为祖逖粮食充足，不免有所忧虑。祖逖令部将冯铁在汴水来回巡查，正赶上石勒大将刘夜堂运粮给桃豹，冯铁立即报告韩潜。韩潜随即带兵截击，打败刘夜堂，夺下军粮。桃豹听说军粮被夺，连夜逃往东燕城去了。

祖逖又派韩潜进攻封邱，冯铁镇守蓬陂。祖逖驻扎雍邱，既出兵剿杀同时也派人招抚各处。石勒的镇守将士不是逃走，就是投降。石勒无计可施，只好与祖逖修好，乞求通商。祖逖不做任何回复，但默许商人往来，按货缴税。石勒得知祖逖祖父和父亲的陵墓都在老家范阳，特地令范阳守吏修缮陵墓，并派人守墓。祖逖派使者向石勒致谢。石勒厚赏了祖逖的使者。后来祖逖的将领童建擅自杀死新蔡内史周密，投奔了石勒。石勒割下童建的头送给祖逖，并修书一封给祖逖，信中说道："叛臣逃吏童建背叛将军，我已经将他处死。"祖逖回信表示谢意。后来，石勒曾率军前来投降，祖逖没有接受，但彼此互不侵犯，两河南北，得到片刻安宁。

王敦造反

晋江州牧王敦扼守长江，势力强大，担心杜曾难以制服，特别嘱咐梁州刺史周访捉拿杜曾，并许诺将荆州刺史一职授予周访。周访屯兵沌阳，出奇制胜[1]，大胜杜曾。杜曾逃往武当。周访因此被提拔为南中郎将，担任梁州刺史一职，在襄阳驻军。周访对将士说道："现在不斩杜曾，必有后患，我和各位应再接再厉，一举剿灭杜曾。"于是带领兵马，再次出击。杜曾在武当没有设防，大败逃跑，被周访的部将苏温带兵擒获。周访历数杜曾罪状，将他斩首示众，之后又出兵攻打第五猗，把第五猗处死。

与此同时，王廙在荆州滥杀陶侃部将，军民怨声载道。元帝听说后，让王廙任散骑常侍，派周访担任荆州刺史。偏偏郭舒对王敦说："荆州是军事

---

1 出奇制胜：用奇兵或奇计制服对方，取得胜利。后比喻用别人意想不到的手法取胜。

要地，不可轻易送人。周访已经是梁州刺史，倘若再将荆州给他，势必尾大不掉，恐怕将来反而会成为您的隐患。"于是王敦上奏元帝，表示自己要担任荆州刺史一职。元帝不好反驳，只得授予王敦荆州牧职位，封周访为安南将军。即便周访为人谦逊，从不邀功，这次也不禁动怒，写信大骂王敦。王敦回信慰藉，并送玉环、玉碗给周访，以表同情。周访将玉环、玉碗扔到地上，怒骂王敦的使者，随即务农训兵，喂饱马匹，磨快兵器，准备作战。周访本来打算收复河、洛，自从与王敦不和之后，隐约觉察到王敦的野心，就处处防范王敦。守宰一职无人担任，周访便选择心腹补上，然后奏明圣上。王敦虽然严加防范，但畏惧周访的勇略，也不敢逞威。可惜周访当时已经老迈，击败杜曾一年之后就病逝了。

甘卓还没有赶到，王敦已经派从事中郎郭舒掌管襄阳兵马。甘卓到达后，王敦便召还郭舒。元帝封郭舒为右丞，王敦却扣留郭舒不让他走，元帝不免怀疑王敦，另派刁协、刘隗等心腹钳制王敦，连佐命元勋王导也被元帝疏远。中书郎孔愉进谏道："王导为人忠贤，德高望重，应该让他官复原职。"元帝并不听从。

王敦愤愤不平，立即上书元帝表示抗议。王敦派的使者到了建康，取出奏章交给王导。王导看完后，摇头道："这封奏章不能呈给圣上，你还是带回去吧。"于是将奏疏封好，还给来使。

王敦不肯罢休，派人直接上奏。元帝看到后，很是怀疑，便连夜召见谯王司马承入宫，说道："朕待王敦不薄，现在王敦却索求不断，语言激愤，究竟该如何处置？"谯王司马承答道："陛下没有早些抑制他，才会有今日，如果继续姑息，恐怕离祸患不远了。"元帝不免叹息。第二天，元帝又召刘隗商量，刘隗建议迅速派重臣守备，严加防范。元帝同意。这时，王敦又推荐宣城内史沈充代替甘卓任湘州刺史，元帝没有答应，并召见谯王司马承道："王敦谋逆的心思已经暴露，朕若不杀他，必定为他所害。湘州地势险

要，怎么能再任用王敦的心腹？看来只好烦劳叔父担任此职了。"司马承答道："臣仰承诏命，自当尽力，怎敢推辞？但是湘州连遭寇乱，民生凋敝，必须得三年的时间，才可以驻军镇守。否则即使鞠躬尽瘁，也是无济于事。"元帝于是颁下诏书，任命司马承为湘州刺史。

司马承行至武昌，与王敦相见。王敦不得不设宴款待。等宴毕散席后，王敦对参军钱凤说："司马承不知道害怕，只会夸夸其谈，能有什么作为呢？"于是任由司马承前往湘州。

王敦狂傲自大，根本不把刘隗、刁协等人看在眼里，他畏惧的只是豫州刺史祖逖。此时，祖逖已经肃清河南，荡平群敌，正要平定河北，偏偏朝廷派戴渊来治理豫州。祖逖知道戴渊徒有虚名，能力不足以与他共事；又听说王敦和刘隗、刁协不和，导致内乱发生，眼见国家多难，却不能收复中原，忧愤成疾。

祖逖病重之时，仍然派人修建监牢。监牢还没有竣工，祖逖就去世了。祖逖在临终前曾抱病长叹道："我一心想平定河北，但是上天偏要亡我。我死之后，平定河北一事还有什么希望呢？"祖逖卒年五十六岁。豫州百姓悲痛万分，谯梁百姓为祖逖建造祠堂来怀念他。元帝下诏让祖逖的弟弟祖约掌管州事。祖约没什么才能，不得人心，将士们都不肯听从他的指挥。

王敦听说祖逖病死，喜出望外，决定立即发兵。太兴五年（322年）正月，元帝改元永昌，颁诏大赦。王敦向元帝上呈檄文后，便带领水陆各军向武昌进发。宣城内史沈充回老家吴兴招募兵马，响应王敦。王敦到了芜湖后，任命沈充为大都督，让他掌管东吴的兵权，又上奏历数刁协的罪状，要求元帝杀死刁协。

谯王举义

元帝得知王敦造反，大发雷霆，立即召回征西大将军戴渊、镇北将军刘隗守卫京师，并下诏讨伐王敦。

王敦毫无惧色，仍然决意进兵，并派参军桓罴任命谯王司马承为军司。司马承长叹道："我是将死之人了，但死也要死得忠义。"于是任命长沙虞悝为长史。司马承向虞悝问计道："我想讨伐王敦，但是兵少粮乏，您认为我该怎么办？"虞悝答道："大王不如派兵驻守湘州，然后号令四方，先分散王敦的势力，然后再聚兵攻打王敦，或许还能成功。"于是司马承任命虞悝的弟弟为司马，掌管军事，并发出檄文讨伐王敦。各地的太守纷纷举兵讨伐王敦。只有湘东太守和王敦的姐夫郑澹没有出兵。司马承令司马虞望攻打郑澹，郑澹兵败被杀。

司马承又派主簿邓骞劝说甘卓讨伐王敦。甘卓微笑不语。邓骞等了两三天，见甘卓没有行动，就对甘卓说道："现在你既不造反也不出兵，难道要等着大祸临头吗？将军有过去的盛名，率领本府的精锐部队讨伐逆贼，还怕不能取胜吗？现在将军应该乘虚攻打武昌，一旦攻下武昌，马上占据军资，施德行惠，镇守二州，截断大将军的归路，大将军必然不战自溃，还怎么与您为敌？您现在束手安坐，自等灭亡，岂非不智，岂非不义？"甘卓听了邓骞的话，觉得颇有道理，不禁跃跃欲试。

可巧王敦的参军乐道融拜见甘卓。乐道融说："大将军派您东行，您是愿意还是不愿意？"甘卓半天不答一词。乐道融请求甘卓屏退左右，然后进言道："如今王敦擅权构衅，举兵犯上，敢冒天下之大不韪[1]。您深受皇恩，

---

1 冒天下之大不韪：公然去做天下人认为是最大的错事。

自然不能造反。一旦造反便是违背大义，生为逆臣，死做叛鬼，岂不是可惜？您不如假装答应出兵，暗中袭击武昌，叛军自然溃散。您就可以建立大功了。"甘卓欣喜道："正合我意，我下定决心了。"

南蛮校尉魏乂、将军李桓率领两万精兵攻打长沙。长沙单靠谯王司马承一腔忠义，到底也坚持不了多久。有人劝司马承投降陶侃。司马承慨然说道："我起兵时就志在死节，岂能贪生怕死，临难脱逃？事情如果不能成功，我虽身死，内心却无愧于天地。"司马承派司马虞望出城交战，后来又连战数次，司马虞望中箭身亡。全城惊惧。

邓骞得知长沙被围，便请甘卓立即前去支援。甘卓派参军虞冲和邓骞同赴长沙，并给谯王司马承写信，说："我将出兵沔口，断绝王敦的退路，到时湘州之围就可以解除了，请你严加防守。"司马承派虞冲给甘卓带信说："您能带兵速来，便还有一线希望，如果晚了就来不及了。"偏偏甘卓年事已高，讨伐王敦的时候还执戈前驱，但是没过几天就衰靡下去了。再加上州郡各军一时没有聚齐，甘卓便得过且过，无心顾及长沙了。

司空王导率宗族二十多人每天都去请罪。尚书周𫖮早晨上朝的路上，王导对周𫖮说道："周𫖮！我家几百口性命全要仰仗您了啊。"周𫖮没有理会，朝见元帝时，却极言王导的忠心。元帝听了，让周𫖮侍饮畅谈。周𫖮生性嗜酒，直到喝醉了才出来。王导还在守候，又连叫周𫖮，周𫖮还是不理他，只是说："我现在要杀贼，好拿上斗大的金印系在胳膊后面。"一面说，一面走进宅中，又上表说明王导无罪。王导不知底细，还以为周𫖮从中作梗，便怀恨在心。

后来中使传达元帝命令，归还王导朝服，王导进殿谢恩，拜谢而起，请求讨伐王敦。于是元帝命王导为前锋大都督，封戴渊为骠骑将军，让二人一同掌管军务。升周𫖮为尚书左仆射，王邃为右仆射，又派王廙让王敦撤兵。王导、周𫖮带领郭逸、虞潭分道出击。王导对周𫖮已经心有怨恨，巴不得周颜战败，哪里还肯同仇敌忾[1]？于是号令不一，行止不同，只落得土崩瓦解，四散奔逃。郭逸、虞潭相继战败，周颛也撤退，王导没有出兵，却上报说自己兵败。

战败的消息接连传进宫廷，太子司马绍打算亲自带兵出征，当下就要驾车出发。中庶子温峤拉住缰绳进谏道："殿下是国家的未来，责任重大，怎么能轻易冒险呢？"司马绍不肯听从，温峤拔剑砍断缰绳，司马绍这才留下来。元帝一筹莫展，派遣使者下诏书给王敦："如果您还不忘朝廷，请就此息兵，共图安乐。只要你同意，朕便让位于你。"王敦置之不理，元帝无计可施，越发觉得慌张。

元帝饮恨

元帝只得下诏大赦，任命王敦为丞相，封他为武昌郡公。

元帝召见周颛，对周颛说道："大将军能不计较前事吗？"周颛答道："臣等生死难料。"元帝长叹。周颛退出朝堂，护军长史郝嘏等人与周颛相遇，劝周颛暂时躲避一下。周颛道："身为大臣，坐视朝廷有难，已经羞愧，怎能苟且偷生？"郝嘏等人不便再劝，各自叹息而去。果然不到数天，战乱发生。为首的是王敦的参军吕猗，跟从他的是王导。吕猗曾经是台郎，善于谄媚阿谀，周颛、戴渊非常忌恨他。吕猗趁机对王敦说道："周颛与戴渊都很有名望，现在不除的话，以后必定是祸患。"王敦一听吕猗的话，顿时起了杀心。正巧这时王导进来，王敦便问王导："周颛、戴渊德高望重，能让

---

[1] 同仇敌忾：大家一致地仇恨敌人。

他们位列三司[1]吗？"王导默然不答。王敦又道："如果不位列三司，可以让他们担任令仆[2]吗？"王导又不答。这时王敦道："既不应该列为三司，又不应该为令仆，看来只好杀了他们二人。"王导仍然不答。于是王敦派部将邓岳率兵捉拿周颢、戴渊。

周颢被捉拿，途中经过太庙，周颢便对着太庙大呼："贼臣王敦颠覆社稷、枉杀忠臣，神祇有灵的话应当马上杀了他。"话音刚落，兵士便用戟刺他的嘴，血一直流到脚后跟，周颢仍然不改言行。路旁的人看了，都为他流泪。不久，周颢被杀，戴渊也被杀。后来王导得知周颢救过自己，不禁痛哭流涕，悔恨不已。

---

[1] 三司：中国古代朝廷中最尊显的三个官职司马、司徒、司空的合称。
[2] 令仆：指尚书令与仆射。亦泛指股肱重臣。

王敦仍然不肯罢兵。其麾下大将沈充攻陷吴郡，吴国内史张茂被杀。此时镇南大将军甘卓却带兵退回襄阳。

甘卓退回襄阳后，性情粗暴，举动失常。一次对镜自照，却没有看到自己的头颅，环视院中的树，看见自己的头颅好像在树上，更加惊讶。后来，家中的金柜忽然发出响声，好像槌子击打的声音。甘卓让巫师前来占卜。巫师说金柜要离开家了，所以悲鸣。主簿何无忌及家人都劝甘卓加紧戒备。甘卓听到劝谏后大怒，厉声呵斥，并且遣散士兵，丝毫不加防范。襄阳太守周虑得到王敦的密信，信中让他杀死甘卓。周虑想了一个计策，诈说湖里有很多鱼，劝甘卓派手下人去捕鱼。甘卓便令帐下士兵都去捕鱼。到了夜间要就寝的时候，外面人马喧闹，甘卓出去查看，竟被周虑砍杀，当场身亡。甘卓的儿子也都被杀了。周虑把甘卓的首级送给王敦。

此后，王敦更加骄横。四方上贡给朝廷的物品，都被他藏入自己的府第。

元帝内受叛臣胁迫，外遭强寇攻打，整日发愁，不久忧郁成疾。他令司徒荀组为太尉兼任太子太保，本想让他主持朝事，牵制王敦，偏偏荀组那时已经六十五岁了，还没入朝觐见，就去世了。元帝悲叹不已，索性将司徒、丞相二职暂且空着。过了几天，元帝病势加剧，弥留之际召见司空王导，传授遗诏，令王导辅佐太子司马绍即位。当天傍晚，元帝驾崩。元帝在位五年，改元两次，享年四十七岁，生平没什么政绩，只是元帝注意减轻赋税，所以民间没有怨声。可惜自治有余，治人不足，以至于豺狼当道[1]，饮恨终身。

太子司马绍即位，称为明帝。明帝立妃庾氏为皇后，封皇后的哥哥庾

---

1 豺狼当道：本指豺狼横在路中间，后比喻暴虐奸邪的人掌握国政。

亮为中书监[1]，任命华恒为骠骑将军，掌管水陆军事，兖州刺史郗鉴为安西将军，掌管扬州江西军事。这两处镇将都是为了防备王敦而设。王敦知道明帝的心思，故意上表祝贺。明帝将计就计，下诏召王敦觐见。王敦借口觐见，带兵来到姑孰，在湖县驻扎，然后上疏请求明帝任命王导为司徒，自己为扬州牧。王敦又部署士兵，准备造反。王敦的堂弟王彬再三谏阻。王敦大怒，但又不忍心杀他，仍让王彬担任豫章太守。

讨伐王敦

王敦谋逆的心思一天比一天急迫。王敦的堂弟王允之，年纪很小，却十分聪敏，王敦非常喜爱他。一天晚上，王允之和王敦在一起饮酒，王允之稍有醉意，于是到卧室小睡。王敦便和钱凤等人商议谋逆之事，不料都被王允之听到。王允之担心王敦怀疑自己，就把手指伸进喉咙里，吐出了许多食物，把衣服和脸都弄脏了，然后闭上眼睛躺着，故意打鼾。王敦散席之后，进来查看，看到王允之酣睡，这才放心去睡。后来王允之的父亲王舒被封为廷尉，王允之请求回去看望父亲。王敦允许，于是王允之赶赴建康，并将王敦、钱凤密谋之事告诉了父亲。王舒与王导随即觐见明帝，让明帝加强戒备。

太宁二年（324年）春季，王敦患病，到了夏季，病情加重。王敦便下诏封养子王应为武卫将军，兄长王含为骠骑大将军。钱凤探望王敦，问道："如果您真有不测，您要将大权交给王应吗？"王敦叹道："王应年纪还小，

---

[1] 中书监：古代官职名，魏、晋、南北朝为中书省长官之一。

担不起这样的大任。我如果不行了，只有三计可行。"钱凤问是哪三计，王敦说道："我死以后，立即遣散士兵，归顺朝廷，保全门户，为上计；退到武昌，敛兵自守，是中计；要是我还能活着，就率军东下，如果不幸失败，身死族灭，就是下计了。"钱凤应命退出。

几天后，王敦接到建康探子的报告，得知温峤与庾亮正在密商讨逆大计。王敦勃然大怒，随即写信给王导，说要派人捉拿温峤以泄心头之恨。王导此时已不愿再依附王敦，因此置之不理。温峤与庾亮等人一起觐见明帝。明帝决定兴师讨逆。

第二天上朝，明帝加封司徒王导为扬州刺史，丹阳尹温峤为中垒将军，让他们与右将军卞敦共同戍守石头城。明帝下诏征徐州刺史王邃等人即日进京，同时治王敦的罪。王导听说王敦卧病在床，便建议道："不如诈称王敦已死，并嫁祸给钱凤，以振作士气。"于是王导率众人为王敦举哀，并令尚书颁诏讨罪。

诏书传到姑孰，王敦懊恼不已，病情加重。只是王敦心中总不肯罢休，还想进入京师，就派钱凤、邓岳、周抚等人率众三万，东指京师。王含对王敦说："这是家事，我也应当前去。"于是王敦又令王含为元帅。钱凤临行的时候问王敦："事情如果成了，如何处置天子？"王敦道："只要保护东海王司马越和他的妻子裴妃就行了，其他人不用顾虑。"钱凤领命出发，王含随后东行。

秋天的晚上，一轮新月挂在空中。王含等人带领水陆五万兵马，走到江宁西岸，将士都很恐慌。温峤移军水北，烧断朱雀桥，阻住叛兵。王含等人无法渡江，只好在桥南安营扎寨。明帝想亲自攻打王敦，听到桥梁被毁，不禁动怒，召见并质问温峤。温峤答道："现在我们兵力薄弱，如果被逆贼冲入，危及社稷，宗庙恐怕不保啊，何必吝惜一座桥梁呢？"明帝这才无话可说。王导写信给王含，劝他退兵。

王含并不答复。王导等了两天都没有得到回信，就与人商议战守事宜。有人建议明帝亲自出征，郗鉴道："群贼作乱，势不可当，应当智取不要硬拼。王含等人号令不一，只知抢掠，各自为守。我们以顺制逆，还担心不能取胜吗？倘若旷日僵持，彼竭我盈[1]。我军一鼓作气，定能剿灭贼寇。仓促决战，万一失利，就无力回天了，为什么要孤注一掷呢？"于是各军都固垒自守，按兵不动。王含、钱凤屡次出兵叫战，都无仗可打，渐渐懈怠。郗鉴趁敌方不备，趁夜突入王含军营。王含仓促迎战，前锋将何康被段秀一刀劈落马下。王含的将士惊慌失措，都和王含一起逃走了。段秀等人杀到天明，才渡江回营。王敦在姑孰养病，听说王含战败，大怒道："王含不堪一战，狼

---

1 彼竭我盈：他们的勇气已丧失，我们的士气却正旺盛。

狈溃败,大势去了。看来只好由我亲自出马了。"说完,王敦就从床上坐起来,正要下床,不料一阵头晕,倒在床上,竟然不省人事。

明帝早逝

王敦晕倒在床上,不省人事,幸而部下设法营救,王敦才苏醒过来。王敦长叹一声,睁开眼睛四顾,见舅舅羊鉴和养子王应都在床边,呜咽着说道:"我已经不指望能活下去了。等我死后,王应立刻即位称尊,先任命朝廷百官,再办理丧事,这样才不辜负我的一番辛苦经营啊。"羊鉴与王应唯唯受命。第二天,王敦就死了。

明帝下令大赦天下，只有王敦叛党不在赦免之列。叛党平息，晋廷解严。有人将王敦的尸首挖出，焚去衣冠，扶尸跪着，斩去了王敦的首级。郗鉴奏请明帝，派人将王敦安葬，以示皇恩。明帝准奏。

明帝加封王导为始兴公，温峤为建宁公，其他人也都按功行赏。有人奏称王彬等人是王敦的亲族，也应该处死。明帝又下诏说："司徒王导大义灭亲，应该大加封赏。王彬等人都是王导近亲，没有参与谋乱，是有功之人。"王敦昔日的部下都被罢免了官职，打入大牢。温峤奏请明帝赦免他们。明帝准奏，王敦的党羽因此得以生还。

当时储君还没有册立，明帝便立长子司马衍为皇太子。司马衍是皇后庾氏所生，年仅五岁。到了闰七月的时候，明帝忽然得了一场大病，医治无效，龙体垂危。他召见王导等人，命他们共同辅佐太子。第二天，明帝驾崩，年仅二十七岁。明帝遗诏命庾亮为中书令，庾亮因此得以专政。

太子司马衍即位，王导称病没到。卞壶厉声说道："皇上登基，岂是大臣借病推辞的时候？"王导听说后，连忙带病谒见新主。群臣商议，认为新皇才五岁，不能亲政，应该请皇后临朝。于是尊皇后庾氏为皇太后，让她垂帘听政。任命王导担任尚书事，与中书令庾亮一同辅佐帝室。庾亮是太后的亲哥哥，太后当然对他委以重任，所有军国重事全由庾亮一人裁决，王导不过是担一个虚名罢了。庾亮改任汝南王司马祐为卫将军，然后料理丧事。十月初，将明帝安葬在武平陵，庙号肃祖，谥号明。太子司马衍即位，史称成帝，第二年改元咸和。

苏峻造反

王导向来宽厚和气，深得众心。庾亮任性独断，朝臣都不服气。历阳内史苏峻自恃讨贼有功，军队精良，便轻视朝廷。

庾亮以为幼主好欺瞒，所以大肆排斥异己。南顿王司马宗的党羽卞阐逃到历阳，庾亮派人前去捉拿。苏峻不肯交出卞阐，庾亮因此更加忌恨苏峻。当时后赵将军石聪进攻寿春，豫州刺史祖约正在寿春驻守。祖约听说石聪前来进攻，就向建康求援。庾亮忌恨祖约，不肯发兵。石聪进犯阜陵，建康震惊。幸亏苏峻派韩晃带兵阻截，才击退石聪大军。庾亮想临河筑塘，将寿春隔开，以便遏制胡人。祖约大怒，说道："这不是陷我于险地吗？"于是祖约与苏峻密谋抗命。庾亮认为苏峻、祖约二人相互勾结，一定会成为祸患，便下诏征苏峻入朝。司徒王导劝阻，庾亮不以为然，还扬言道："苏峻狼子野心，必定作乱，现在就颁诏征讨苏峻。"众人听了，没有一人敢反驳。只有卞壶说道："苏峻一旦被逼，带着强兵进逼京城，朝发夕至，而京城空虚，恐怕不能抵挡，还是谨慎些好。"庾亮不肯听从。卞壶知道庾亮必败，就写信与江州刺史温峤商议此事。

温峤得知消息后，写信劝谏庾亮，庾亮依旧不听。苏峻得到消息，派司马何仍入京，婉言与庾亮商量道："臣奉命讨贼，现在还没有将贼寇扫尽，恐怕还不是回朝的时候，还请收回诏令。"庾亮却遣回司马何仍，召北中郎将郭默为后将军，命司徒右长史庾冰为吴国内史，严加戒备。庾亮下诏征苏峻为大司农。苏峻上表推辞，庾亮置之不理，只是催促苏峻即日入都。苏峻整装将发，欲行又止。参军任让说道："将军此次回去恐怕是没有生路了，不如勒兵自守，起码还能保全自己。"阜陵令匡术也劝阻苏峻入都，于是苏峻开始征兵，准备征讨事宜。

温峤听说此事，便写信给庾亮，表示愿意率众保卫京师。庾亮回信婉拒，温峤也就不再说什么了。庾亮派遣使者对苏峻说，自己没有要诛杀他的意思，让他放心。苏峻则说自己一旦回去，肯定没有活路。朝使见话不投机，就回去复命了。

苏峻立即派参军徐会赶赴寿春，推举祖约为盟主，共同讨伐庾亮。于是祖约决定发兵援助苏峻。苏峻有祖约率军前来援助，便立即发难。庾亮不懂兵法，犹豫不决。才过了两天，果然得到姑孰警报，苏峻带领韩晃、张健等人攻入姑孰，盐米都被掠去。庾亮后悔不已，颁诏严加戒备。

宣城内史桓彝起兵迎敌，调集数千人马进屯芜湖。苏峻的将领韩晃趁桓彝刚到，冲杀过去。宣城兵弱，敌不过历阳锐卒，不一会儿就被打败了。韩晃进攻宣城，桓彝退到广德。韩晃纵兵四掠，满载而归。徐州刺史郗鉴上表请求带兵保卫京师，朝廷命他镇守边陲，不必移兵。当时已经是残冬，雨雪交加，不便行军，于是两军相持到第二年。

没过多久便是咸和三年（328年）正月。江州刺史温峤进屯寻阳，派遣督护王愆期、西阳太守邓岳、鄱阳太守纪睦为前锋，进军直渎。荆州刺史陶侃也派督护龚登率兵与温峤会合。苏峻屡次督促韩晃等人进攻慈湖。军队节节败退，警报像雪片一样纷纷传来，庾亮非常惶恐。陶回献计道："石头城设有重兵把守，苏峻必定不敢直接进攻。我想他必定会从小丹阳步行前来，如果我们在路上设下埋伏，一定可以生擒苏峻。苏峻一旦被擒，祖约等人自然会撤退。"庾亮不肯听从。后来庾亮听说苏峻果然取道小丹阳，后悔不已。苏峻进入京城，都中大乱，吏民纷纷逃散，朝臣也各自带着妻儿到外地避难。只有左卫将军刘超带着妻儿住到宫中，以安定众心。

苏峻带兵进入台城，毁去署衙，焚掠一空。司徒王导快马加鞭进入宫廷，与光禄大夫陆晔等人一同保卫幼主。苏峻的士兵闯入后宫，将所有奇珍异宝掳掠一空，又去劫掠豪门。苏峻也不加制止，纵兵横行。

随后，苏峻让成帝下诏大赦，只有庾亮兄弟不在赦免之列。苏峻平日很敬重王导，所以仍让王导担任原职，自己则担任骠骑大将军。庾亮逃到寻阳，宣读太后诏书，任命温峤为骠骑将军，又加封徐州刺史郗鉴为司空。温峤辞官不受，分兵给庾亮，誓师讨伐苏峻，并派使者奉送表文到建康，问候二宫的起居。苏峻早有防备，屯兵湖阴，温峤的使者只好返回。

勇将毛宝

建康被苏峻占据后，宫中的事情外人都无从得知。江州刺史温峤原本打算进兵讨逆，因对京城的情况一无所知，也不敢贸然进攻。恰巧京城里有个叫范汪的人跑到寻阳，报称："苏峻政令不一，残暴凶狠，百姓怨声载道，朝廷也盼望援兵早日征讨逆贼。"温峤让范汪转告庾亮，庾亮随即任命范汪为参护军事。温峤与庾亮互推为盟主。温峤的堂兄温充在温峤幕下做事，向温峤进言道："陶侃位重兵强，为什么不推他为盟主呢？"温峤听了这话，便派王愆期赶往荆州，劝说陶侃同赴国难。陶侃与庾亮不和，对庾亮怀恨在心，说道："我是戍守边疆的将士，不敢过问朝廷之事。"王愆期回去转告温峤，温峤写信劝陶侃，陶侃始终不愿意。温峤又派使者给陶侃送信，只说："您尽管驻守边疆，我去营救朝廷了。"

使者出发后，参军毛宝从外地回来，急忙拜见温峤说道："想要成大事，就该与天下共谋，单枪匹马怎么能成功？请您立刻追回使者，另写一封信送去，只要言辞恳切，料想陶侃就不会再固执。"温峤便追回使者，另写一封书信，诚恳地推陶侃为盟主。果然陶侃派督护龚登率兵拜见温峤。温峤的

七千士兵洒泪登舟，同时在各镇张贴告示，历数苏峻的罪状，号召各地响应，同时举义。

苏峻得知四方兵起，便用参军贾宁的计策，从姑孰退兵，据守石头城。然后分兵拒敌，同时进宫将幼主劫持到石头城。司徒王导与苏峻力争，最终拗不过苏峻，只能眼睁睁看着苏峻挟持幼主登车。

苏峻给祖约送去粮食，祖约派司马桓抚率兵前去接应。此事被温峤手下的前锋将毛宝听说，便想上岸劫粮。部将不许，毛宝愤然道："将在外，君命有所不受。现在贼众的军粮就在路上，难道让他们把粮食运过去吗？"毛宝没有报告温峤就麾兵上岸，杀退司马桓抚及运粮的人，把粮米夺了过来，然后向温峤请罪。温峤大喜，说道："你能随机应变，立功不小，何罪之有？"于是温峤推荐毛宝为庐江太守。

陶侃麾动舟师，直逼石头城，屯军查浦。温峤此时也屯军沙门浦。苏峻听到西军攻来，亲自登上烽火楼，见长江一带舟楫如林，不禁大惊失色，说道："我原本就担心温峤能得众心，如今果然如此。"说完，苏峻就下楼派兵分道扼守。

陶侃的部下都想决战，陶侃说道："苏峻势力还很强大，不能和他正面交锋，不如再等几日，用计破贼，才是上策。"众将听后都按兵不动。

陶侃、温峤屯兵江上已经好几个月了。温峤本来主张急攻，但是屡次出战都失利。于是陶侃便去和温峤会师，让温峤暂统各军，自己率偏师援助溢口。温峤还没答言，旁边有一将应声道："您是主帅，怎么能亲自出征？此等小贼，应当由末将等人前去剿杀。"陶侃回头一看，原来是毛宝，便让毛宝前去支援。途中，陶侃接到谯城的急报，说祖涣、司马桓抚已经将谯城围住。陶侃派毛宝前去支援，毛宝刚到城下就被祖涣、司马桓抚等人围攻。毛宝上前力战，被箭射伤。他拔出箭，连眉头都不皱一下，略微包扎了一下伤口，随即下令收军，暂时后退。等到箭声中断，又转身杀去。祖涣与司马桓抚自以为得胜，丝毫不加防备。毛宝忽然跃马冲去，祖涣与司马桓抚一时来不及拦阻，竟然被毛宝杀得连连后退。毛宝的部下见主将受伤还如此奋勇，不由得激起一腔豪气，奋力拼杀，敌阵瞬间即被捣乱。司马桓抚见打不过，骑马先逃。祖涣独木难支，也只好逃跑。谯城之围得以解除。

内史桓宣出城迎接毛宝，毛宝见他憔悴得很，便让他前往温峤的军营，自己留下来率军进捣东关，攻破合肥戍垒。这时，温峤军营派来使者召毛宝东归，于是毛宝带兵退去。祖约听说毛宝已经退去，又想派兵进击，不料原尚书令陈光却来攻打祖约。陈光好不容易把祖约擒住，仔细一看，却是一个假祖约。此人和祖约长得很像，名叫阎秃，是祖约帐下的从吏。而真的祖约已经从后墙逃跑，无从追捕了。陈光斩杀了阎秃，又担心祖约带兵来攻，不能抵抗，就奔往后赵向石勒求援。石勒令石聪、石堪领兵渡过淮河，直抵寿春城。石勒又让陈光寄密信诱惑祖约的将士，让他们做内应，与石勒内外勾结，将祖约打败。祖约逃往历阳，石聪北还。

苏峻的败亡

苏峻的部将路永听说祖约逃往历阳，担心势孤援绝，不能成事，就建议苏峻杀死司徒王导以断绝晋人的希望。苏峻十分敬重王导，不忍心杀害王导，路永因此有了二心。王导探知消息后，立即派参军袁眈劝路永归顺，路永随即投靠王导。王导本来想带成帝逃跑，但担心被苏峻拦阻，就只带了儿子与路永逃往白石。

陶侃、温峤与苏峻相持日久，一直没有交锋。苏峻分兵四出，东攻西掠，胜仗连连。见苏峻锐不可当，陶侃不禁灰心。温峤发怒道："你们怎么能长他人志气，灭自己威风呢？"虽然温峤嘴上这么说，但屡战不胜，自己也感到胆寒。很快温峤便军粮不接，向陶侃求援。陶侃愤然说道："你之前跟我说，不怕没良将、没兵粮，只要我做主帅就行，可是现在屡战屡败，良将在哪儿？荆州靠近胡、蜀二地，如果没有兵马粮草，怎么镇守？我看我还是先回去，等想到了灭敌的办法，再来剿灭贼党也不迟。"温峤听了大惊，连忙说道："打仗贵在人和，所以曹操官渡之战能以寡胜众。苏峻、祖约罪行滔天，苏峻骄傲自大，以为天下没有人是他的对手。如果诱他出战，一定能生擒他，我们怎么能不战而退呢？何况天子被幽禁，社稷危急，凡是做臣子的都该奋不顾身，誓死讨伐逆贼。温峤与您同受国恩，怎么能坐视不管？你要是独自返回，恐怕将士反而要攻打你了。"陶侃听了，默不作声。

温峤退了出来，与参军毛宝商议计策。毛宝说他有办法留下陶公，说完就去拜见陶侃，进言道："您本该镇守芜湖作为支援。既然已经东下，就不宜再回去。军法有进无退，况且一旦撤退，将士必然离心，士气低落，那时必败无疑。过去杜弢猖獗，您一举剿灭了杜弢，因而享有盛名。今天难道不能剿灭苏峻吗？贼众也怕死，未必个个都是勇士。您先拨兵给我，待我上岸截粮，如果我不能立功，那时您再离开，众人也不会恼恨您。"陶侃听了，封毛宝为督护，并拨了数千士兵让他调遣。

苏峻派韩晃、张健等人攻打大业的戍垒。郗鉴派兵驻守大业，并向陶侃求援。陶侃打算亲自前去，长史殷羡进谏道："我军不擅长陆战，如果去营救大业，非但不能得胜，反而会元气大伤。不如进攻石头城，只要将石头城拿下，大业自然解围。"陶侃与庾亮、温峤、赵胤等人商议后，派庾亮率步兵南进，陶侃亲自率领水军攻打石头城；庾亮等人分别率步兵登岸南行，赵胤为前锋，温峤与庾亮为后应。苏峻听说步兵来攻，亲自率领八千人迎战，派儿子苏硕与部将匡孝阻击赵胤。

匡孝骁勇善战，与赵胤相遇后，拿着一杆铁槊左挑右拨，赵胤的士兵纷纷落马，无人能挡。赵胤只好边战边退。苏峻在马上看见，不禁嫉妒起来，说道："匡孝不过如此，难道我还不如匡孝吗？"说着，就带着几个骑兵追杀赵胤。正巧温峤率军赶来援助赵胤，两军合力将匡孝杀退。匡孝已经回马逃跑，苏峻却冒冒失失杀来。温峤、赵胤两军已经排齐队伍，准备攻杀。苏峻见打不过，正要回去，忽然"扑通"一声，马倒在地上，苏峻也随之倒地。苏峻正要下马，不料背后被一硬物击中，跌下马背。此物名钩矛，也称钩头枪。苏峻是被彭世、李千用钩头枪打落的。彭世、李千两人是陶侃的部将，跟随温峤出战，见苏峻逃跑，就策马力追。苏峻听到后面有追兵，手忙脚乱，马缰一松，倒了下去。彭世、李千担心苏峻逃脱，所以用力将钩矛投掷过去，没想到竟然一击即中。彭世、李千立刻奔到苏峻跟前，下马拔刀，将苏峻杀死。

苏峻的部下逃得一个不剩。成帝当时还在行宫，曹据抱着成帝来到温峤的船上。温峤率群臣迎驾，不久，陶侃也赶来了。众臣奉成帝进京，并杀死了苏峻之弟苏逸和党羽任让。西阳王司马羕及他的儿子司马播、司马充也都被问罪处斩。司徒王导从白石进入石头城。朝廷颁诏大赦。温峤从建康回到武昌，不到一个月便去世了，年仅四十二岁。

刘曜失洛阳

后赵主石勒趁晋朝内乱，接连夺下司、豫、青、徐、兖诸州，后来又派兵进攻江淮，攻陷寿春。然后石勒命石虎等人率众从轵关出发攻打刘曜，进逼蒲坂。刘曜率水陆各军，从卫关渡过黄河，作为蒲坂的援应。石虎听说刘曜赶到，就撤围退兵。刘曜追到高候，与石虎交战，石虎大败，石瞻战死，士兵伤亡大半。随后石虎逃往朝歌，刘曜的军队士气大振。

这时，右长史张宾已经病死，石勒如同失去了左右手，大哭道："天不助我啊，为什么要夺走我的右侯？"参军徐光酒后忘情，冲撞了石勒，被石勒幽禁起来。后来石勒又想起徐光，就把他放了出来，并和他商议道："刘曜进围洛阳，多日不能得胜，军中士兵势必懈怠。现在出击，不怕不胜。如果不这样做，一旦洛阳失守，刘曜必定席卷河北，直至冀州，那时我军恐怕只会不战而溃。程遐等人反对我现在出兵，你有什么看法？"徐光应声答道："大王所说确是胜算，如果大王率兵亲征，刘曜必然大败。平定天下，在此一举，大王不必多疑了。"石勒笑道："你才是我的心腹啊。"

赵王刘曜自从即位称尊后，起初还从善如流[1]，任用游子远为车骑大将

---

[1] 从善如流：听从好的意见像水往低处流一样自然，形容乐于接受人家的劝告。

军，平定了氐、羌；听从侍中乔豫、和苞等人的劝言，没有大建宫室。刘曜在长乐宫东面设立太学，在未央宫西面设立小学，并下令凡是十三岁到二十五岁之间的百姓都可以前去学习。刘曜命中书监刘均担任国子祭酒[1]，命散骑侍郎董景道为崇文祭酒，尊经讲道，以中原文化教化国民。刘曜在位四年，境内太平，只与后赵不和，双方经常交战。

这个时候，石勒已经抵达洛水。刚好石勒的探子被刘曜的士兵捉获。刘曜问道："石勒亲自率兵前来吗？你们带了多少兵马？"谍使答道："大王亲自带兵，兵力强大。"刘曜不禁大惊失色，便下令撤围，退到洛水西岸。等石勒率兵进城的时候，刘曜拼命饮酒。临战的那天早晨，听说石虎、石堪等人兵分两路杀来时，刘曜依旧继续饮酒，喝得醉意醺醺，才披甲上马。马无故悲鸣，立住不动，刘曜挥了几鞭子，马反而后退，几乎要把刘曜掀落。刘曜以为是自己酒力不足，马才敢作怪，便命人再拿酒过来，一口气喝干后才策马出营赶往西阳门。说时迟，那时快，石虎从左边杀到，石堪、石聪从右边杀来。

刘曜的部众抵挡不住，纷纷逃散。刘曜喝得烂醉如泥，不知进退，只知道向西阳门跑去。这时，石勒带着亲兵来到西阳门，迎头碰上刘曜。刘曜醉眼蒙眬，只听得一声大喝："刘曜快来受死！"刘曜的十分酒意，顿时被吓退了三分，连忙拍马往回跑，可身后冷箭接连射来，刘曜无从闪避，中了三箭。马也中了数箭，痛得乱跳，竟然跃入石渠。刘曜慌忙拉紧缰绳，但是马已经没了力气，倒在了水滨，刘曜也一同坠下。不久，追兵赶到，追兵用兵器将刘曜钩起。刘曜身上又受了不少伤，便躺在地上，任由追兵捆绑。刘曜勉强睁开眼睛一瞧，面前立着一匹马，马上坐着一员大将，正是后赵都尉石堪。原来石堪见刘曜西逃，就策马追来，用箭射倒了刘曜，打算擒住他回去报功。

刘曜部下的士兵一半逃走，一半被杀。石勒下令道："我只捉拿刘曜一

---

1 国子祭酒：古代官职名，又称国子监祭酒，负责国子监的祭祀事务。

人，现在已经将他擒住，其他将士就不问罪了。"随后，石勒收军进城，派人将刘曜押到河南丞廨，然后宰牛设宴，犒劳将士。连饮三天后，石勒才班师回襄国，并派石邃押着刘曜同行。刘曜创伤未愈，行动不便，石勒就派人用马车载着刘曜，又命金创医李永给刘曜疗伤。到了北苑市的时候，孙机请求面见刘曜，石勒同意了。孙机拿着一大杯酒，对刘曜说道："帝王应当保卫疆土，您却兵败，丢失洛阳，现在就让我敬您一杯酒吧。"刘曜见孙机浓眉皓首，须发如银，接过酒杯答道："老翁年纪近百，还这么精神。我一定

为您喝了这杯酒。"说完，一饮而尽。孙机退了出来。石勒听到孙机的话后，不禁有所感触。回到襄国后，石勒命刘曜住在永丰小城，并派兵监守，不让刘曜私自出入。石勒派人让刘曜给太子刘熙写信，劝刘熙投降。刘曜却嘱咐刘熙与群臣要保住社稷，不必考虑他的安危。石勒知道后，便将刘曜杀死。刘曜在位十三年，于光初十二年（329年）兵败被杀。

石勒称帝

石勒派洛阳守将石生带领部下直奔长安。那时，刘胤正率数万士兵从上邽出发，来与石生争夺长安城。石勒便让石虎前去援救。石虎麾众登城，擒住了赵太子刘熙及王公大臣三千多人，并将他们全部杀死。前赵就此灭亡。自刘渊称帝，共传三代，开始称汉，后来称赵，共三十五年。

石虎回到襄国后，进献前赵传国玉玺，奏请石勒称尊，奉石勒为赵帝。石勒不肯。又过了几年，石勒才称赵天王。后来群臣恳请石勒加帝号。石勒便称帝，改元建平，由襄国迁都临漳，追尊三代，封妻子为皇后，儿子石弘为皇子，同时封赏百官。

石勒吞并关陇后，打算进攻江淮，便命荆州监军郭敬与南蛮校尉董幼进攻襄阳。晋南中郎将周抚不能镇守，于是退到武昌，襄阳就此陷落。中州流民全部投降，平北将军魏该的弟弟魏遐也率领军队在石城向郭敬投降。郭敬将百姓迁到沔北，在樊城旁修筑营垒屯兵。赵主石勒任命郭敬为荆州刺史、秦州牧。陇右氐、羌兴众作乱，石勒便派河东王石生前去讨伐，石生将氐、羌一鼓荡平，赵威大震。东方的高句丽、肃慎诸国都向赵国进贡，宇文部也进献名马给赵国。凉州牧张骏本来继承叔父张茂的遗命，臣服于晋室，张茂死后张骏自称晋大将军、凉州牧，与前赵屡次交兵。前赵灭亡后，赵主石勒就派使者到凉州，封张骏为征西大将军，兼任凉州牧，张骏不肯受命。等到氐、羌都被石生击败后，张骏担心石生乘胜进击凉州，迫不得已，只好命人前去拜见赵主，进贡称臣。西域各部落也都向赵国进贡。

陶侃在襄阳失守后，一直想设法将其夺回来，于是设计令石勒放松戒备，以便乘虚夺回襄阳。陶侃得到王敷带回来的消息后，从巴陵移兵武昌，命儿子陶斌率领锐卒,会同南中郎将桓宣,进袭樊城。赵将郭敬果然没有防备,还带兵抢掠江西。桓宣等人趁机入城,城中的士兵和百姓都成了俘虏。因为料到郭敬必定回来援救,所以桓宣派陶斌留镇樊城,自己则在涅水埋伏,拦截郭敬。郭敬得到樊城的急报后立即返回,到了涅水,忽然听见一声号炮,伏兵四出。郭敬毫不惊慌,镇定地指挥手下分头抵御。桓宣也率众力战,整整一天才将赵兵杀败,但桓宣的士兵也伤亡过半。桓宣派人报告陶侃,请求支援。陶侃命侄子南阳太守陶臻、竟陵太守李阳率数万兵马一同攻打新野,支援樊城。郭敬回去救援新野,又吃了败仗,便向北逃去。襄阳城已经被毁,又没人防守,于是陶侃轻而易举地夺回了襄阳,并命桓宣镇守襄阳。桓宣重新修筑城寨,召回百姓,免除刑罚,鼓励农桑,于是襄阳又成了重镇。后来赵国一再进攻,始终不能将襄阳攻克。桓宣镇守襄阳十多年,尽心尽力,为政清廉,治城有方,百姓将他比作祖逖、周访,十分爱戴他。

陶侃攻下襄阳后,晋廷封陶侃为大司马大将军,陶侃不肯受赏。到了成帝咸和七年(332年)[1],陶侃已经七十六岁了,那时他已经病体垂危,于是上表辞官。表文发出去以后,陶侃将一切都交代妥当。陶侃把府里的钥匙交给王愆期,什么也没带就离开了。王愆期等人将陶侃送到江口,洒泪告别。陶侃说道:"今天起恐怕要长别了。"随后登舟而去,到达樊溪的第二天就病逝了。

赵主石勒中了陶侃的诡计,整日叹息,暗想陶侃用伪和之计夺去襄阳,自己也可以如法炮制[2],与晋室讲和。建平四年(333年)正月,石勒借着贺年的名义,派使者前去与晋廷修好。偏偏晋廷拒绝了来使,且将赵国进献的布帛全部焚毁。赵国的使者碰了一鼻子灰,只得匆匆回去。石勒顿时大怒,本想动兵侵犯,无奈国内忧患重重,终不敢贸然动兵。

---

[1] 部分史料为咸和九年。
[2] 如法炮制:本指按照成法制造中药,引申为依照现成的方法办事。

徐光又进言道："皇太子仁孝恭顺，中山王石虎残暴多诈，陛下百年以后，臣担心会有内乱。陛下应该趁现在慢慢夺去中山王石虎的兵权，使他不能作乱。"石勒虽然也点了点头，但石虎多次立下大功，一时不便马上夺去他的兵权。随后右仆射程遐进言道："中山王石虎的勇武权智，群臣莫及。除陛下外，石虎谁都不放在眼里。如今石虎威名远扬，又残暴好杀，而且他的儿子也都长大了。陛下在世的话，谅他不会发动兵变。但陛下百年之后，石虎一定会谋反，还请陛下早日除掉他。"石勒说道："现在天下未平，石弘尚且年少，中山王是佐命功臣，不至于如你说的那般狼子野心[1]。莫非是因为有中山王在，你担心自己将来不能辅政？朕早已经为你打算好了，你尽可安心。"程遐不禁流泪道："臣是为了国家，并不是为了自己。陛下怎么能怀疑

---

1 狼子野心：比喻凶暴的人用心狠毒，野性难改。

臣有私心呢？魏国重用司马懿父子，最后却被他们篡国，现在您怎么能不防备呢？如果陛下现在不除掉中山王，恐怕日后社稷难保啊。"石勒还是不肯听从。程遐只好叩头告退。

石虎擅杀太后

石勒西巡沣水宫，途中受寒患病，只好返回都城。回宫之后，石勒的病情日益严重，就召来了太子石弘、中常侍严震与中山王石虎。石虎立即进宫，假托石勒之命，阻拦石弘、石震和王公大臣等探望石勒。宫廷内外隔断，不通音讯。石虎又召回秦王石宏及彭城王石堪。正巧石勒病情渐渐好了起来，能起床散步了，忽然见石宏进来请安，石勒惊问道："秦王你怎么在这儿？我派你出去镇守藩镇，你怎么能擅离职守，究竟是谁召你回来的？我要把这个人斩了。"石虎慌忙答道："秦王想念陛下，只是暂时回来，再让他回去镇守便是了。"石宏听石虎这么说，才知是石虎传的伪诏，只是迫于石虎的势力，才忍住没与他分说。过了几天，石勒问石宏可曾离开，石虎撒谎说石宏已经奉诏回去了，于是石勒就没有再问了。

石勒病情加剧，难以痊愈，便留下遗命，说他死了三天之后就下葬，葬礼从俭，各牧守[1]不必来奔丧，只需照常镇守驻地。百姓在皇上出葬之后就脱去丧服，不必禁止婚嫁、祭祀以及饮酒食肉。石勒又嘱咐道："石弘文弱，恐怕不能继承朕的志向，中山王以下的官员都要各司其职。石弘与石斌要相互扶持，务必与司马氏友好共处。中山王应当勉力匡辅，这样朕死也能瞑目

---

1 牧守：州官称牧，郡官称守。泛指州郡的长官。

了。"说完，声断人亡。

石虎当即劫持了太子石弘，让他升殿，下诏逮捕程遐、徐光，并召齐王石邃入宫守卫，监视太子。文武百官见情况不妙，都闭门不出。石弘也很害怕，情愿让位。石虎冷笑道："君主驾崩，世子应当继承大位，这是古今通例，臣怎敢违越礼法？"石弘哀求道："我无勇无谋，不堪承担重任，还是让位给你吧。"石虎道："你是否能担当重任，天下人自有公论，皇位是不能随便传给他人的。"石虎逼石弘登位，改元延熙。石虎虽然没篡位，却也同君主无二了。

石勒的皇后刘氏不甘被石虎胁迫，密召彭城王石堪说道："皇室恐怕要覆灭了。您与先帝情同父子，应该保全皇室血脉啊。"石堪说道："先帝旧臣都被遣散了，宫廷僚属都是中山王石虎的心腹，连个可以商议的人都没有。臣只有去往兖州，占据廪邱，推南阳王石恢为盟主，然后臣再宣读太后

诏书，号召各地的牧守起义讨伐石虎。"刘氏道："事情紧急，你速速出发，我担心日久生变。"于是石堪悄悄出了都城，微服轻骑，进袭兖州。不料兖州有所防备，石堪没能攻下，他只好南奔谯城。石虎得知消息后，派遣部将郭太等人前去追击石堪。石堪兵少力寡，被郭太围住活捉了回去。石虎见了石堪，命人将他杀死，然后又召石恢还都，并带兵冲进崇训宫，逼迫刘氏自杀，然后尊石弘的母亲程氏为皇太后。

石虎踌躇满志，想篡权夺位。这时，秦王石宏触怒了石虎，石虎就将他幽禁了起来。石弘更害怕了，亲自把玉玺送到石虎面前，石虎还是不肯接受。石弘回宫后，对太后程氏哭诉道："先帝的玉玺让不出去啊。"不久，由尚书省上疏，请求石弘将皇位禅让给石虎。石虎大怒："石弘不能君临天下，可以废去，说什么禅让不禅让呢？"于是石虎废石弘为海阳王，让他迁居别处。石弘说道："我不能担当重任，只好听天由命了。"宫人失声痛哭，于是群臣都到魏王府求情。石虎下诏道："王室多难，海阳王自弃，我才勉强担此重任。皇帝尊号，我不敢当，现在暂称居摄赵天王，以不负众望。"群臣不好违逆，于是石虎号居摄赵天王，升殿上朝，改元建武，立儿子石邃为太子。不久，石虎暗中命党羽在夜里将石弘和程太后等人全部杀死了。

蜀　乱

成主李雄占据巴蜀，安享了二三十年太平。那时中原大乱，晋廷不能顾及西部，前、后两赵也没有工夫侵占西部。李雄得以占据巴蜀，已经是心满意足。他兴办学堂，减轻赋税，让百姓休养生息，所以其他地方战乱纷纷，只有蜀地安然无事。只是李雄没有威严，奖惩不明，又舍子立侄，导致后来

争端不断。李雄曾经立妻子任氏为后，任氏无子，但其他小妾生有十多个儿子。因为长兄李荡战死成都，而李荡的儿子李班又仁孝好学，所以李雄就立李班为太子。李雄的叔父太傅李骧与司徒王达进谏道："先王传子立嫡，是为了防备发生篡夺之事。您册立储君也要三思啊！"李雄叹道："我从前起兵，本来没有称帝的想法。只是正赶上天下大乱，我的兄长又不幸捐躯，且他的儿子很有才能，我怎么能偏袒儿子而忘了侄子呢？我已经决定了，你们不要再劝了。"李骧痛哭流涕道："从此要发生祸乱了。"

这时凉州牧张骏派遣使者到蜀地，劝李雄向晋称臣。李雄答道："如果晋主英明，我自然俯首称臣。"后来张骏为赵兵所逼，不得已向赵国称臣。等到赵国发生内乱时，张骏就派人送信到建康。张骏让治中从事[1]张淳向李

1　治中从事：刺史的高级佐官之一，主要管理众曹文书，居中治事，故名治中。

雄称臣借路。李雄假意允诺，暗中却派心腹扮作盗贼袭击张淳。蜀人桥赞得知消息后，通知了张淳。张淳就派人对李雄说道："听说您想让强盗杀了我，不知你对此做何解释？"李雄只得答称："并无此事。"司隶校尉景骞说："张淳是壮士，不如让他留下来吧。"李雄答道："你先问问他吧。"景骞便去见张淳，说道："你身体肥胖，天热不好行走，不如在这里小住一段时间，等天气凉爽了再走也不迟。"张淳答道："我方有难才派我来商议北伐，就是刀山火海，我也在所不辞，何况只是暑热？"李雄召见张淳，问张淳道："贵主英名盖世，地险兵强，怎么不自己称帝？"张淳应声道："我张家世代忠诚，现在因为仇恨未雪，才带兵据守一方，日日枕戈待旦[1]，哪里有闲暇称帝？"李雄说道："我的先人也是晋臣，后来在此地避难，受众人推崇，才有今天的局面。如果晋室中兴，我自然愿意率众归附，你到建康后，请替我传达此意。"说完，李雄就以厚礼馈赠张淳，让张淳上路。张淳谢别，然后往建康走去。

这时，太傅李骧病故，李雄令李骧的儿子李寿为大将军，任西夷校尉。李雄又命太子李班为抚军将军，李玝为征北将军兼任梁州牧。后来，李雄令李寿与征南将军费黑、征东将军任邵一同攻陷巴郡。太守杨谦退到建平，费黑乘胜进逼，建平监军毌丘奥也退到宜都。李寿率兵西归，让任邵屯军巴东。李雄又调费黑攻打朱提。朱提离宁州很近，刺史尹奉发兵援救朱提。费黑屡攻不下，于是李寿亲自前去攻打。巴郡被围困了几个月，城中已经没有粮食了，朱提太守董炳及宁州援将霍彪等人只好开城投降。李寿又移兵攻打宁州，尹奉不战而降。李寿派尹奉镇守蜀地，自己担任宁州刺史。李雄因为李寿有功，加封他为建宁王，召他还朝。李寿任命降将霍彪为宁州刺史，然后带兵回成都。这时李雄在位已经有三十年了，年过六十的他，忽然头上生

---

1 枕戈待旦：枕着兵器等待天明。形容时刻警惕，准备作战。

疮，脓血淋漓。李雄的儿子车骑将军李越等人厌恶那股怪味，因此不愿靠近李雄。只有李班毫无怨言，昼夜侍奉，甚至亲自用嘴吸吮痈血。不久，李雄去世。

李越曾镇守江阳，此次回来奔丧，觉得大位传给了李班很不服气，便与弟弟李期密谋作乱。李班的弟弟李玗看透玄机，劝李班让李越回江阳，并让李期担任梁州刺史，戍守葭萌关。李班不听。李玗再三苦谏，李班反而将李玗调出去戍守涪城。当时，天空中出现六道白气，流动不休，太史令韩豹上奏说："宫中有人要阴谋起兵。"李班不听劝谏，一味在殡宫哭丧。李越与李期当晚发兵作乱，趁李班对着棺木痛哭的时候，突然拔刀砍去，只见刀光一闪，李班人头落地。

李越又杀了李班的二哥李都，诈传太后任氏的命令，将李班废为戾太子。李越将大位让给弟弟李期。李期随意任用亲信，倚仗尚书令景骞、尚书姚华、田褒、中常侍许涪等人，朝廷大事只让这几个人裁决，纲纪废弛[1]，法度荡然无存，国势也渐渐衰落了下来。

石虎攻燕败逃

慕容廆是鲜卑大单于，他礼贤下士，很有声望。从晋武帝十年被晋廷封为鲜卑都督，到去世时被封为辽东公，在位有四十九年之久。慕容皝承袭父位，自称燕王，立妻子段氏为王后，儿子慕容俊为王太子，任命封奕为国相，韩寿为司马，裴开、阳鹜、王宇、李洪等人为列卿。历史上称为

---

1 纲纪废弛：国家的政纲、法纪、秩序松弛不振。纲，政纲；纪，法纪；废弛，颓废松弛。

前燕。

代王拓跋什翼犍派使者前来求婚，慕容皝早已听说了拓跋什翼犍的才名，非常愿意结亲，便将妹妹兴平公主嫁给了拓跋什翼犍。拓跋什翼犍大喜，立即将兴平公主迎为王后。这时，除了东晋以外共有五个地方割据政权，赵国最为强大，其他依次为成汉、燕国、代国、凉国。凉州牧张骏没有称王，仍然向晋室称藩，还派张淳去建康觐见成帝，境内都称他为凉王。

与此同时，赵主石虎迁都邺城。听说张骏常与晋国往来，石虎就命人将张骏的使者抓回邺中，使者因此没能到达建康。石虎又命人在旧都修筑太武殿，在新都建造东西宫，还广采良家少女充作宫妾，多达万人。

石虎意欲称尊，有一次，他穿上龙袍，准备到南郊祭祀，走到镜子前整理衣冠时，却发现镜子里面的自己竟然没有头，石虎心中恐惧，始终不敢称

帝。后来群臣一再劝石虎称尊，石虎才自称赵天王，然后在南郊筑坛，即位受朝。石虎立妻子郑氏为天王后，太子石邃为天王太子。

燕主慕容皝派使者向赵国称藩，表示愿意出兵征讨段氏。石虎最喜欢用兵，又见慕容皝前来归顺，当然十分高兴，就与来使约定了征讨的日期。段氏酋长段辽得知赵国举兵前来，就令堂弟段屈云进袭幽州，刺史李孟退保易州。石虎令将军郭泰、麻秋带着两万轻骑追击段辽。段辽的将士无心应战，纷纷逃命，段辽也只好逃跑。石虎进入令支，直达段辽宫中。段辽的儿子段乞特真前来投降，并进贡上百匹名马。石虎同意他归附，并迁徙两万百姓到司、雍、兖、豫四州居住。

这时，燕王慕容皝已经班师回朝。石虎恨慕容皝无礼，便想出兵攻打燕国。高僧佛图澄谏阻道："燕国势力强大，我国不宜现在出兵，还是先班师回朝吧。"石虎厉声说道："有我率军进攻，战必胜，攻必取，慕容皝怎么会是我的对手？"太史令赵揽也进谏劝阻，石虎大怒，命人鞭打赵揽。石虎率众从令支城出发进攻燕国，并派使者招降百姓。燕地各郡县都害怕石虎，相继请降。石虎顺利取得三十六座燕城，随后率兵东进，直捣棘城，数十万人厮杀在一起，呐喊声震彻辽东。燕王慕容皝见此情景，担忧不已，竟然想要逃跑。帐下将士慕舆根进言说："陛下应当固守坚城，稳定士心，观势察变，然后出奇制胜。实在不能抵挡时，再走也不迟。"慕容皝这才决心守城。玄菟太守刘佩率领数百壮士乘夜出城，突袭赵兵。赵兵虽然有所防备，毕竟月黑风高，不敢迎战。刘佩的将士乱砍一番，杀死数百名赵兵后收兵回城。

慕容皝向封奕问计，封奕答道："石虎凶残，人神共愤。虽然他举倾国之力远来，但也不足为患。用不了多久，石虎大军必将自乱。大王只要守住城池，等他退去时，再派兵追击，必然能取得大胜。"于是慕容皝安心守城。石虎用箭把招降信射到城门上。守兵将信呈给慕容皝，慕容皝一把把信撕碎，慨然说道："我正要攻取天下，怎么可能投降？"不久，石虎带兵猛攻，守将慕舆根等人奋勇力战，将登上城门的赵兵通通杀死。相持了十多天，赵兵死伤无数。石虎无计可施，只好撤退。走了数里，石虎忽然听见后面有燕兵追来。为首的一员少年将领大声呼道："石虎快来受死。"石虎大怒，令士兵回马迎战，偏偏各军都想返回，不听号令，不管石虎如何调遣，兵士都掉头不顾，落荒而逃。

李寿篡夺西蜀

　　石虎回兵途中遇到燕兵追击，带头的燕将正是慕容恪。慕容恪是慕容皝的四子，是小妾高氏所生，高氏不得宠，慕容恪自然不被慕容皝疼爱。慕容恪十五岁时容貌雄伟，有勇有谋，慕容皝才对他另眼相看，让慕容恪学习孙吴兵法。此次慕容恪带兵追击石虎，部下不过两千人，却击败十万赵兵，夺回三十六座城池，奏凯而归。石虎狼狈返回邺城，检点各军，只有游击将军石闵一军全数而归。

　　石闵本来姓冉，世代居住在魏郡。石勒攻破魏郡后，掳获石闵的父亲冉瞻。冉瞻年少有为，石勒非常喜爱他，就收冉瞻为养子。冉瞻从此改姓为石，担任左积射将军，封为西华侯，后来战死沙场。石虎见石瞻战死，对石闵也如同亲人一般，让他继承石瞻的爵位。石闵长大后很有勇略，官至北中郎将游击将军。此次石闵随石虎出师，回来时不损一兵，不折一将，石虎对他极为赞赏。石虎复召赵揽为太史令，同时下令造船囤粮，意图再次攻打燕国。

　　晋廷得知赵国被燕国打败，也蠢蠢欲动，想要北伐。倡导北伐的是征西将军庾亮。咸康四年（338年），成帝任命司徒王导为太傅，郗鉴为太尉，庾亮为司空。庾亮既反对王导，又想借着北伐提高自己的声誉。王导是朝中领袖，又得成帝诏命升任丞相，这番军国大事当然要他裁决。王导看了庾亮表文，微笑着说道："庾亮能做这么大的事情，还有什么好商议的，就按他说的办吧。"太尉郗鉴说道："我看不行，现在没有储备军粮，兵械也很紧张，怎么出战？"百官也都赞成郗鉴的建议。成帝料知北伐是一件难事，就下诏让庾亮停止北伐，不必移师。

这时，太尉郗鉴患了重病，于是上疏让位。上疏后没几天，郗鉴就病逝了，享年七十一岁。王导与郗鉴同时患病，先于郗鉴去世，成帝悲伤不已，特地令大鸿胪[1]为王导办理丧事，赐王导谥号文献。王导享年六十四岁，被称为"中兴第一名臣"。

成帝任命庾亮为丞相，庾亮上表谢绝。陶侃去世后，庾亮代他镇守武昌，不久病逝，时年五十二岁。成帝命南郡太守庾翼为安西将军、荆州刺史，代替庾亮镇守武昌。庾翼年纪尚小就担此大任，朝臣都担心他不能胜任。庾翼却竭尽所能，为政严明，深谋远虑，令众人信服不已。只是庾翼满口大话，好谈兵事，既想灭赵，又想平蜀，唯独想与燕、凉修好，让他们作为外援。赵主石虎也是雄心勃勃，志在并吞江南，愿与蜀主平分。蜀国此时已经改国号为汉，李期被杀，被大将军李寿篡位。

原来李期即位后，滥杀无辜，搜罗资财、妇女充入后宫。镇南大将军李霸，镇北大将军李保都是李雄的儿子，相继暴亡，朝臣都说他们是被李期毒死的。李期的侄子尚书仆射李戴非常有才华，李期心怀妒忌，便诬陷李戴谋反，逼迫李戴自尽。李期一直忌惮大将军汉王李寿，李寿侥幸保全性命，在外镇守涪城。每次李期让李寿进宫朝见，李寿都找借口推辞。后来李寿先发

---

[1] 大鸿胪：古代官职名。九卿之一，掌管王朝对少数民族之接待、交往等事务。

制人，率领数万名士兵由涪城进入成都，派部将李奕担当前锋。李寿之子李势是翊军校尉，当时正在成都，正好可以作为内应。李势开城迎进李奕、李寿。李期没有防备，只得派人迎战。李寿奏称建宁王李越与景骞、田褒、姚华以及李遐、李西都是叛党。李期还没有回复奏折，李寿已经指挥士兵擒获了李越等人，并将其一律处死。李寿又矫称任太后的诏令，废李期为邛都县公，将他幽禁起来。于是李寿称帝，改国号汉，纪元汉兴。李期被幽禁后，慨然叹道："我本是天下之主，现在却成了小县公，情何以堪？"说完，解带自缢。李期的妻儿也都被杀害。

慕容皝攻破高句丽

成帝患病，不能上朝。庾亮之弟庾冰拜谒成帝，见成帝病已垂危，就请求立成帝的弟弟琅琊王司马岳为嗣。成帝同意，命庾冰代为草拟嗣位遗诏。遗诏起草完后，庾冰等人退出。三天后，成帝驾崩，年仅二十二岁。成帝崇俭恶奢，治政严明，可惜刚刚成年就死了。琅琊王司马岳即皇帝位，称为康帝。第二年元旦，康帝改元建元。庾冰的地位并没有动摇。

此时，燕王慕容皝已经接受晋朝的册封，任命刘翔为东夷校尉，担任大将军长史。慕容皝又命内史阳裕为左司马，在龙山西麓督工建城。慕容皝建立宗庙宫阙，取名龙城，然后率众迁居，将龙城作为都城。慕容皝的异母兄弟慕容翰因遭慕容皝猜忌，曾经逃奔段氏。段氏灭亡之后，慕容翰又投靠宇文部，部酋逸豆归嫉妒慕容翰的才名，想要加害于他。于是慕容翰就装疯，一会儿披发狂呼，一会儿拜跪乞食。逸豆归以为慕容翰真的疯了，就不再监

视他。于是慕容翰到处游走,将宇文部的山川地势一一记下。慕容皝追忆慕容翰的才能,特令商人王车到宇文部暗中观察慕容翰。慕容翰偷了逸豆归的名马,带着两个儿子逃回燕国。逸豆归听说慕容翰逃走,连忙命数百骁骑追击慕容翰。慕容翰眼看就要被追上,回头说道:"我既然已经上马,断无再回去的道理。我之前不过是佯装愚狂而已,你们要是再苦苦相逼,就是自取灭亡。"追兵见他手下不过寥寥几人,不肯退回,仍然穷追不舍。慕容翰又朗声说道:"我长时间住在你们部族,不忍心杀人。你们不妨握着刀,站在离我百步之远的地方,我如果射中刀,你们就回去,如果我射不中,你等尽可追杀我。"于是追兵握刀而立,慕容翰发箭射去,"咣当"一声,正中刀环,追兵见了,纷纷退回。慕容翰因而安然回到燕国。

慕容皝得知慕容翰回来后,欢喜不已,任命慕容翰为建威将军。慕容翰向慕容皝献计道:"宇文部强盛已久,多次侵扰我燕国。逸豆归不是将帅之才，国无防卫，军无部伍。臣熟悉地形，我国如果发兵必胜无疑。高句丽时常窥探我国，我国如果灭了宇文部，高句丽自然也会害怕。我国若出兵攻打宇文部，高句丽一定会乘虚深入我国。我国留守兵卒不足以自守，而多留兵卒又不能远行。臣料想宇文部不会远道而来攻打我国，因此不如先攻取高句丽，再进击宇文部。将这两国平定之后，我国国富兵强，攻下中原也指日可待了。"慕容皝连声称赞，召集将士进攻高句丽。

高句丽是周朝灭商时，商朝后裔箕子率领部众向东迁移所建。汉初燕人卫满篡位，传了两世即亡。到汉元帝时，汉威已衰，高朱蒙集众自立，创建高句丽国，后来日渐强大，多次攻打辽东。慕容氏占据辽土，与高句丽时常交战。高朱蒙十世孙高钊号称故国原王，与慕容皝处在同一个时期。慕容皝与诸将商议军情。诸将说去高句丽有两条路，北路坦平，南路险狭，我们不如从北路进兵，较为容易。而慕容翰却道："不入虎穴，焉得虎子[1]？臣觉得应该南北并进，使他应付不来，才能取胜。而且高句丽一定猜到我国会从北道进军，防守时必定重北轻南。我们正好可以避实击虚[2]，以南道为正兵，北道为偏师。大王亲自率锐骑从南道进军，出其不意，直捣都城。派他将进兵北道，迷惑敌军。"慕容皝采纳了慕容翰的建议，命慕容翰为前锋，由南道进兵，自己则率四万锐卒作为后应。慕容皝另派长史王宇等人率领一万五千士兵从北道进攻。

高句丽王高钊果然如慕容翰所料，将国中精锐悉数集聚北道，命弟弟高武为统帅，在北面抵御，自己则带着老弱残兵防备南道。没想到慕容翰带着锐卒从南道杀来，长驱直入杀进高句丽的阵营中，如同虎入羊群，所向披靡。高句丽的将士不是被杀，就是逃走，高钊也只好逃窜。燕兵乘胜追击，

---

[1] 不入虎穴，焉得虎子：不进入老虎洞，怎能捉到小老虎。比喻不亲历险境就不能获得成功。
[2] 避实击虚：指避开敌人的主力，找敌人的弱点进攻。又指谈问题回避要害。

攻进高句丽的都城。高句丽的都城丸都被抢掠一空，成了废墟。慕容皝将高钊父亲的尸体、高钊的母亲及妻儿，以及百姓玉帛等一并带回燕国。临行时，慕容皝又毁掉了丸都。高钊无所归依，只好向燕称臣，收拾残众，迁都国内城。

宇文部溃败

慕容皝攻破高句丽后，开始谋取宇文部。宇文部酋逸豆归派国相莫浅浑带兵进击燕军，慕容皝下令士兵不准出战，严加防守。莫浅浑数次宣战，都无人应战，还以为燕兵怯弱，不足为患，就上报逸豆归，说燕兵畏懦，不敢出战。逸豆归信以为真，整日酣饮纵乐，不再防备。哪知过了一个月，燕兵猛力进击莫浅浑，莫浅浑大败而逃。逸豆归这才着急，慌忙派遣骁将涉奕干等人调集精兵截堵燕军。慕容皝乘胜大举，命建威将军慕容翰为先锋、刘佩为副将，率领两万骑兵作为正兵，再分别派遣广威将军慕容军、渡辽将军慕容恪、平狄将军慕容霸及折冲将军慕舆根三道并进，自己率领亲兵作为后应。左司马高诩说道："我军讨伐宇文部，不怕不胜。"

涉奕干自恃骁勇，麾众大战。慕容翰、刘佩、高诩等人与他厮杀，足足战了半天，始终不分胜负。天快黑时，慕容翰等人正要收兵。忽听对面兵阵内一声梆响，顿时箭如雨发，燕兵多被射倒。慕容翰不禁大怒，就与刘佩、高诩断后，麾军退还。谁知竟有飞箭朝着慕容翰等人射来，慕容翰、刘佩、高诩三将都中了箭，忍痛支持，边战边退。慕容翰等人回营后，检点兵马，发现伤亡不少。慕容翰命受伤士兵到后帐休养，自己与刘佩、高诩拔去箭头，敷上金疮药，然后派人将兵情报告给燕王慕容皝。慕容皝派人回复道：

"涉奕干勇冠三军，不可轻视，不如暂避敌军锋芒，等他松懈下来再率军出战，定能制胜。"慕容翰愤然说道："逸豆归将精锐兵卒都给了涉奕干，如果我们打败了他，其他敌军必然不战自溃。涉奕干有勇无谋，只要稍用小计就能擒住他，为什么要避敌示弱，自挫我军士气呢？"于是慕容翰装病数日，暗中却与平狄将军慕容霸定好了夹攻计。慕容霸年仅十八，却有万夫不当之勇，他本来与慕容翰等人分道进兵，后来收到慕容翰的信，才与慕容翰约期会合，一同进攻涉奕干。

涉奕干屡次进逼慕容翰的兵营，再三宣战，慕容翰始终按兵不动。涉奕干令兵士指名辱骂慕容翰，慕容翰置若罔闻[1]，并且告诫将士不得妄动。约莫过了三五天，慕容翰知道慕容霸即将率兵而来，就整顿兵士，披甲上马，一跃而出。涉奕干正好前来叫战，以为对方不会出营，因此没有多带兵马。没想到慕容翰一马当先，厉声大呼道："涉奕干休要啰唆，今天便是你的死期。"涉奕干见慕容翰突然杀出，不禁慌乱，忙令部众上马，后退一里。部众不明就里，以为涉奕干要退兵，于是相继逃走。慕容翰带兵杀出，好似摧枯拉朽[2]一般，刺倒好几百名敌兵。涉奕干大吼一声，舞着大刀挺身接战。慕容翰与他交锋，一来一往，约有几个回合。这时，刘佩驰马冲到，代替慕容翰大战涉奕干。慕容翰随即退下，又命高诩接替刘佩继续大战涉奕干。涉奕干连战三将，并不退缩，刀法盘旋，没有漏洞。高诩伤口还没有愈合，敌不住涉奕干。涉奕干刀法一紧，没头没脑地劈来，高诩眼花缭乱，几乎不能招架。忽然旁边冲出一员大将，左手拿剑架住涉奕干的刀锋，右手用刀刺入涉奕干的心窝，涉奕干来不及闪避，仓促被刺，一声狂叫，死在马下。

1　置若罔闻：好像没有听见似的，不加理睬。
2　摧枯拉朽：摧毁枯草朽木。形容气势盛大，对方不堪一击。

来将正是慕容霸。慕容霸刺死涉奕干,趁势大杀敌兵。敌兵没了主将,四处逃窜。慕容霸在前,慕容翰在后,直接杀入宇文部,沿途无人阻挡,任他们杀到大殿。逸豆归部下离心离德,一哄而散,各自逃去,仅剩下逸豆归家眷,如何固守?逸豆归急忙窜往漠北,宇文氏从此散亡。

燕王慕容皝接到捷报,驰入宇文氏都城,将畜产资货全部掳获,开辟了一千多里土地,将宇文五万部众迁到昌黎。以前涉奕干居住的南罗城,是宇文部的名城,慕容皝将它改为威德城,让弟弟慕容彪据守,自己率军还都。

不久,高诩、刘佩箭疮迸裂,相继去世。慕容皝虽然佩服慕容翰的勇略,但心里常嫉妒慕容翰,想赐死慕容翰。慕容翰得知,长叹一声:"我负罪出逃,侥幸回来,直到今日才死,已经是迟了。但羯族占据中原,我想要为国家分忧,此志不能实现,遗恨无穷。也许这一切都是命运使然,我又能怎么样呢?"说完,服毒自尽。

桓温平巴蜀

康帝的病一天比一天严重。不久，康帝驾崩，年仅二十二岁，在位只有两年。太子司马聃即位，史称穆帝。庾冰当时正在病中，不便回京，后来病情加重，临终时，庾冰对长史江虨说道："我就要死了，却仍没有实现报国的大志，难道这是天意？我死以后，给我穿平常的衣服就行，不用另外准备寿衣。"说完，合目而去。庾冰一生清廉，死后不带任何随葬物品，也没有妾室和家产。

第二年元旦，晋廷改元永和，皇太后抱着穆帝在太极殿上临朝，颁诏大赦。这时，江州都督庾翼上表报称病重，并且举荐次子庾爰之为荆州刺史。不久，庾翼病死，朝廷追封庾翼为车骑将军。朝廷大臣都说："庾家世代在西藩，不如答应庾翼请求，令庾爰之继任。"何充却驳斥道："荆楚是我国西部门户，有百万人口，如此重要的地方怎么能交给一个白面少年？我看徐州刺史桓温才略过人，足以驻守西藩。"会稽王司马昱也颇以为然。丹阳尹刘惔对司马昱说道："桓温确有大才，但心术不正。如果此人得志，国家一定会遭殃。荆州地势险要，怎么能交给他镇守？不如您自请镇守，臣愿为您效犬马之劳。"司马昱没有听从，而是派遣使者传诏，命桓温代替庾翼掌管荆、梁诸州军事。

桓温是宣城内史桓彝的儿子。桓温不足月就出生了，温峤得知后，逢人便说这孩子不是凡人。又听得桓温声音洪亮，温峤更是喜欢。桓彝见温峤很喜欢这个婴儿，就给小孩取名为温。温峤笑着说道："你竟然把我的姓变成孩子的名了。"后来桓彝被苏峻的部将韩晃和江播害死。桓温十五岁的时候，立誓要为父亲报仇。过了三年，江播病死发丧，桓温装扮成吊客挟刀而去，杀死了江播的儿子。朝廷认为桓温是一个孝子，就没有问罪。桓温成年

后，相貌伟岸。刘惔说道："桓温是孙权那样的英雄啊。"后来，桓温与公主成亲，官至荆梁都督，为人豪爽不羁。

桓温手握重兵后就想做些大事，以逞威风，上呈伐蜀的表文后，不等回复就启程了。晋廷接到桓温的表文，担心桓温兵少无援，难以成功。丹阳尹刘惔却笑着说道："桓温今日伐蜀，如果自知不胜，怎么肯出兵？只是如果桓温胜了，他也将成为朝廷的隐忧。"

蜀地此时已经称汉，汉主李势就是李寿的太子。李寿篡位后五年，忽然得了一种怪病，一命呜呼。太子李势即位称汉帝。李势得到边戍急报，说晋廷桓温率兵前来攻打，前锋已经到了青衣江。李势派镇南将军李权、前将军昝坚等人带领数千人，从山阳赶往合水堵截晋军。桓温进攻李权，三战三捷，蜀兵大败，逃回成都。昝坚到了犍为，才得知桓温的进攻路线，急忙返渡沙头津，援救成都。到了十里陌，昝坚见晋军已经排好阵势，不由吓得魂飞魄散，手下的将士也吓得纷纷逃命。

李势听说全军大败，就亲自带兵出战。到了笮桥正好与桓温相遇，两下交战，蜀兵迎头痛击晋军。晋国参军龚护阵亡，桓温不肯撤退，仍然麾军作战，不防前面突然射来一箭，险些射中桓温的头部，亏得桓温眼疾手快躲了过去。桓温吓得勒马不前，士兵也都不敢进攻，桓温命鼓吏击鼓退兵。偏偏鼓吏误敲进鼓，袁乔率军力战，人人奋力拼杀。李势不能抵御，逃回成都。桓温进入成都后到处放火，焚毁城门。汉中书监王瑕、散骑常侍常璩劝李势投降。李势又问侍中冯孚，冯孚答道："即使投降，恐怕也不能保全。"李势便在深夜打开城门，与昝坚等人突围逃走，奔到葭萌城。桓温进入成都后正想派兵追击李势，可巧李势派散骑常侍王幼送来降书。

桓温得到降书后，准许李势投降。桓温开营纳降，令李势前来拜见，并给李势松绑，以礼相待。随后，桓温将李势等人送往建康，汉司空谯献之等人仍然担任参佐，蜀人大悦。只有汉尚书仆射王誓、镇东将军邓定、平南将军王润、将军隗文等人誓死不从。王誓、王润被杀，邓定、隗文逃走。桓温在成都待了三十天，然后返回江陵，留益州刺史周抚镇守彭模。后来邓定、隗文又返回成都，迎立已故国师范长生的儿子范贲为帝。一两年后，范贲被益州刺史周抚带兵剿灭。李势到了建康，被封为归义侯。李氏占据蜀地总共有四十六年。李势在建康待了十二年后去世。

谢艾凉州破敌

桓温平定蜀地后，威名远扬。会稽王司马昱也不禁畏惧起来，便起用殷浩牵制桓温。

已故丞相王导的侄子王羲之，见多识广，素有清名，与王导之子王悦、王湛之子王承一同被称为"王氏三少"。太尉郗鉴曾经派门生到王导府中选女婿，王导就让郗鉴的门生去东厢挑选。门生看完回去向郗鉴报告说："王家的子弟都很好，但听到'择婿'二字都拘谨起来，只有一个人若无其事地躺在床上，饮食如常，此人应当是王家的翘楚了。"郗鉴惊喜道："佳婿，佳婿，等我探明情况后，就与王家联姻。"后来郗鉴探知躺着的人是王羲之，当即将女儿嫁给了他。

王羲之擅长书法，尤其擅长隶书。相传王羲之的笔势，飘若浮云，矫若惊龙[1]。魏太傅钟繇曾以擅长书法闻名于世，他的曾孙女钟琰颇得祖传，能文善书。钟琰后来嫁给晋国司徒王浑为妻，与王浑的弟弟王湛的妻子郝氏亲如

1　飘若浮云，矫若惊龙：表示像云一样很轻盈，同盘旋舞动的龙一般敏捷有力。形容笔势轻快敏捷而有力。

姐妹。锺琰虽然出身世家，但并不轻视郝氏；郝氏出身卑微，也不曾向锺琰献媚。当时人们称她们为"锺有礼，郝有法"。古人最重妇德，因此对锺夫人的书法反而搁起不提。锺琰的女儿后来嫁到卫家，就是已故太子洗马卫玠的母亲。卫玠的祖父卫瓘擅长草书，父亲卫恒也擅长草书和隶书，卫氏子女也都擅长书法。卫恒的堂妹卫铄笔法高妙，冠绝一时，人称卫夫人。王家世居琅琊，与王浑都是晋阳人，同姓不同宗，但也互相往来。王羲之小时候很羡慕锺繇的书法，见到卫夫人笔迹与锺繇的字迹相似，就拜卫夫人为师。王羲之初任秘书郎，接着担任征西长史，后来升为宁远将军。殷浩很赏识王羲之，让他做护军将军。王羲之不肯接受，请求外调，殷浩就命王羲之为右军将军，任会稽内史。王羲之到了会稽后，听说殷浩与桓温不和，就写信劝殷浩以国事为重。殷浩不听。

这时，凉州牧张骏病逝，世子张重华嗣位。张骏本来不愿称王，但境内都对他以凉王相称。到了晚年，张骏才自称大都督、大将军，号称凉王，设置百官，第二年就去世了。张重华自称凉州牧，尊养母严氏为太王太后，生母马氏为王太后，减轻赋税，赈济灾民。石虎听说张骏去世，张重华还没有成年，便任命将军麻秋为凉州刺史，进攻金城，凉州一片混乱。

张重华派征南将军裴恒率军抵御赵兵。裴恒驻军广武，逗留不进。凉州司马张耽对张重华说道："臣以为主簿谢艾文武兼长，又懂兵法，如果派他出征，一定能取胜。"张重华听了，就召谢艾觐见。谢艾答道："今天殿下信任微臣，臣一定竭力效命，誓破敌军。"张重华大喜，即授谢艾为中坚将军，派他带领五千兵马出击麻秋。

谢艾带兵出发，刚走出振武天就黑了，便命人安营扎寨。到了夜里，谢艾命人做饭，让将士们饱餐一顿。天还没亮，谢艾便拔寨前进，直逼赵营。赵将麻秋防守懈怠，众将士还在睡觉，哪知营外鼓角齐鸣，谢艾已经带兵杀来了。等到麻秋起来，谢艾已经捣破城门，赵兵四散而逃，麻秋也跨马逃去。谢艾带兵乘势追击，天亮才收军。

石虎听说麻秋大败而回，就任中书监石宁为征西将军，率领并、司二州的兵马，会同麻秋再次进攻凉州。张重华派部将宋秦带兵抵御。宋秦带兵投降赵国，赵兵长驱直进。张重华只好再召酒泉太守谢艾，命其为军师将军，让他率领三万骑兵去临河堵住赵军。谢艾到了临河，遇见赵将麻秋的兵马。麻秋率领三千士兵猛冲过来。谢艾的部将李伟见赵兵杀过来，忙请谢艾退回阵内。谢艾的士兵都很害怕，谢艾却不慌不忙，反而让人搬出椅子，走下马车坐着，下令士兵不准妄动。麻秋率领赵兵冲过来，距离谢艾不过一丈。麻秋令军士大声呐喊，声音震彻山谷，谢艾好像看不见、听不见一般，仍然镇定端坐。麻秋怀疑谢艾设有埋伏，告诫士兵不要贸然前进，只是呆呆地瞧着谢艾。谢艾让人大喊："麻秋，你为什么不进兵呢？"呼声愈急，麻秋愈不敢前进，猛听得赵兵阵后喊声大震，麻秋回头一看，见凉州兵已经绕到了自己身后，于是慌忙撤退。谢艾见麻秋退去，立即上马追击。凉州将领张瑁又从赵军后面杀入，两下夹攻，赵兵大败。凉州兵将穷追不舍，麻秋部下杜勋、汲鱼返身阻拦被杀。麻秋得以从小路逃往大夏去了。

石虎屡次接到兵败的消息，不禁长叹道："我平定九州时，所向无敌。今天以九州的兵力攻打枹罕，反而大败，可见凉州大有人才，不可轻易进攻。"石虎从此无心军事，整日游乐。

梁犊叛乱

赵太子石宣使用诡计谋害弟弟石韬，接着打算杀掉父亲石虎。这时，东宫小吏史科向石虎揭发了石宣的阴谋，石虎火冒三丈，立即命人召太子石宣觐见。石宣不敢来，中使就诈称是杜皇后召见石宣。石宣以为杜皇后另有密谋，就应召进宫。一进宫门，便有人传石虎手谕把石宣带进别室，将他软禁起来，最终石宣被烧死，石宣的妻儿共二十九人也一并被杀死。

过了几个月，石虎想要册立太子，太尉张举说道："燕公石斌有武略，彭城公石遵有文德，还请陛下自己裁夺。"石虎答道："卿言正合我意。"这时候一人说道："燕公石斌的母亲地位卑贱，彭城公石遵与前太子石邃同母，他的母亲郑氏已经被废，怎么能再立她的儿子？还请陛下三思！"石虎一看，说话的是戎昭将军，就是以前把刘曜的幼女掳进宫的张豺。刘曜的女儿安定公主被掳进赵宫后，很得石虎宠爱，生了一个儿子，取名为世，已有十岁。张豺想立齐公石世为嗣，这样石虎死后，石世的母亲刘氏一定会让他辅政，所以再三进谏。随后石虎立石世为太子，刘氏为皇后，命太常条攸为太子太傅，光禄勋杜嘏为太子少傅，并令条攸、杜嘏日夜教导太子，以免重蹈

石宣覆辙。

此后，石虎一直闷闷不乐，坐立不安。他经常看见已经死了的子孙们站在自己身边，不由感到毛骨悚然，悲悔交加，加上连日来不思饮食，身体逐渐虚弱。过了残冬便是赵天王建武十五年的元旦，即晋永和五年（349年）。石虎自知活不了多久，就命人在南郊筑坛，即位称帝，改元太宁，将各子晋爵为王，百官各增位一等，颁令大赦，只有以前被贬到凉州的东宫卫卒不在赦免之列。

卫卒中有一个队长，叫梁犊。此时遇天下大赦，自己却不得赦免，梁犊当然心有怨言。一班卫卒也都愤愤不平，梁犊趁机煽动众人，聚众为乱，自称晋国征东大将军，攻陷下辩；胁迫雍州刺史张茂为大都督，攻克秦、雍城池。梁犊进入长安，手中有十万将士。乐平王石苞派兵出战，大败而归，不得已回城固守。梁犊率军从潼关出发，进兵洛阳。赵主石虎忙命李农为大都督，率领卫军将军张贺度、征西将军张良、征虏将军石闵等人在新安抵御乱军。梁犊大军都带着一股怨气，拼死前来，虽然没有兵甲，却是一可当十，十可当百。李农麾下人数与梁犊相差无几，但气势不如梁犊大军，一战即败，再战又败，只好退到成皋。梁犊又向东攻打荥阳、陈留等郡，声势浩大。石虎又惧又愤，旧病复发，随即任命燕王石斌为大都督，与冠军大将军姚弋仲、车骑将军蒲洪合兵讨伐梁犊。

姚弋仲进宫求见，石虎恰巧在卧床养病，传令免见，让人带姚弋仲到领军省，赐给他御食。姚弋仲怒道："国家有贼，命我出击，主上理应面授方略[1]，才能打败叛贼。现在却赐我御食，难道我是来要饭的吗？"有人通报了石虎，石虎就传见了姚弋仲。姚弋仲怒气未息，见到石虎便大声说道："有儿子不好好教导，让他造反，现在杀了逆子，你还愁什么？你病了这么久，却立幼儿为太子，万一你有什么不测，天下一定大乱，这比叛贼作乱更让人

---

[1] 面授方略：当面指示处理事务的方针、办法等。

担忧呀！现在梁犊等人作乱，已失民心，我会为你出力，一举平贼。"石虎听他出言不逊，也很生气，只是还要靠他出兵平乱，只好忍耐三分。况且姚弋仲性格耿直，气急的时候往往不顾尊卑，直呼你我，已成习惯。石虎耐着性子让他坐下，亲自授姚弋仲为征西大将军，并赐他铠甲战马。姚弋仲也不谢恩，取了铠甲披在身上，跨鞍上马，在中庭驰骋数圈，然后扬鞭一挥，策马自去。石虎又气又笑，只好静候佳音。

石氏之乱

过了十多天，石虎就接到姚弋仲的捷报，说他在荥阳大破梁犊军队。不久又有捷报传到，说姚弋仲已经将梁犊杀死，扫平了乱党。石虎封姚弋仲为平西郡公，准许他带剑上朝，又封蒲洪为侍中车骑大将军，担任雍州刺史。姚弋仲等人还没有回到邺城，石虎的病情已经一日比一日重。于是石虎就任命彭城王石遵为大将军，镇守关右；任命燕王石斌为丞相，张豺为镇卫大将军，并受遗诏辅政。刘皇后厌恶石斌辅政，担心他将对太子不利，与张豺密谋将他排挤出去。张豺命张雄矫诏杀死石斌。刘皇后得知后大喜，擅自任命张豺为太保，掌管各军。侍中徐统对家人说道："大乱就在眼前，我如果活着，恐怕也要被杀，不如早点死的好。"说完，就服毒自尽了。穷凶极恶的石虎此时已经不省人事，晕厥数次，最后终于两眼一翻，两腿一伸，一命呜呼了。

赵太子石世只有十一岁，由张豺等人拥他即位，尊刘氏为太后。彭城王石遵此时正赶赴关右，途中听说父亲去世，就从河内举兵，直指邺都。张豺一筹莫展，只能硬着头皮出战。石遵带兵从太武门驰进宫中，直登太武前殿，又命士兵将张豺斩首示众。石遵假传刘太后的诏令继承大位，大赦天下。石遵废石世为谯王，降刘太后为太妃，不久将刘氏母子一并毒死。

沛王石冲镇守蓟城，听说石遵杀了石世，继承大位，就留宁北将军沐坚镇守幽州，自己率领五万兵马由蓟城南下。石遵赐铠甲兵器给石闵，命石闵与司空李农等人带十万精兵抵御石冲。两军在平棘交锋。石冲被石闵等人痛击，大败而逃，在元氏县被石闵生擒。随后石闵向石遵报捷。石遵下诏令石冲自尽。石闵担心降兵作乱，就将三万降兵全部活埋，然后班师回到邺城。

赵乐平王石苞得知石冲战败，就想在长安起兵，进攻邺都。雍州豪酋派人将此事报告晋廷，晋梁州刺史司马勋率军前去。仇池公杨初也遥应晋兵，进袭赵国的西城。仇池公杨初与晋兵约为掎角[1]，一起攻打赵国。石苞见形势对自己不利，只好把攻邺计划暂且搁起，专心防备晋廷。

当时，燕主慕容皝已经病死，世子慕容俊嗣位。平狄将军慕容霸想趁石氏内乱，兴兵攻赵，于是上疏慕容俊。慕容俊听完之后，命慕容霸为前锋都督，调兵二十余万攻打赵国。

赵国尚未接到燕国的战书，内乱已经闹得不可收拾了。原来赵主石遵曾答应立石闵为太子，但后来却册立了燕王的儿子石衍为太子，石闵不禁心生怨恨。

一天，石遵到后宫与妃妾下棋，才下了几局，就听到外面一片嘈杂声。石遵惊恐万分，走出琨华殿看是怎么回事。正巧将军周成、苏彦带着许多将士持着刀械，蜂拥而来，边走边喊道："诛杀篡位弑主的逆贼！"石遵颤声喝道："反……反！究竟是什么人要造反？"周成厉声答道："义阳王石鉴应该继立。"石遵又说道："我今天落得如此下场，你们立石鉴为王又能……又能传多久？"话音刚落，石遵就被周成等人乱刀砍死。周成又闯入后宫，将郑太后、张皇后、太子石衍等人统统杀死。石遵在位仅一百八十三天。

变乱过后，石鉴即位，改元青龙。石鉴担心石闵篡位，于是在夜里召见

---

[1] 约为掎角：比喻分出兵力，造成牵制敌人或互相支援的形势。

乐平王石苞等人，让他们带兵攻打石闵、李农。石闵早有防备，与李农进入琨华殿，派殿中将士守卫宫廷。这些将士多是石闵的心腹，一个个精神抖擞，通宵守着。石苞等人冒昧闯进，被卫士杀退，霎时间宫中大乱。石鉴得知后，反而降罪于石苞等人，并下令杀死他们。

石闵早已料到石鉴会这么做，便将计就计，下令将士归队，不得喧哗。新兴王石祗是石鉴的胞弟，听说石闵、李农作乱，就与姚弋仲、蒲洪一起攻打石、李二人。石闵请石鉴任命汝阴王石琨为大都督，与太尉张举、侍中呼延盛等率兵抵御石祗。中领军石成、侍中石启、前任河东太守石晖密谋杀害石闵、李农，反被石闵、李农所杀。龙骧将军孙伏都、刘铢带领三千人讨伐石闵、李农。正巧石鉴在御龙观看见孙伏都等人鱼贯而入，就问是怎么回事。孙伏都答道："石闵、李农谋反，已经到了东掖门。臣想出兵抵御，所以前来请旨。"石鉴说道："卿是功臣，事平以后，一定重赏。"孙伏都等人应声而出。

孙伏都攻打石闵、李农，连战不利，只好退到凤阳门。石闵、李农率兵攻打石鉴。石鉴见石闵、李农等人进来，知道孙伏都已经战败，便连忙传令道："孙伏都谋反，你们不去讨伐，来这里做什么？"石闵、李农等人便去攻打孙伏都。孙伏都、刘铢寡不敌众，战死沙场。石闵又派尚书王简、少府王郁带兵围住御龙观，不准石鉴自由进出。此后，石鉴的饮食起居，都受人监视。

后赵亡国

石闵幽禁石鉴，在城中下令："孙伏都、刘铢已经伏法，其他人就不再追究了。只要与朝廷同心，就可以留下，不愿留下的可以自便。"随后大开城门。于是羯人相继出城，赵人陆续入城。石闵见羯人不为己用，就对赵人说，斩一个羯人的首级送到凤阳门，文官可连升三级，武官可立即封为牙门[1]。不到一天时间，竟有上万人提着羯人的首级献上。石闵索性亲自率领赵人，将二十几万羯人诛杀殆尽。

石鉴被软禁在御龙观中，趁看守不注意写了一封信，叫近侍送到滠口，让抚军张沈等人乘虚偷袭邺城。哪知近侍不去报信，反将书信送到了石闵手中。石闵大怒，立即回到邺城，一刀了结了石鉴，可怜石鉴在位只有一百零三天便被杀害。石闵还不罢休，索性大肆诛杀石氏子弟，将石虎的子孙全部杀害。石虎之子石琨、石祇居住在外境，才逃过此劫。石闵见邺城中已无石氏子弟，于是在南郊即位称帝，国号魏，恢复原姓冉。

1 牙门：主帅或主将帐前树牙旗以为军门。

赵新兴王石祗听说石鉴被杀，就在襄国称帝，改元永宁。他起用汝阴王石琨为相国，姚弋仲为右丞相，姚弋仲的儿子姚襄为骠骑大将军。当时姚弋仲占据滠头，蒲洪占据枋头，二人都想称霸一方，心中各有疑忌。秦雍之地的流民纷纷归顺蒲洪，蒲洪的士兵达到十多万人。姚弋仲担心蒲洪强大起来难以控制，就派儿子姚襄带兵攻打蒲洪，谁知却吃了败仗。蒲洪随后自称大都督、大将军、大单于，兼三秦王，改姓苻氏。

苻健是苻洪的三儿子，擅长拉弓骑马，被苻洪立为世子。赵将麻秋归附苻洪，做了军师将军。麻秋劝苻洪先占领关中，再向东争夺天下，苻洪深信不疑。没想到的是，苻洪把麻秋当成知己，麻秋却将苻洪视为仇家。一次，二人正把酒言欢，麻秋却在苻洪的酒中下毒，苻洪痛饮数杯而回。回去后不久，苻洪突然腹痛难忍，这才知道自己被麻秋暗算了。苻洪连忙召来世子苻健，说道："我拥众十万，占据险要之地，冉闵、慕容俊等人本可指日荡平，

就是姚襄父子也不在话下，没想到功业未成竟被麻秋毒害。我死后，你们兄弟不要进攻中原，不如占据关中，独霸一方。"说完就死了。

世子苻健秘不发丧，立即带兵去捉拿麻秋。麻秋正想乘丧作乱，没想到晚了一步，反被世子苻健拿下，一刀劈成了两段。世子苻健报了大仇，立即为父发丧，派人向晋廷报讣，并自削王号。原来苻洪先前投降了晋朝，曾受封为征北大将军，担任冀州刺史。所以苻健自称征北将军，向晋廷请命。赵国石祗刚刚称帝，也想笼络苻健，便任命他为镇南大将军。苻健假装受命，率众西行，渡河直入关中。留守长安的司马杜洪连连接到兵败的消息，又听说苻健乘胜杀来，不禁失色。将士更是惊心，纷纷奔逃，最后竟只剩下了几百骑兵。司马杜洪不敢回长安，逃往司竹去了。

苻健将长安据为都城，自号秦天王、大单于，建元皇始。史家称为前秦。苻健派人访求人才，并免去苛政。关中百姓才获得片刻安宁。

冉闵率领十万步兵、骑兵攻打襄国。赵主带兵坚守，支撑了一百多天。冉闵让军士建屋耕作，打算长久围困下去。赵主害怕，竟然自去帝号，改称赵王。赵主石祗派部将刘显率兵七万，攻打冉闵，一路攻进了明光宫，距邺城只有二十三里。冉闵屡次急召卫将军王泰商议拒敌办法，王泰却一直托病不入。冉闵大怒："可恨的巴奴，以为我一定要靠你才能保命吗？等我灭了孽党，再来收拾你。"随即率领众人拼死杀去，大破刘显，斩敌三万多人。刘显无路可逃，只好派使者乞降，表示愿意杀死赵王。

过了数月，刘显把赵主石祗的头颅献入邺城。于是冉闵封刘显为大单于，兼任冀州牧。赵主石祗自称帝建立襄国，只一年就身死国灭。后赵从石勒建国到石祗亡国共历七主，共存二十三年。

刘显投降冉闵还不到一百天就想称尊，谋划着要杀冉闵。冉闵预先探知，发兵杀退刘显，刘显无处可逃，被闵军困住，乱刀杀死。刘显的家眷以及官吏，都被杀净。闵军又放了一把大火，将襄国宫室付诸一炬，襄国遗民都被冉闵赶到邺城。可怜石氏遗种，只剩下一个汝阴王石琨。石琨是石虎的幼子，此时已经是无兵无饷，只得逃到建康，向晋乞怜，希望保住一脉。哪知晋廷追念宿仇，不肯相容，将石琨绑缚起来，驱出市曹一刀劈成了两段，石氏一门至此灭绝。

慕容恪灭魏

冉闵攻克襄国之后，到常山、中山等郡搜刮粮食。因此赵立义将军段勤率领一万多人占据绎幕，自称赵帝。燕王慕容儁派辅国将军慕容恪进军中山，收降魏太守侯龛及赵郡太守李邽。辅弼将军慕容评也奉燕王慕容儁的命令，到鲁口攻打魏戍的将领郑生。后来燕王慕容儁又让建锋将军慕容霸攻打段勤，并调慕容恪专门对付冉闵。冉闵在魏国昌城与慕容恪相遇，不听臣下的劝告，硬要与慕容恪大战。司徒刘茂心想："我君刚愎自用[1]，有勇无谋，这次出兵必是死路一条。我等与其苟活，自取戮辱，不如速死为宜。"于是服毒自尽。

冉闵素有勇名，部兵虽不过万人，却是个个善战。慕容恪早已部署妥当，专等冉闵自投罗网。冉闵胯下的骏马，号为朱龙，每日能行千里。冉闵拍马前来，左手操一杆双刃矛，右手持一柄连钩戟，在燕军阵前连挑带拨，无人能挡。燕兵慌忙射箭，冉闵毫不畏怯，手中的双刃矛飞舞盘旋，将射来的箭全部拨落；右手又用戟乱钩，燕兵避得慢了点，就被钩落马下。闵军立即挟刃齐上，将落马的燕兵一一砍死。冉闵杀得性起，只管往前冲。他见前面竖着一面大旗，料是燕军主力，索性冲杀过去，直攻慕容恪。慕容恪正

---

[1] 刚愎自用：固执己见，不接受别人的意见，独断专行。

在勒马观战，专等冉闵亲自来送死。见冉闵杀来，便令勇士摇动大旗，指挥各军，合力击杀冉闵。冉闵兵力有限，又被燕军团团围住，单靠他一身勇力，怎么挡得住数万人马？冉闵舍命杀出重围，向东逃了二十余里，才敢下马稍稍休息。见随后而来的兵士不满百人，只有仆射刘群与将军董闰、张温等人还跟着，冉闵形神沮丧，如丢魂魄，勉强镇定心神，想与刘群等商议怎么逃走。

这时，众人忽然听到鼓声四震，燕兵从后面追来。冉闵和刘群自知不能再战，仓皇上马，挥鞭狂逃。哪知燕兵跑得更快，一下子就将他们追上了。刘群回马应战，当即被杀，董闰和张温双双被擒。冉闵所骑的朱龙马本来瞬息可行百里，矫捷异常，偏偏跑了一程后竟无缘无故地停了下来。冉闵用鞭乱抽，马颓然倒地，仔细一看，已经死了，冉闵只好束手就擒。燕将把冉闵送到燕都，交由燕王慕容俊处置。慕容俊命左右鞭打冉闵三百下，然后将他打入大牢。

这时燕王慕容儁接到慕容霸的军报，得知伪赵帝段勤已经举城投降。随后又得慕容恪捷书，说已经斩杀了魏将金光，占据了常山。慕容儁命慕容恪留守常山，召慕容霸还军，另派慕容评等攻打邺城。邺城大震。冉闵之子冉智与将军蒋干闭城拒守，城外一带都被燕军攻陷了。冉智与蒋干只好派使者向晋称降，到安西将军谢尚处求援。谢尚命戴施率领一百壮士支援邺城。蒋干见来兵数量很少，大失所望，最后将玉玺交给戴施。戴施假意命参军何融到枋头运粮，暗中却将传国玉玺付交给何融，让他告知谢尚到枋头迎玉玺。谢尚命振武将军胡彬将玉玺送入建康。晋廷交相庆贺。

邺城被困已经有一个多月，城中孤危得很，幸好枋头将粮米送入城中，守兵才能勉强支撑。燕将慕容评屡攻邺城不下，燕王慕容儁又派广威将军慕容军等人率领骑兵共两万人前去支援。邺城守将蒋干挑选五千锐卒，在半夜的时候开城杀出，直捣燕营。没想到慕容评早就设下了埋伏，等蒋干到来，一声号令，伏兵四起，围住蒋干的兵士，任意杀戮。蒋干扮成小兵模样，才得以逃回邺城，五千人全部覆没。魏长水校尉马愿等人开城投降，蒋干、戴施则逃往仓垣，魏后董氏、太子冉智及太尉申钟全被送往燕都。魏尚书令王简、左仆射张乾、右仆射郎萧自杀身亡。冉氏篡赵建国，只三年就灭亡了。

当时燕王慕容儁正在常山分派将领驻守魏地。得到邺城捷报后回到蓟郡，命人将冉闵送到龙城，祭告祖庙，然后将其斩首示众。燕相封弈联络了一百二十人，劝燕王称帝，燕王慕容儁不肯。慕容恪等燕臣一致上表，要燕王称帝。于是燕王慕容儁设置百官，在蓟城即燕帝位，大赦境内，自谓得到了传国玉玺，改年元玺。晋廷这时才派使者与燕修和，燕帝慕容儁道："我已做燕帝，与晋共分天下。此后如果要修好，不应当再下诏书。"晋使怏怏而归。史家称慕容儁建立的燕国为前燕，即十六国中三燕之一。

多疑的殷浩

晋中军将军殷浩升迁数次，权力大增，统领扬、豫、徐、兖、青五州军事。他听说桓温屡次奏请北伐，便想自担重任，心想如果能侥幸一胜，就能压倒桓温。于是上书自请北伐，以收复许、洛二地。尚书左丞孔严规劝殷浩，让他不要草率行事，应当量力而行，做好本职事务。殷浩不听，执意将表文呈入。穆帝恩准了。于是殷浩派安西将军谢尚、北中郎将荀羡为督统，进兵屯守寿春。右军将军王羲之上书劝谏殷浩，并未得到回复。谢尚奉令约姚襄一同攻打许昌，姚襄在谯城召集部众，出兵与殷浩会合，一同北行。

秦降将张遇据守许昌，听说晋军要来攻打，立即向关中求援。秦主苻健派苻雄前去援助。苻雄与谢尚在颍上大战，谢尚大败，损失近万人。谢尚逃回淮南，将大事全权交付给姚襄，让他在历阳屯兵。苻雄进入许昌，将张遇的家眷及五万多百姓全部迁到关中。另派右卫将军杨群为豫州刺史，留守许昌。张遇别无他法，只好随苻雄入关。张遇的继母韩氏，年逾三十，芳容绝世。不久韩氏便成了苻健的昭仪，张遇也得以升为司空。

张遇虽然为此感到羞耻，但此时寄人篱下，只好含垢忍耻[1]。后来听说江东又要出兵，立即令人去探听虚实，想乘机杀了苻健，一雪前耻。晋军再次挑起战火，仍是殷浩的主意。自从谢尚大败而回，殷浩一直不肯死心，仍要整兵再打。王羲之再次修书一封，劝谏殷浩；另外特意修书给会稽王司马昱，谏阻北伐。

无奈殷浩贪功心切，什么都听不进去。会稽王司马昱又深信殷浩，认为他不会一败再败，对王羲之的痛切陈词并不在意。殷浩再次出屯泗口，派河

1　含垢忍耻：指忍受耻辱。

南太守戴施占据石门，荥阳太守刘遁驻守仓垣。因为军饷不够就停办太学，将办学经费充作军需。谢尚留屯芍陂，派遣冠军将军王侠攻克武昌，秦豫州刺史杨群退守弘农。晋廷这时却命谢尚担任给事中一职，谢尚回到石头城驻守。殷浩刚愎自用，不听人劝，又不能推诚任人，只一味地疑猜部下。他听说姚襄在历阳广兴屯田、勤勉练兵，又听说姚襄不曾上表请求北伐，就认

为姚襄是别有异图，便屡次派遣刺客刺杀姚襄。姚襄为人儒雅和善，很得人心。刺客假装从命，到了历阳反将实情转告姚襄，姚襄因此有所提防，殷浩才没有得逞。殷浩又派心腹魏憬率领五千士兵，偷袭姚襄。姚襄预先探知，做了准备，交战时杀死了魏憬。殷浩索性明下军书，迁姚襄到梁国蠡台。姚襄更加疑惧，派参军权翼向殷浩表明心迹，请殷浩坦诚相待。殷浩这才放下心中疑虑，不再为难姚襄。

殷浩又派人招诱秦将雷弱儿等人，让他们杀害秦主苻健，许诺让他们世袭爵位。雷弱儿等人答应下来，并请王师接应。于是殷浩调兵七万，从寿

春出发前往洛阳。哪知道雷弱儿是将计就计，伪称内应，并非真心投降。只有降将张遇因苻健奸占继母，心有不甘，于是贿赂中黄门刘显，准备夜袭苻健。谁知事情泄露，竟被苻健得知，张遇立即被处死了。殷浩还以为是雷弱儿已经发难，当即调姚襄为先锋，自己亲自督促大军疾进。吏部尚书王彪之给司马昱写信，说秦人多诈，殷浩不应轻率行军。司马昱不予理会，过了几天，刚想让人去查问军情，败报已经传来。姚襄叛变，士兵倒戈，山桑一战，殷浩大败，逃回谯城。司马昱对王彪之说道："你真是料事如神，就是张良、陈平也不过如此。"

原来，姚襄因为前事已经对殷浩心怀仇恨，所以才发动叛变。姚襄经此次一战，军备大增，于是让兄长姚益驻守山桑，自己回淮南去了。殷浩遭到姚襄暗算，愤恨交加，又派刘启、王彬之前去攻打山桑。姚襄从淮南回来援助姚益，内外夹攻刘、王，大获全胜。姚襄随即进兵盱眙，召集七万流民，让他们安居务农，休养生息，然后派人到建康陈述殷浩的罪状，并向朝廷请罪。皇帝下诏命谢尚负责江西、淮南诸军事，镇守历阳。殷浩的名望从此一落千丈，朝廷中人纷纷弹劾他。殷浩的仇家桓温上表严劾殷浩，晋廷只好废殷浩为庶人，让他迁到信安郡东阳县。两年后，殷浩病死。

苻生继任秦位

苻健忽然患了重病，奄奄一息。平昌王苻菁阴谋自立，率兵杀入东宫，想要谋害太子。凑巧当时太子苻生进宫侍奉苻健去了。苻菁索性率军攻打东掖门，谎称主上已死，太子暴虐。苻健知道后带病出宫，登上端门，下令军士对叛军格杀勿论。苻菁手下将士见苻健还活着，惊愕不已，纷纷逃命。苻菁拍马想逃，却被苻健的亲军追到，斩首了事。过了几天，苻健病情加剧，任命叔父武都王苻安为大将军，命他负责朝中一切军务，然后召入丞相雷弱儿、太傅毛贵、太尉鱼遵、司空王堕、尚书令梁楞等人嘱咐后事，并对太子苻生说道："我死之后，无论是爵位如何显赫的人，只要不听你命令的，都要设法早早除掉，切勿养虎为患！"苻生欣然受教。三天后，苻健病死，年仅三十九岁。

太子苻生当日即位，大赦境内，改元寿光。然后追谥苻健为明皇帝，庙号世宗，尊母强氏为皇太后，立妻梁氏为皇后。命太子门大夫赵韶为右仆射，太子舍人赵诲为中护军著作郎，董荣为尚书。又封卫大将军苻黄眉为广平王，前将军苻飞为新兴王。命大将军武都王苻安为太尉，晋王苻柳为征东大将军，镇守蒲坂，魏王苻庚为镇东大将军镇守陕城。

苻生天生一只独眼，生性暴戾。第二天上朝，中书监胡文和中书令王鱼上奏道："近日星象不吉，臣等担心不出三年国有大丧，大臣戮死，愿陛

下修德消灾。"苻生默然不答，退朝后，饮酒解闷，自言自语道："星象告变，难道是要应验在我身上？我和皇后共临天下，如果皇后死了也算应了大丧吧。毛太傅、梁车骑、梁仆射都是辅政的大臣，难道也该戮死？"近侍听了，还道他是醉语。谁知过了数日，苻生竟持着利刃，闯入中宫。梁皇后见御驾到来，起身相迎，还没开口，刃已及颈，刹那间倒在地上，玉殒香消。苻生杀了皇后，又让人前去逮捕太傅毛贵、车骑将军梁楞和左仆射梁安，将他们全部推入法场，一同斩首。毛贵是梁皇后的舅舅，梁安是皇后的生父，梁楞也与皇后同族，朝臣还以为他们做了什么大逆不道的事，哪知他们并无罪过，只因为胡文、王鱼的几句胡言乱语，竟然丢了性命。

于是苻生任命辛牢为尚书令，赵韶为左仆射，董荣为右仆射，赵诲为司隶校尉。苻生本想让赵俱做尚书令，赵俱以有病在身为由推掉了，并说："赵韶、赵诲二人不顾祖宗，竟做出这种伤天害理之事！试想毛贵等人有什么罪，竟要将他们诛死？我有什么功劳，竟然要升官？我情愿速死，不忍日后看到你们被灭的惨象。"没过多久，他果真忧愤而终。丞相雷弱儿刚直敢言，见赵韶、董荣等人总是引导主上作恶，常常当面斥责他们。于是董荣暗地里向苻生进献谗言，诬陷雷弱儿想谋反，苻生果然杀了雷弱儿及他的子孙。雷弱儿是南安羌酋，羌人向来信服他，见他无辜受诛，当然心生怨恨。苻生不以为意，仍然任性妄为。即位没多久，从后妃、公卿到奴仆，有五百多人被他无辜杀死。司空王堕被董荣以引起天变之名处斩，王堕的外甥洛州刺史杜郁连坐受诛。

一日，苻生在太极殿大宴群臣，命尚书令辛牢为酒监，下令大家一醉方休。不多时，群臣颇有醉意，辛牢担心他们失仪，所以并不勉强他们喝酒。苻生大怒，立即取过雕弓，一箭射穿了辛牢的脖子。群臣吓得魂飞魄散，不得不继续喝下去，甚至醉卧地上，吐得一塌糊涂。见此情景，苻生反而拍手欢呼，引为大乐。

暴君苻生

苻生大兴土木，准备修筑渭桥。金紫光禄大夫程肱说此举劳民伤财，苻生便将他斩首。光禄大夫强平是苻生的舅舅，入殿劝说苻生要爱民如子，减轻刑罚。话还没说完，苻生已经大怒，命人取来凿子，要凿穿强平的脖子。卫将军广平王黄眉等人急忙叩头劝阻。苻生不听，一再催促左右动手。可怜强平就这样脑破浆流，死于非命。苻生还不解气，下令贬黜阻拦他的人，以示薄惩。强太后哀痛过度以致忧郁成疾，绝食而亡。苻生毫不在意。

有一次，苻生与妃子登楼远望，妃子指着楼下一人，问那人的姓名官职。苻生望下去，是尚书仆射贾玄石，见他风度翩翩，俊美不凡，心中醋意不禁翻滚，便对妃子说道："莫非你喜欢他？"说着，就叫卫士下去。不一会儿，卫士上楼，手中多了一个首级。苻生将首级扔到妃子面前说道："我把美男子贾玄石送给你，怎么样？"可怜的妃子早吓得花容失色，只顾磕头求饶。

苻生平时最喜欢吃枣子，有一次牙齿痛得厉害，就让太医来看。太医令程延诊断后说道："陛下没有什么病患，只是吃枣吃得太多，所以牙有损。"说到这里，听见苻生一声狂吼："大胆！你又不是圣人，怎么知道我吃了很多枣子？"程延胆战心惊，正想赔罪，不料剑锋已到，人头落地。

苻生荒淫暴虐，日夜狂饮，连月不理朝政，一上朝便妄加杀戮。妻妾臣仆言谈中只要提及残、缺等字，他就疑心是讽刺自己，于是大开杀戒。一天，苻生闲着无聊，便向左右问道："我这样的君主，不知道外人是怎么评价的？你们一定有所耳闻吧。"有人回答说："圣明治世，举国讴歌。"苻生怒道："你分明是谄媚。"立即将他杀死了。第二天又问，旁人就说："陛下稍微有些滥刑。"苻生又说他诽谤自己，也命人将其处斩。苻生又有一种怪癖，喜欢看别人当着他的面生剥牛羊驴马，活烤鸡猪鹅鸭。

御史中丞梁平老等人与东海王苻坚交好，私下对苻坚说道："主上失德，人怀二心。燕国和晋国又一直对秦国虎视眈眈[1]，伺机欲动。一旦祸发，家国俱亡，殿下何不早做打算？"苻坚颇以为然，但因苻生骄勇暴虐，所以不敢轻举妄动。这时有一个宫婢对苻坚说道："主上昨晚喝酒，曾说'阿法兄弟，亦不可信，应当灭除'等话。"苻坚听完立即转告兄长苻法，苻法便与梁平老、强汪等人密商良策。梁平老和强汪主张先发制人，于是苻法派人通知苻坚，自己则与梁、强二人召集数百壮士潜入云龙门。

苻坚也与侍中尚书吕婆楼带领麾下三百多人鼓噪进入宫中。宫中守卫的将士纷纷卸下兵器，听命于苻坚。苻生正喝得酩酊大醉，躺在床上。等到苻

1　虎视眈眈：意思是像老虎那样凶狠地盯着。形容心怀不善，伺机攫取。

坚带兵杀人，方才起来醉醺醺地问道："这些人怎么擅自闯入我的寝宫？"近侍答道："是贼。"苻生醉眼蒙眬，满口胡言道："既然是贼，为何不拜？"寝宫中的将士听到，忍不住窃笑，连苻坚的兵士也忍不住高声大笑。苻坚说道："不要你拜，只是让你迁到别处去住。"说着，就命人将苻生拉了出去。苻生醉后无力，任他拉去别处。当时有人进来传旨，废苻生为越王。苻生也不知道是何人来说的，等到醒后，才发现大权旁落，自己已成笼中鸟。虽然懊恼异常，但也无法，只好再向酒中寻乐，终日酩醉。

苻法和苻坚废去暴主，见无人反抗，就商议另立嗣君。二人互相推让，苻法说："苻坚是嫡嗣，又有贤名，理应为君。"苻坚说："苻法年长，应该继位。"兄弟二人谦让多时，始终没有定论。群臣多主张立苻坚，苻坚的母亲苟氏进来说道："社稷大事，我儿既然自知不能担当，不如让人。若担了大位却不能胜任，于国于己都是祸害，他日后悔也来不及了。"群臣听了此话，连忙一齐顿首叩拜，齐言苻坚贤达，必能安邦定国。苟氏听群臣这么说才抛下心中忧虑，欢喜不尽，于是劝勉苻坚不要再推辞，勇承圣位。

慕容俊托孤

苻坚升殿即位，自立帝号，称大秦天王。苻坚一心扳倒苻生，就让吕婆楼访求人才。吕婆楼与北海人王猛是旧交，自然举荐王猛。苻坚马上召见了他，王猛谈及时事时口若悬河[1]，说得苻坚心悦诚服。

苻坚自谓遇到王猛如同刘玄德遇到孔明，对王猛竭诚相待，委以重任。

---

1 口若悬河：形容口才好，说起话来滔滔不绝。

李威为苟太后的表兄弟，苻坚向来敬他如父。李威知道王猛是个贤才，常劝苻坚重用王猛。苻坚对王猛说道："李公知君如同管仲了解鲍叔牙。"所以王猛对李威也很敬重。

燕主慕容俊称帝之后盛极一时，大封宗室诸臣。此时，秦右将军张平又叛秦降燕，占据并州。燕调降将冯鸯为京兆太守，改任命吕护代任右将军一职。冯鸯与吕护暗中勾结，一起归顺晋廷，张平的态度也模棱两可，想归附晋廷。慕容俊派上庸王慕容评和燕领军将军慕舆根合兵攻打冯鸯。冯鸯趁夜开城逃跑，投奔了吕护。慕容评随即出兵攻打张平。当时张平正联合兖州刺史李历、安西将军高昌，暗中与秦、晋交好。燕主慕容俊派阳鹜讨伐高昌，乐安王慕容臧讨伐李历。张平的部下征西将军诸葛骧、镇东将军苏象、宁东将军乔庶、镇南将军石贤等再次降顺燕军。张平支撑不住，于是率兵逃到平阳，向晋廷乞降。

慕容俊率兵大举南下，并想谋取关西，准备来年春天进攻洛阳，于是下诏征集士兵和粮草。武邑人刘贵上书劝阻，慕容俊不从，只是将时间由来年春天改为来年冬天，依旧募兵征饷。不久，晋北中郎将荀羡攻入山茌，擒住燕泰山太守贾坚。贾坚不愿投降，绝食而死。燕将慕容尘派司马悦明前来援救。荀羡一战失败，山茌又被燕军夺回，荀羡愤忧成病，上书辞官。于是晋廷派吴兴太守谢万为西中郎将兼任豫州刺史，再任命散骑常侍郗昙为北中郎将，并担任徐、兖二州刺史。只是这二人的才干远远不及荀羡。右将军王羲之写信让谢万与士卒同甘共苦，兄长谢安也告诫谢万不要恃才傲物，谢万都不听从。临行时，谢安亲自一一托付诸位将领要同心同德，谢万却认为兄长多事。荀羡解职还都，不久后去世，穆帝追赠他为骠骑将军。

转眼间就是升平三年（359年），晋泰山太守诸葛攸率水陆两路大军讨伐燕国。诸葛攸从石门朝河渚进发，分别派部将匡超占据碻磝，萧馆屯兵新栅，督护徐冏带领三千水军作为声援。燕主慕容俊派上庸王慕容评领兵

五万，抵御诸葛攸。慕容评屡经战事，部下又都是精锐，与诸葛攸刚一交锋，诸葛攸便败退下去。慕容评率兵追击，大杀一阵，乘胜围攻东阿，并分兵进逼河洛。

晋廷诏令西中郎将谢万驻守下蔡，北中郎将郗昙驻守高平。谢万自命清高，瞧不起士卒，士卒也都不服他。谢万不以为然，率众援助洛阳。路上得知郗昙退屯彭城，谢万不禁惶恐害怕起来，于是拍马逃回。部将见他如此无能，相继鄙视，只因谨记着临行前谢安的嘱托，才没有多说什么，只是各走各路，分道回都。谢万无故溃退，晋廷得知后，将他贬为庶人。

燕上庸王慕容评正想平定河洛，忽然接到燕主俊患病的消息，于是收兵回都。原来慕容俊因为前太子慕容晔逝世，悲伤过度，酿成心疾。燕主召来大司马太原王慕容恪，说道："我恐怕将要与你们长别了。人的寿数本有定限，死亦何恨？遗憾的是还没有实现一统中原的大业，太子慕容暐资历尚浅，恐怕难以承担大任。我打算将社稷交付给你，你认为怎么样？"慕容恪答道："太子虽然年少，但他秉性宽厚仁爱，年长之后定能胜任大位。臣怎敢位居正统？"慕容俊变色道："兄弟间还要这样虚伪吗？"慕容恪从容道："陛下既然认为臣能担当社稷，难道臣就不能辅佐少主吗？"慕容俊转怒为喜道："你愿意做周公，我还有什么可忧虑的呢？"第二年正月，慕容俊旧疾复发，崩逝。慕容俊享年五十三岁，在位十二年。燕人称慕容俊为令主。

桓温石门退师

晋穆帝亲政后，自升平纪元起这五年中，江淮一带尚无大的变故，不过与燕兵征战数次，接连失利。西中郎将谢万不战而溃，大损国威，此次因罪被罢黜，使得谢氏一门声名扫地。

谢安是谢万的兄长，小字安石。谢安幼时便聪明过人，成人后智识更加高远，擅长行书和作诗，朝中权贵都对他极为钦慕。朝廷屡次征用，谢安都推辞不受。谢安祖籍阳夏，后来随晋东渡建康。谢安独自一人住在会稽，与王羲之等人是挚友，常常游山玩水，歌咏自娱。有人上奏说谢安屡次不受皇命，性情乖纵，应当终身监禁。谢安得知后不以为意，索性更加纵情山水，放浪形骸。会稽王司马昱素闻谢安大名，说道："安石与人同乐，必肯与人同忧。"谢安的妻子刘氏是丹阳尹刘惔的妹妹，见家中叔伯多半富贵，只有谢安隐居不仕，就说道："大丈夫不是该追求富贵吗？"谢安一听连忙捂住鼻子说道："你终究不能免俗，大丈夫岂是非富贵不可？"后来谢万被贬，连累家族名望，当时谢安年已四十，免不得要顾虑家门，这才想到在仕途上谋取一番作为。正巧征西大将军桓温上表推荐谢安为征西司马，朝廷立即下旨征召谢安。

谢安来到江陵，与桓温相见，二人相谈甚欢。谢安告辞后，桓温对身边的仆从说道："你们可曾见过这样的佳客？"一次，桓温有事找谢安，来到谢安的卧室，谢安刚刚早起，正在梳理头发，桓温就坐在外面等待。

后来晋廷又起用谢万为散骑常侍，谢万受职不久便病逝了。谢安以治丧为名请求归家。桓温准许谢安回家治丧。不久，朝廷任命谢安为吴兴太守。

升平五年（361年）五月，穆帝突然患病，没几天就去世了，年仅十九岁，在位十七年。穆帝无子，会稽王司马昱禀明褚太后，请求迎立成帝的长子琅琊王司马丕。褚太后依言下诏。百官备齐法驾，将琅琊王司马丕迎入宫中。二十二岁的司马丕升殿即位，称为哀帝。

哀帝在位只有四年，驾崩时才二十五岁。会稽王司马昱入见褚太后，商议嗣位事宜。哀帝无子，褚太后只好令哀帝的弟弟司马奕继承大统。会稽王司马昱奉令出宫，颁诏告示百官，当即迎接司马奕入殿即位，随后颁诏大赦，奉葬哀帝于安平陵。晋廷这边丧君、立君忙碌得不行，燕兵那边却乘隙进攻洛阳，使得壮士捐躯，园陵再陷，河洛一带再次被夺去。

燕太宰慕容恪探知洛阳兵寡，就与吴王慕容垂（原名慕容霸，父亲慕容皝死后改名慕容垂）率兵一同进攻洛阳。慕容恪对众将领说道："洛阳城虽然高大，但守卒不足，应当尽快攻下。倘若时间一久，敌人援军赶来，我们就不能成功了。"随即下令缓攻广固，急攻洛阳。诸将得了命令，个个摩拳擦掌，踊跃直前。一到洛阳城，将士们便四面猛扑，奋勇登城。城中只有五百兵士，怎么挡得住数万雄师？守将沈劲明知城孤兵寡，不能抵御燕军，但一息尚存仍要奋战到底，他亲自登城守御，力抗燕军。城上一开始便备下大量石块，燕军虽然勇猛顽强，前仆后继，但血肉身躯毕竟不能与石头争胜，所以攻了数日，一座孤危万状的围城还是没攻下来。

后来石头扔完了，沈劲还是仗着一腔热血，赤手空拳与敌军鏖斗[1]，直到

---

1 鏖斗：激烈战斗。

势穷力竭，不能支撑。燕兵登上城门，城中不过一二百人，如何阻拦？洛阳城随即陷没。沈劲拼死巷战，但双拳不敌四手，最后还是被燕兵活捉。慕容恪劝沈劲降燕，沈劲神色自若，连说不降。慕容恪暗暗称奇，本想放他一条生路。中军将军慕容度道："沈劲确是奇人，但他志趣与我们不同，终不肯为我所用。放了他，必是后患。"慕容恪听后，将沈劲杀死。晋廷始终没有派一兵一卒救援河洛，只追赠沈劲为东阳太守。

燕兵又来侵扰晋朝的边境，燕抚军将军慕容厉进攻兖州，将鲁、高平等数郡攻陷。晋南阳督护赵亿举宛城降燕，燕廷令南中郎将赵盘驻守。第二年初夏，燕镇南将军慕容尘又侵犯晋朝的竟陵，幸好太守罗崇应变有方，才击退燕军。罗崇又与荆州刺史桓豁合兵攻宛，打败赵亿、赵盘，夺回宛城，然后回到竟陵戍守。桓豁追击赵盘直到雉城，将赵兵杀败，并活捉了赵盘，燕人才稍稍收敛。这时慕容恪病体垂危，不能治理朝政，便将境外军务都暂时搁置一边，没有再进兵侵扰晋国。

慕容恪为燕主的庸弱忧虑不已，又因为太傅慕容评喜好猜忌，担心将来军国重任无人能担当。弥留之际，燕主慕容暐亲自前来探看，慕容恪又再三叮咛。不久，慕容恪病亡。

谁知慕容暐偏不听慕容恪的劝告，竟令中山王慕容冲为大司马。慕容冲是慕容暐的弟弟，才能不及慕容垂。慕容暐以为自家兄弟更可信，所以舍慕容垂而任用慕容冲，只任慕容垂为车骑大将军。当时秦将苻庾举陕降燕，请求燕国派兵接应。慕容暐想发兵援救苻庾，以图谋取关右。太傅慕容评素来没什么才干，认为不宜远出劳师。魏尹范阳王慕容德上表请奏出兵，被慕容评阻挠。当时太尉阳骛谢世，皇甫真继任。皇甫真与慕容垂都主张进兵，苻庾也来信极力怂恿。慕容垂私下对皇甫真说道："现在我们应当防备的，莫过于苻坚、王猛二人。主上年少，不能留心政事，太傅才识远不及苻坚、王猛。现在的大好时机如果错过，只怕将来后悔莫及啊。"不久听闻陕城失守、苻庾被杀，苻庾余党苻双、苻柳、苻武等人都被秦将王猛讨平。一个绝好机会，就这样白白丢失了，慕容垂与皇甫真更是叹息不已。

不久，又有警报传来，晋兵大举西犯。原来慕容恪去世的消息传出后，桓温就上书请求讨伐燕国，晋廷下令出师。桓温和南中郎将桓冲及西中郎将袁真等人大举西进。参军郗超进谏说漕运不通，应当等一段时间再发兵。桓温不从，派建威将军檀玄为先锋进攻湖陆。檀玄一鼓作气，擒住守将慕容忠。桓温大喜，立即率大军朝金乡进发。

慕容垂已令范阳王慕容德与兰台侍御史刘当分别率领骑士屯兵石门，以求截住桓温的漕运，另派豫州刺史李邦带领五千州兵，截住桓温的陆运。当时桓温正命袁真攻克谯梁，打算通过石门来运粮，偏燕将慕容德等人已将石门堵住。慕容德让将军慕容寅前去引诱晋军，然后用埋伏计，诱杀了数千晋兵。桓温得知粮道被堵，交战失利，又探得秦兵要来援助燕国，只好焚舟弃仗，退回晋地了。

慕容垂奔秦

桓温从枋头逃回晋地，命毛虎生担任东燕太守。桓温的军队沿途饥渴交加，困顿不堪。燕大都督慕容垂却并不急追，诸将请求追击，慕容垂道："行军应当知道缓急，不能轻易行动。桓温刚带兵退去，必然严兵断后。我不如延缓一两天，等他放松戒备，再举兵痛击。"说完慕容垂就亲自率领八千精骑，一路尾随晋军。果然如慕容垂所料，桓温行进了七百里后，不见燕兵来袭，以为可以安枕无忧了，就安营休息。慕容垂派范阳王慕容德率领四千劲骑埋伏在东涧中，截断桓温的去路，自己率领四千骑兵直逼桓温军营。桓温麾下数万人，因连日奔波已经不堪再战，忽见燕兵大肆杀来，顿时人人失色，个个惊心。

桓温也捏了一把冷汗，当即出营厮杀，且战且逃，逃到东涧附近，又听得一声胡哨，旷野中许多铁骑大肆杀来。晋军吓得你奔我逃，燕兵则前拦后逼，见一个杀一个。晋军好容易逃脱，残兵剩下不到一半。桓温垂头丧气，逃回谯郡。谁知路上又有一队彪军将桓温截住，桓温拼命冲杀，军队被来兵拦截，又死伤近万人。来兵是援救燕国的秦军，统将叫作苟池。苟池得胜归去，晋军七零八落地回到姑孰，五万大军只剩下六七千人。

慕容垂大胜晋军，威名大震。太傅慕容评对慕容垂更加忌惮，凡是慕容垂列举的应当封赏的将士，慕容评都置之不理。慕容垂愤愤不平，在朝堂之上与慕容评争论。燕主不能裁决，燕臣又惧怕慕容评的威势，全都不敢言语。可怜慕容垂舌敝唇焦[1]，还是没有一点儿效果，反招来慕容评更多的怨恨。

世子慕容令见父亲面有忧色，就问道："父亲莫非因主上庸弱、太傅猜疑，担忧自己功高身危吗？"慕容垂说道："你有什么良策？"慕容令对慕容垂说道："我听说秦王正在招揽人才，我们不如暂时投奔他吧！"慕容垂不愿意，摇头道："我自有打算，何必投秦呢？"慕容令又说道："太傅慕容评妒贤嫉能，邺中人士莫不瞻望父王。如果我们杀入城中，都中人士必定欣然响应，到时一定能马到成功。事情成功以后，除掉祸害、匡辅主上，既能安国，更可保家。这是上计，机不可失。只要给孩儿数骑，这些都可办到。"慕容垂沉吟半天才说："你说的那些，事成是大福，事不成则追悔莫及。你之前曾劝我西入关中，今天不如依你前言，就此西奔吧！"于是派人召来段夫人等人一同奔往秦国。

秦王苻坚突然听到关吏来报，说慕容垂弃燕来奔，不禁大喜，急忙率官

---

[1] 舌敝唇焦：说话说得舌破唇干。形容费尽唇舌。

吏到郊外迎接。苻坚亲切地握着慕容垂的手说道:"如果你今天真心前来归顺我,我当与你共定天下。他日如果成功,你依然可以回到本邦,世封幽州。这样一来,你仍不失为孝,对我也不失为忠,岂非一举两得?"慕容垂拜谢道:"远方羁臣蒙您收下,已是万幸了,怎敢还有他望?"关中百姓素来仰慕慕容垂的贤名,见他入关自然欢喜。只有王猛入谏道:"慕容垂父子犹如龙虎,以后如果得志,必不可限制,不如早除为是!"苻坚愕然道:"我正想招揽英雄肃清四海,怎么能杀降臣?匹夫尚不食言,难道万乘之主反而要骗人吗?"随即封慕容垂为宾都侯。

王猛对慕容垂说:"你有什么东西能赠予我吗?"慕容垂虽然感到莫名其妙,但还是解下佩刀赠给他。王猛召入帐下一名叫金熙的走卒,让他诈称是慕容垂派来的使者,拿着慕容垂所赠的佩刀去见慕容令,并伪传慕容垂的话:"我们父子奔入关中,无非为免除一死。秦王虽然仁厚,王猛却忌恨我们父子。如果我们父子终究不免一死的话,为何不死在自己的家国呢?现在听说东朝已经悔悟,我决计东归,已经上路了,你也速行为要!以佩刀为证。"

慕容令不知道这是王猛的计谋,而且金熙曾在慕容垂那里做过役使,佩刀又是真的,自然不起疑心,当下让金熙回去,自己则悄悄逃出军营,投奔乐安王慕容臧。王猛随后上表说慕容令叛逃,慕容垂知道后,也只好逃走。可是到了蓝田被追骑追上,慕容垂不得已再次回到关中。秦王苻坚召慕容垂入见,坦然道:"你家国失和才来投奔朕,令儿贤德,不肯忘本,仍然返国,朕也不深究。不过燕国是必定要灭亡的,你回去也不过是羊入虎口[1],有损无益。朕非暴主也知父子情深,不会怪罪于你,你又何必畏罪逃走呢?"慕容垂拜谢而出。

苻坚灭前燕

慕容令奔到石门,求见乐安王慕容臧。慕容臧担心他是秦国的奸细,因此表面欢迎,心中却很是猜疑,暗中上报燕廷,表明己意。燕主下令将慕容令贬到沙城。戍卒担心被牵累,竟然将慕容令刺死,把他的首级送到燕国。

王猛率领秦军攻打燕国,长驱直入,包围邺城,向秦王告捷。秦王苻坚派人传令:"朕当亲率六军前来,将军可休养将士,静等朕至。"于是王猛屯兵城下,严申军律,远近的百姓都俯首帖服。燕民各安己业,相互说道:"没想到今天又见到如太原王一样的人了。"王猛听说后,叹息道:"慕容玄

---

[1] 羊入虎口:比喻置身于危险的境地,必死无疑。

恭确是奇士！"于是亲自去给慕容玄恭祭墓。玄恭，正是太原王慕容恪的表字。

过了七天，秦王苻坚率领十万精锐到达安阳。王猛偷偷前去拜见，苻坚笑说道："昔日周亚夫不迎汉文帝，现在将军为什么临敌弃兵？"王猛答道："陛下何必亲自来呢？"苻坚道："朕留太子监国，李威辅政，国内无忧所以率兵远来，看你灭贼。"王猛叹息道："太子年幼不能守国，如果有什么不测，追悔莫及啊！陛下不记得臣在灞上说的话了？"苻坚只说无妨，直到攻下邺城，才与王猛辞别。

燕宜都王慕容桓率领万余将士屯居沙亭，作为慕容评的后援。听说慕容评大败，就移驻内黄。苻坚派邓羌进攻信都，信都离内黄很近，慕容桓听闻后又逃往龙城，邺中更是震惊。燕散骑常侍余蔚等人在夜里打开邺城北门，迎进秦军。燕主慕容暐与太傅慕容评、乐安王慕容臧、定襄王慕容渊、左卫将军孟高、殿中将军艾朗等纷纷北逃。秦王苻坚进入邺城，派游击将军郭庆前去追慕容暐。慕容暐的卫士沿途四散，最后只剩下十几个人跟着慕容暐，路上荆棘丛生，盗匪四起。孟高服侍燕主，护着二王，一路上不断与盗匪厮杀。走到福禄碰上数十名盗匪，孟高持刀杀伤几个大盗，直到刀折力穷，最终抱住一贼子与他一起扑倒在地上，凄声大呼道："男儿今天死了！"话还没说完，就身中数箭，呕血而死。艾朗也被盗贼杀害。慕容暐的马中箭，他只好下鞍步行，跟跄奔逃。偏又有大队人马从后面追来。回头一看，是秦将郭庆部下的前驱巨武。巨武指挥兵士上前绑住慕容暐。慕容暐斥责道："你是什么人，敢绑天子？"巨武答道："你不过是个小丑，还敢自称天子！"慕容暐束手就擒，被巨武带回邺中。慕容评向北逃到龙城，其他人都做了俘虏被押到邺中。秦王苻坚见到慕容暐，问他为什么不投降。慕容暐答道："我只想死在先人墓边赎罪。"苻坚不禁怜悯他，让他回宫率领文武百官前来投降。前燕自慕容廆占据大棘城，到慕容俊称帝，再到慕容暐亡国，共有八十五年。

苻坚又让郭庆进攻龙城，慕容评向东逃到高句丽，慕容桓也逃往辽东。辽东太守韩稠投降秦国，慕容桓攻不下辽东，又因为被郭庆追到，就弃兵独自逃走。郭庆派部将朱嶷前去追捕，朱嶷快马加鞭，奔驰了数十里，遇见了慕容桓，将他杀死。慕容评被高句丽人抓住，送到邺城，秦王苻坚赦免了他。苻坚封降王慕容暐为新兴侯，命慕容评为给事中，将所有燕宫玉帛都分赐将士，然后下诏大赦。苻坚又封王猛为冀州牧，晋爵为清河郡侯，命他镇守邺城；封杨安为博平侯，邓羌为真定侯，郭庆为襄城侯，提拔燕常山太守申绍为散骑侍郎，让他与韦儒充当绣衣使者，到关东州郡体察民情。随后赈济穷困，改革弊政。关东大悦，百姓无不顺服。

秦王苻坚起驾西还，任命慕容暐为尚书，皇甫真为奉车都尉，李洪为驸马都尉，李邽为尚书，封衡为尚书郎，慕容德为张掖太守，平睿为宣威将军，悉罗腾为三署郎，凡是故燕稍有才望的官僚全都得以安置。慕容垂见到燕国故僚，常有气恼的神色。前郎中令高弼对慕容垂说道："他日重造江山，舍你尚有何人？你应当大度，不记恨故燕旧臣的前嫌才好！"慕容垂欣然受教，从此对旧僚和颜悦色，只是不肯放过慕容评。慕容垂对秦王说道："臣叔父慕容评是亡燕的首恶，不应当让他再污圣朝，请陛下将他处斩。"苻坚不愿，只让慕容评做了范阳太守。燕故太史黄泓叹道："燕必中兴，将来定是吴王立燕，可惜我已经老了，看不到那一天了！"

奕帝被废

桓温专权晋廷，威权无比。他本来就目无君王，有非分之想，曾对亲僚说道："我这样寂寂无名，无所作为，恐怕要被司马师兄弟耻笑了！"又说道："不能流芳百世，也当遗臭万年！"经过王敦墓时，桓温又叹息道："英雄！英雄！"以前有人以王敦比桓温，桓温很是不平，如今却羡慕起王敦来，也想作乱。

桓温本想立功扬名，但上次在枋头无功败回，让他声誉大损。因此这次攻下寿春后，桓温对参军郗超说道："这次战胜，能一雪前耻吗？"郗超说未必能。后来郗超和桓温夜谈，说道："明公一直担当天下重任，年过六十却还没有建立大功，这样如何能让百姓、百官顺服呢？"于是桓温向郗超求计，郗超说道："明公不做出霍光那样的盛举，恐怕始终不能威扬四海。"桓温皱着眉头说："此事怎么做呢？"郗超说道："……如此这般，就不用担心没有借口了。"桓温点头称善。第二天，民间就谣言纷纷，说皇帝司马奕不能生子，侍臣与二美人田氏、孟氏私下生下三男，想要谋夺太子之位。

桓温以此为借口，要太后褚氏废去司马奕，改立丞相会稽王司马昱，并

将写好的废立草稿一并呈上。当时褚太后正在佛屋烧香，内侍进来说："外有急奏。"褚太后赶紧出门，奏章已经送到面前。太后看了数行，怅然说道："我原本就怀疑此事。"说着，又看了看废立的草稿，还没看完就挥笔写道："未亡人不幸遭此忧患，感念存亡，心如刀割。"写完，就让内侍送交桓温。第二天，桓温来到朝堂召集百官，将废立的诏令下达。百官虽然大惊失色，但也不敢抗议。桓温随后将褚太后的诏令宣示朝堂，说道："废司马奕为东海王，另立会稽王司马昱为皇帝。"司马奕总计在位六年，无功也无过。

桓温派散骑侍郎刘享到司马奕处取回御玺，并送司马奕出宫。当时正是仲秋时节，天气还很暖和，司马奕穿着单衣走下西堂，乘犊车走出神兽门，群臣相继拜别，唏嘘不已。侍御史殿中监领着百名兵士将司马奕送到东海王府，桓温则率同百官迎接会稽王司马昱入殿登基。司马昱当即入宫改穿帝服，升殿受朝，然后改太和六年（371年）为咸安元年，史家称他为简文帝。

桓温升任中堂，分兵屯卫。桓温本想当面向简文帝陈述他主张废立的本意，但见简文帝神情甚悲，也不知道说什么才好，只好默然告退。

太宰武陵王司马晞与简文帝是同胞兄弟，简文帝对他当然是以礼相待。不过司马晞素来崇尚武力，与殷浩的儿子殷涓常常往来。殷浩死时，桓温派人前去吊丧，殷涓并不答谢，因此桓温心中怀恨，对司马晞也心怀不满，请皇上依律诛杀武陵王司马晞。简文帝不愿残杀手足，桓温却上疏坚持要杀司马晞，语近要挟。

简文帝不禁恼怒，桓温一见，不禁变色，于是改奏废除司马晞，让他们迁移到新安郡。简文帝不便再驳，勉强同意。桓温从此气焰更盛，擅自杀害了东海王司马奕的家人，然后上奏请命将东海王废掉。简文帝与褚太后不忍心，于是封司马奕为海西县公。吴兴太守谢安远远见到桓温，就立即下拜。桓温惊呼道："谢公为什么要这样呢？"谢安答道："你尚且拜前，臣难道敢揖后吗？"桓温明知谢安有意嘲讽，但他向来敬重谢安，也不便发作，于是上疏请求回到姑孰。皇上下诏提拔桓温为丞相，让他在京师辅政。桓温仍然请辞，皇上允准了。

桓温虽然回到了姑孰，却揽权如故。他留下郗超担任中书侍郎就是为了隐探朝中之事。简文帝因此格外沉默谨慎，担心桓温再有异图，不久患上心病，性命垂危。简文帝在弥留之际，立皇子司马昌明为太子，封第七子司马道子为琅琊王。当晚，简文帝驾崩，享年五十三岁，在位不满一年。

群臣会集朝堂不敢立嗣，议论纷纷，有人说应当让大司马桓温来拿主意。尚书仆射王彪之说道："天子驾崩，太子继位，这是古今通例，关大司马什么事？"于是太子司马昌明登上帝位，颁诏大赦，称为孝武帝，改元宁康。褚太后想让桓温摄政，王彪之进言反对，褚太后也就不说什么了。桓温本来以为简文帝临终会禅位给他，或者让他摄政，没想到一场好梦化为泡影，不禁大失所望。

桓温去世

孝武帝宁康元年（373年），国乱粗定，大司马桓温竟然私自从姑孰入朝。朝中大臣纷纷猜测，说桓温无故入朝，不是来废幼主，就是来杀王坦之和谢安的。谢安不以为意，王坦之却忧虑不安。偏偏朝廷又让谢安与王坦之到新亭迎接桓温。王坦之吓得面色如土，谢安仍是谈笑自若，对僚属说道："晋朝的存亡，就看这一回了。"然后出都赶往新亭，百官也都跟随前去。百官见桓温卫兵众多，仪仗威严，纷纷跪地下拜，王坦之更是捏着一把冷汗。谢安却从容走近桓温，与他叙聊。桓温见他从容镇定的样子更是敬佩，于是起身让谢安坐下。谢安对桓温说道："谢安听说诸侯有道就应当戍守边疆，明公为何反而回到都城来了呢？"桓温笑着答道："担心朝中有变，所以回来了。"说完，就命人撤去后帐，百官一看，见帐后站着上千名甲士，不禁倒吸一口冷气。谢安与桓温笑谈了好一会儿，才请桓温动身前往建康。王坦之却一直呆若木鸡，一言不发，背上的冷汗已经将里衣湿透。幸好桓温没有责备他，他才略微安心。

桓温入朝拜见孝武帝，问明卢悚[1]一事，除责怪尚书陆始检察不严，将陆始按律治罪外，并没其他举动，朝中大臣这才稍稍安心。桓温在建康的这段时间，谢安与王坦之常到他的住处议事。一天他们正在桓温那儿照常商讨国事，凉风突然将后帐吹开，只见里面设有一榻，榻上躺着一人，正是中书侍郎郗超。谢安微笑着说道："郗生可以说是入幕宾了。"郗超本来是受桓温

---

[1] 卢悚：东晋彭城(今江苏徐州)人，利用民间道教组织农民起义的民间宗教领袖。据史料记载，卢悚于简文帝咸安二年(372年)十一月起义，自称大道祭酒，八百多户农民参加了起义。

密嘱到帐后偷听的,这下露出了马脚,不得不起身出帐,与谢安相见。谢安并不出言责怪,桓温、郗超二人更加羞愧。等到谢安等人离开后,桓温心中还是不安,但因谢安名望很高,一时不便下手,只好暂时容忍。一天,桓温打算去祭拜高平陵。登车后,他凭轼致敬,途中又对身边的人说道:"先帝有灵,你们可有见到?"左右听了,也不知道他说的是什么。到了陵前,桓温下车叩拜,边拜边说:"臣不敢!臣不敢!"旁人都觉得莫名其妙。桓温回到住处,问左右道:"殷涓长什么样?"有人答道殷涓长得又肥又矮,桓温不禁失色道:"不错,不错,他站在先帝左边呢。"当晚,桓温忽热忽冷,胡言乱语,经过诊治,才稍微好些,于是辞行回了姑孰。回到姑孰,病情更加严重,不久病亡。晋廷追封桓温为丞相。

桓温死后,皇帝下诏提拔桓冲为中军将军,兼任扬、豫二州刺史并镇守姑孰,封右将军荆州刺史桓豁为征西将军,桓豁的儿子竟陵太守桓石秀为宁

远将军，任江州刺史，镇守寻阳。有人劝桓冲杀了王、谢二人以专揽朝权，桓冲不从。朝中一切生杀予夺的大事，桓冲都先奏明上面，然后才施行，因此晋廷上下，略得安宁。

谢安担心桓冲干预朝政，就请褚太后临朝听政。褚太后居住在崇德宫，因此人们尊称她为崇德太后。尚书仆射王彪之反对让褚太后临朝听政，谢安不从，竟率领百官上奏，坚决要求褚太后临朝。

第二天褚太后开始临朝，提拔王坦之为尚书令，谢安为仆射。二人同心辅政，晋室才得以安宁。

苻坚雄踞北方，派兵攻晋，梁、益二州相继沦陷。苻坚召冀州牧王猛入关，让他担当丞相一职，另外调任阳平公苻融为冀州牧。王猛来到长安后，统管秦国军事。王猛用人得当，奖罚有度，国家大治，秦国逐渐富强起来。

秦王苻坚建元十一年，就是晋孝武帝宁康三年（375年），秦丞相王猛患病。秦王苻坚亲自到宗庙为他求福，又派近臣到各大河岳祈祷，希望王猛的病能够好起来。王猛的病稍稍好了些，苻坚又大赦死囚，王猛上书道谢。谁知十多天后，王猛的病情忽然加重，已经奄奄一息了。苻坚前去探望，问到国家大事，王猛喘着气说道："晋廷虽然僻处江南，但终究是正统，民心归顺，上下安和。臣以为有个仁善友好的邻邦，是国家的福气。臣死后，愿陛下不要再想着攻打晋廷，鲜卑和西羌是我国边患，应当逐渐翦除它们，免得误了社稷！"说到稷字，王猛撒手人寰，享年五十一岁。苻坚到王猛的棺前哭灵，太子苻宏也跟着去哭丧。殓棺时，苻坚对太子苻宏说道："是上天不想让我平定天下吗？为何要让他这么快就离开我呢？"

张天锡降秦

晋太元元年（376年）仲夏，秦王符坚想要吞并凉州，因此派阎负、梁殊到姑臧传秦王命令，命前凉王张天锡入朝。张天锡召集官属商量计策。经群臣一番讨论后，张天锡大声说道："我决定了，与秦抵抗到底，决不投降，言降者立斩！"张天锡立即派龙骧将军马建率领两万兵马抵抗秦兵。秦将梁彪、姚苌等人已经来到清石津，攻打凉河会城。凉守将骁烈将军梁济还没开战就举城投降。于是秦将苟池与梁熙等将领一起攻打缠缩城，又得大胜。

凉将马建在途中听说两城失守，不禁惊慌，下令前队变作后队，退到清塞驻扎，然后飞报姑臧请求增兵。张天锡又派征东将军常据率领三万人戍守洪池，自己则率领五万兵马驻守金昌。安西将军宋皓对张天锡说道："秦兵不可轻视，不如请降。"张天锡怒道："你是要我做囚奴吗？"于是将宋皓贬为宣威护军。广武太守辛章保城固守，与晋兴相彭知正、西平相赵疑商议道："马建必不肯为国效死，如果秦兵深入，他肯定会投降。我们还是要靠自己，不如合并三郡精卒，断了敌军粮道，然后拼死一战，或许能保全陇西。"彭、赵二人点头赞成，于是派辛章告知常据。常据告知张天锡，张天锡却不以为然，于是一条好计成了空谈！

秦兵连日进兵，姚苌为先驱，苟苌等陆续跟进。等到秦兵快到清塞时，马建才出兵迎战，一边是奋勇直前，有进无退；一边是未战先怯，有退无进，自然是秦胜凉败。马建见不能抵挡，就弃甲下马，投降了秦国，其他兵士纷纷逃散。苟苌收降马建之后，移兵攻打洪池。常据率兵奋战，只可惜凉兵都不善争战，一经交锋，便彷徨退缩，不敢直前。秦兵却是连连进逼，东砍西刺，很是厉害。单靠常据一腔忠愤终究不能扭转大局，最终只落得旗靡辙乱，一败涂地。常据的马被秦兵刺死，偏将董儒牵来自己的马送给常据，

劝他逃命。常据慨然说道："我一生备受荣宠，无人可及。现在受困，应该速死，还要走到哪里呢？"说完，大步回营，脱下铠甲朝西拜了三拜，随后从容自刎。军司席仂见常据大义而死，也慷慨赴敌，格杀秦兵多名，最后伤重身亡。

张天锡见城中守兵已经叛变，只好带着数千骑兵逃往姑臧。金昌城内的守吏开城迎进秦兵。秦军苟苌等人休息一晚，就领着大军向姑臧进发。

张天锡回到姑臧没几天，秦兵已经到了城下。张天锡闷坐厅中，叹息不已。紧接着，警报接连而至，或说东门紧急，或说南门孤危，张天锡听了惊慌不定。左长史马芮跑进来说道："东南门要被攻陷了！"张天锡捶胸顿足，大叹："怎么办！怎么办！"马芮道："现在只有投降才能保全一城的百姓和兵士。"张天锡问道："能保全我一族吗？"马芮答道："让我去投降，凭三寸不烂之舌为王请命。"张天锡允诺。不久马芮回来说，秦国赦免张天锡并保他富贵。张天锡大喜，当即投降。从张轨守凉州到张天锡降秦，前凉共历九主，计七十六年。

苻坚执意攻晋

秦王苻坚好大喜功，一心想统一中原。当时西域的车师、鄯善二地派使者入朝，愿做向导引秦兵攻打西域。秦王苻坚立即派将军吕光为都督，统兵十万攻打西域。阳平公苻融劝谏道："西域荒凉遥远，即使打胜也没什么用，得不偿失，愿陛下三思！"苻坚不听。吕光从陇西出发经过流沙，收服焉、耆诸国，只有龟兹王白纯不愿意归附，被吕光赶走。吕光在龟兹恩威并施[1]，远近之人纷纷臣服，秦威大震。

秦王苻坚在太极殿对群臣说道："现在四方已定，只有东南一角还没有攻下。我国兵士有九十多万，朕欲大举亲征，你们有什么看法？"尚书左仆射权翼道："晋虽微弱，但还有谢安、桓冲这样的将帅之才，他们君臣和睦，内外同心。依臣的愚见，现在并不是我们出兵的最好时机。"太子苻宏和石越应声道："晋有长江天险且民心归顺，臣认为现在还不宜出兵。"群臣各言利害，一时难以决定。苻坚惆怅道："让你们讨论也讨论不出什么，看来只有让我独断了！"群臣见苻坚面有愠色[2]，自然不敢再说，相继退出。

只有阳平公苻融还站在那里，苻坚说道："人主欲定大事，只能留一两名臣子谋划，众议纷纭反而不能决策。我与你来专决此事吧。"苻融答道：

---

1 恩威并施：恩惠和威严同时使用。
2 面有愠色：脸上露出不高兴、发怒的神色。

"伐晋有三难，天道不顺，是一难；晋国无衅，是二难；我国屡经征讨，兵力已疲，是三难。群臣认为不宜伐晋，都是忠心为国，愿陛下三思！"苻坚不听还好，一听更是勃然大怒。苻融又说道："能不能消灭晋，还不能确知。现在就劳师大举，实在不是万全之策。鲜卑和羌羯都是大患，陛下如果亲征，京师空乏，一旦发生变故，追悔不及啊！丞相王猛去世时也曾劝陛下不要伐晋，陛下难道忘了吗？"可惜一番苦口忠言，苻坚就是听不进去。

太子苻宏入内问安，苻坚说道："我要伐晋，以强制弱，可保必胜，朝臣却都说不行，我实在不能理解！"苻宏婉言规劝，可苻坚仍固执己见。随后宣召冠军将军慕容垂商议伐晋之事，慕容垂极力赞同。苻坚终于见到一个赞同自己的人，不禁手舞足蹈[1]道："与朕共定天下的人就你一个啊，其他人都是庸碌之辈，没有远见和做大事的魄力，实在不足与谋！浪费了我不少唇舌。"然后厚赐慕容垂，慕容垂拜谢而出。

苻坚立即任命阳平公苻融为司徒、征南大将军，并调谏议大夫裴元略为巴西、梓潼二郡太守，让他准备船只，择日南下。阳平公苻融推辞不肯受职，一再劝阻南征。苻坚一心要一统天下，哪里听得进去？他虽任命苻融为征南大将军，但免去了他司徒的职衔。苻融无奈，只能领命。

苻坚向来信服沙门[2]道安，于是群臣托他劝阻。一天，道安与苻坚一起游览东苑，苻坚笑着说道："朕将与你一起南游吴越，你认为如何？"道安答道："陛下何必如此涉险呢？"苻坚反驳道："天下必须统一，才能太平。天下朕已得八九，难道东南那一块小地方，就拿不下吗？"道安见他心意已决，只好说道："如果陛下一定要南征，也只需派使者到江南示以兵威，让

---

1 手舞足蹈：双手舞动，两脚跳跃。形容高兴到了极点。
2 沙门：佛教名词，又作沙门那、沙闻那、娑门、桑门，意译勤劳、勤息、修道。出家修道者之通称。

他称臣就行了,不需要圣驾亲自前往。"苻坚还是不听。

秦王苻坚想要统一全国,计划攻打晋廷。晋廷得到消息,严令内外诸臣整顿防务,孝武帝下诏广求文武良将,任命谢安的侄子谢玄为建武将军、兖州刺史,令他管辖江北。

中书郎郗超历来与谢玄不和,但在知道谢安任人不避亲、举荐了谢玄后,也不得不叹息道:"谢安敢于冒触犯众怒的危险举荐亲侄子,确实是英明的;谢玄一定不会辜负他叔叔的推荐,因为他确实是难得的人才。"当时许多人都不赞同郗超的看法,郗超说:"我曾与谢玄一同在桓公府做事,亲眼见他用人能各尽其才,即使是一些细小事务,安排人也很恰当,所以知道他足以担当大任。"果然,谢玄出镇广陵后,训练士兵,招募人才,毫不松懈,得到彭城人刘牢之,任命他为参军。刘牢之智勇双全,经常充当前锋,所向披靡。其所领兵被人称为北府兵。北府兵成立以后,晋廷才能与强秦抗衡,保全江左。

淝水之战

苻坚下令在全国征兵,带领近百万大军南下攻晋。

谢玄担心晋军寡不敌众,因此向谢安问计,谢安微笑不答,从容说道:"明天再谈。"到了第二天谢玄再去请教,谢安却召集亲朋好友一同游玩。谢玄只好跟着一起游玩。谢安绝口不谈军务,反而让谢玄与他下棋。谢玄棋艺本来略胜谢安一筹,此时思绪纷乱无心下棋,连下数局,少胜多负,很不耐烦。偏偏谢安硬要他下,直到傍晚才罢手,仍旧不提军情。第二天桓冲派人到谢安那里请求派三千精锐士兵支援京师,谢安对来使说道:"朝廷自有

安排，桓公无须费心；西藩责任重大，千万不要疏忽！"桓冲听了使者的回话，笑道："谢安石虽然有庙堂雅量、宰相之才，可惜不懂军事。现在大敌将至，他还一味玄谈，只派一些不经事的少年防御京师，天下大势由此可知了！"

又过了一个月，秦将苻融攻克寿阳，生擒守将徐元喜。晋龙骧将军胡彬听说寿阳被攻陷，就退到硖石，苻融派兵进攻硖石。秦卫将军梁成等率领五万人马进屯洛涧，沿着淮河修好栅栏。谢石、谢玄来到洛涧南岸，距梁成军营二十五里。胡彬因粮食将尽，派人对谢石等人说道："没有粮食，兵力又弱，恐怕我支撑不住了。"使者走到中途，被秦国探子抓到。苻融从他口中获知了晋军情形，派人告诉秦王苻坚，并劝说其应当速攻胡彬。于是苻坚留大军在项城，自己率领八千名轻骑，前去与苻融会合，并派朱序去劝说谢石赶快投降。朱序本是晋臣，志在保晋，因此私下对谢石、谢玄说道："秦兵分几路，兵马不下百万，如果他们同时杀到，我们恐怕不能抵挡。现在趁秦兵还没有全部会合，应当速战速决。如果能打败秦军前锋，挫了秦军的锐气，秦军就不战自溃了！"谢玄赞成，并让朱序抓紧时机回晋国。谢玄送朱序出营，然后部署进兵事宜。

谢玄派广陵相刘牢之率领五千精骑直趋洛涧。秦将梁成在洛涧列阵，静待一场厮杀。刘牢之麾兵渡水，杀退秦兵，将梁成一槊杀死。秦弋阳太守王咏赶来援救梁成，与刘牢之交手，被劈成两段。秦兵既失梁成又丧王咏，吓得心胆俱裂，各自逃生去了。再加上谢玄和谢琰前来接应刘牢之，大杀一阵，数千兵士溺水而亡。秦扬州刺史王显被擒，秦兵总计死伤一万五千人，所有器械军资都被晋军截获。随后晋军由水陆两路并进。

苻融听说洛涧兵败，立即赶回寿阳与秦王苻坚登城遥望，见晋军踊跃前来，步伐有序很是严整，不禁暗暗生惊。又见东北隅的八公山上似乎有千军万马，布阵等候，苻坚愕然说道："这分明是劲敌！怎么能说他是弱国？"苻融也觉心寒，于是下城部署，想要再决一战。其实八公山上并无兵马，不过是草木茂盛罢了，苻坚由惊生疑，以致草木皆兵。苻坚疑惧交加，寝食难安，但又骑虎难下，只好与苻融等人再与晋军一决雌雄。当下调派各军从寿阳城出发，来到淝水沿岸布阵。谢玄见对岸尽是秦军，苦于无法渡河，便派使者对苻融说道："你们麾军而来，志在速战，现在临水为阵，我军不能渡河，无法交战。你们究竟是想速战呢，还是想长久相持？不如退后数里，让我军过河，然后一决胜负。"苻融告诉苻坚，苻坚正想答应，诸将纷纷谏阻。苻坚反驳道："我军远道而来，应当速战速决，若夹岸相抗，什么时候能有个结果？我军不如稍退数里，乘敌军渡到一半，再用铁骑围杀，不是很好吗？"苻融也很赞同，随即麾兵退后。

秦军一听到退军的命令，立即掉头驰去，不可阻止。晋军飞渡，齐集岸上，一面用强弓硬箭向秦兵猛射，一面大声呼喝。秦兵乱成一团，忽然有一人大呼道："秦兵败了！"秦兵顿时大溃。苻融想要阻拦，无奈部众都不肯回头。晋军已经杀到眼前，苻融无计可施，就想西逃。谁知马儿忽然倒地，将他摔落地上。说时迟那时快，晋军奋力杀出，刀枪并举，将苻融砍成了肉泥。苻坚见苻融被杀，惊恐万分，慌忙逃命。晋军乘胜追击，秦兵大败，死亡的兵士不计其数。侥幸逃脱性命的秦兵听见道旁的风声鹤唳[1]，以为是晋军来了，吓得昼夜狂奔，一路上风餐露宿，饥寒交迫，百万大军十死七八。

谢石、谢玄破秦，便上疏告捷。司徒谢安当时正和客人下围棋，接到捷报草草一看，就搁置在案上，依旧下棋。客人问是什么事，谢安慢慢答道："小儿辈已经破贼了！"客人起身道贺，谢安仍无喜色，只一个劲儿地让客人将棋下完。好不容易等到下完，客人离去后，谢安连忙跑回内室。谁知跑得太急，木屐上面的齿牙都折断了。不久，谢石班师回朝，晋廷自然又是一番封赏。

慕容垂建后燕

淝水之战，秦兵大败。慕容垂以安抚百姓为借口，离开苻坚，从长安来到安阳，派遣参军田山问候苻丕。苻丕来到郊外，将慕容垂迎到邺城西部住下。

正好这时长安的使者来到，命慕容垂讨伐丁零叛徒。苻丕将情况告知慕

---

1 风声鹤唳：前秦苻坚带兵攻打东晋，被打得大败，逃走时听到风声和鹤叫都以为是追兵。后用来形容人在非常害怕时听到一点儿声音，就十分恐慌紧张。

容垂，慕容垂答道："下官是大秦的鹰犬，自然唯命是从！"苻丕要赐给慕容垂金帛，慕容垂只要求赐还以前的田园，苻丕当然答应，另外又拨给慕容垂两千残兵，并派部将苻飞龙率领一千名精骑，作为慕容垂的副手。临行时苻丕叮嘱苻飞龙道："你是王室的忠臣，官职虽小但责任重大。这次前去既要用兵制胜，又要防止慕容垂有二心，千万不要疏忽了！"说完，苻飞龙告别离开。镇将石越对苻丕说道："王师刚打了败仗，人心不定。丁零出现叛贼，怎么能派慕容垂去平叛呢？慕容垂是故燕老将，一心想要匡复燕国，现在让他带兵，恐怕是为虎添翼了。"苻丕说道："你说的我何尝没想到。我让他去攻打丁零翟斌，正是让他们两虎相斗，自相残杀。"

慕容垂讨伐翟斌时只带家眷随行，将慕容农、慕容楷、慕容绍留在邺城，以打消苻丕的怀疑。慕容垂到了汤池，有私党从邺城来报，将苻丕与苻飞龙的谈话告诉了慕容垂。慕容垂不禁大怒，慨然对部属说道："我丝毫

没有不忠于苻氏的念头，没想到他们却如此怀疑我，我怎么能束手待毙[1]？"于是借口兵马太少，在河内招募兵士，十多天招了八千人。苻飞龙催促慕容垂进兵，慕容垂对苻飞龙说道："我们现在距离敌兵越来越近了，为了不让他们发现，应当在夜里行军，这样才能趁敌军不备，出奇制胜。"苻飞龙以为是良策，哪里知道正中了慕容垂的计谋。苻飞龙及苻飞龙所带的士兵全部被慕容垂的庶子慕容麟斩杀。

随后，慕容垂派田山到邺城让慕容农起兵响应。慕容绍先从蒲池出发，偷了苻丕一百多匹骏马，等候慕容农和慕容楷。到了除夕，慕容农和慕容楷微服出邺，与慕容绍一同奔走。第二天是太元九年（384年）元旦，秦长乐公苻丕大宴宾客，派人前去邀请慕容农，不见他的踪影，才知道慕容农等人已经离开了。苻丕追悔不已。

慕容垂率领三万兵马将要到达洛阳，慕容凤劝翟斌推慕容垂为盟主。等慕容垂到了洛阳，苻晖关着城门不让他进去，并且责备他擅自杀害苻飞龙。慕容垂正在彷徨，正好翟斌派长史郭通前来，说愿意归顺于他。慕容垂当然高兴，于是翟斌率领士兵与慕容垂会合，劝慕容垂称尊。慕容垂委婉拒绝，并对众人说道："洛阳四面受敌，不如向北攻取邺城。"众人齐声称善，慕容垂随即东还。扶余王余蔚是荥阳太守，他邀同昌黎、鲜卑、卫驹等番部将慕容垂迎入荥阳，慕容垂又得一万多人。慕容垂于是称大将军、大都督、燕王，号为统府，接着封拜官爵。部署已定，就在石门筑起浮桥，向邺城进发。

不久慕容垂任命慕容农为骠骑大将军，负责河北军事，立世子慕容宝为太子，改建元二十年（384年）为燕元年。史家称为后燕。朝仪服色都与前燕相同，然后大封宗室功臣。

秦长乐公苻丕派姜让到慕容垂的大营，责备他忘恩负义，却还要装模作

1　束手待毙：意思是捆起手来等死。比喻遇到困难不积极想办法，却坐着等待失败。

样，完全忘了秦王的厚恩。慕容垂听了无言可驳。慕容垂随后麾众攻打邺城，并派使者送信到长安，表示愿意送苻丕入关，请求秦王苻坚归还邺城。

秦王苻坚看了慕容垂的书信，愤恨不已，当即回复了一封信给慕容垂，责怪他不讲道义。慕容垂看完书信，无言以对，只是发兵围邺，并攻入外城。秦苻丕退守中城，与慕容垂相持，不分胜负。

秦北地长史慕容泓听说慕容垂已经起兵复燕，也逃到关东，召集鲜卑遗众数千人，在华阴驻扎下来，自称大将军、济北王。秦王苻坚任命钜鹿公苻睿为大将军讨伐慕容泓。那时平阳太守慕容冲也起兵河东，攻占了蒲坂。慕容冲是慕容泓的弟弟，秦灭燕时，慕容冲只有十二岁，与姐姐清河公主都成了俘虏。慕容冲长大成人后，苻坚任命他为平阳太守。哪知又是养虎为患，慕容冲也乘势发难，起兵造反。秦王苻坚不得不调兵前去讨伐。

凤凰入阿房

慕容冲起兵平阳，进攻蒲坂。秦王苻坚想调兵抵御，一时苦无统将，只好将钜鹿长史窦冲派去抵御慕容冲。钜鹿公苻睿少了一个帮手，不免势单力孤，但他年轻气盛，粗莽任性，不考虑什么利害关系，便去攻打华阴。慕容泓听说他来势汹汹，心生怯意，于是率领士兵逃往关东。苻睿打算率兵截击，司马姚苌进谏道："不如由他们退去，都是一群乱党，凶猛残忍，如果把他们逼到死角，反而会激起他们的斗志。我们不如虚张声势[1]，吓吓他们算了。"苻睿悍然说道："他们始终是祸患。俗话说，斩草要除根，能除为何不

---

[1] **虚张声势**：并无实力，故意大造声势。

除？况且我们的兵马多于他们，怕他什么？"于是自做前驱，去截杀慕容泓。慕容泓早有防备，在华泽布下埋伏专等苻睿前来。苻睿不探路径，陷进泥淖中，被乱刀砍死。他的兵马损失了大半，剩下的几千残兵得到姚苌的援应，才被救回。

姚苌回到华阴检点兵士，十失七八，都难以成军了。西州豪族尹祥等人有五万兵马，要推姚苌为盟主，姚苌不肯。天水人尹纬一再规劝，姚苌踌躇半天，想到自己已经无路可走，方才答应下来。姚苌占据万年，自称大将军、大单于、秦王，大赦境内，改元白雀。历史上称苻氏建立的秦国为前秦，姚氏建立的秦国为后秦。

慕容冲被秦将窦冲打败后，逃到慕容泓那里。慕容泓带着十多万人马驻扎在华阴，修书给秦王苻坚道："吴王（慕容垂）已定关东，请速备大驾，奉还家兄慕容晖。慕容泓定当率关中燕人迎接护卫皇帝回邺都，与秦以武牢为界，分治天下，永为邻好。"苻坚大怒，立即召来慕容晖责备，大骂慕容宗族是人面兽心的家伙，将来信扔给慕容晖，慕容晖连忙叩头谢罪，苻坚的怒气才稍稍消解，他让慕容晖下诏，命令三名叛贼立即罢兵各回长安。

慕容晖唯唯而出[1]，名为奉命写信规劝，暗中却派密使对慕容泓说道："秦寿数已终，燕国可以重兴了。我已经是笼中禽鸟回不去了，况且我不能保住宗庙，自知有罪，你们不必管我。你应当建立大业，起用吴王慕容垂为相国，中山王慕容冲为太宰，你可为大将军兼司徒。一听到我死的消息，你就马上登位！"慕容泓看完后，发兵前往长安，改元燕兴，并写信给慕容垂互相声援。

燕谋臣高盖等人因为慕容泓执法过于严峻，德望不及慕容冲，竟然将慕容泓杀害，立慕容冲为皇太弟。慕容冲起用高盖为尚书令。姚苌将儿子姚崇作为人质送到慕容冲的兵营，让慕容冲速到长安牵制苻坚，并召集七万兵马

---

[1] 唯唯而出：非常恭敬地走出来。

进攻秦军。秦将杨璧前来抵挡，姚苌冲杀过去，一举击败杨璧。姚苌再分头进攻徐成、毛盛各营，连连获胜。徐、毛二将都被抓住，只有窦冲逃脱了。姚苌厚待杨璧、徐成、毛盛三人，与他们一同宴饮，好言抚慰。

慕容冲占据了阿房城。慕容冲小字凤凰，当时长安有歌谣唱道："凤凰，凤凰，止阿房。"秦王苻坚还以为阿房城内将有真凤凰到来，特别种植了数十万株梧桐、翠竹专等凤凰飞来。哪知来的是人中凤凰，不是鸟中凤凰，使得秦王苻坚一场好梦，就此破灭。

慕容垂屯兵新城，派慕容麟攻入常山，收降秦将苻定等人，生擒苻鉴，然后进入中山城。慕容农率兵与慕容麟会合，一起攻打翟真。翟真逃入内城，闭门固守。有一半的士兵没来得及进城，只好弃械投降。慕容农收了降兵，再攻内城。翟真偷偷逃到行唐，司马鲜于乞将翟真刺死，自称赵王。翟真的手下不服，又将鲜于乞杀死，推立翟成为主帅，占据行唐，苟延残喘。

慕容垂在城下围了几天，接到了慕容冲的来信。信中说故主慕容暐被

杀，在秦国的其他宗族也一律被杀，只有慕容垂的幼子慕容柔与孙子慕容盛逃到了他那里，幸得无恙，请慕容垂放心，并说自己奉慕容晖遗命已在阿房城称尊即位。慕容垂看了之后，不禁悲叹，对将领们说慕容冲已经在关中称尊，自己不应再称尊。

慕容冲为慕容晖发了丧，然后即位，在阿房称帝，改元更始。史书称慕容冲建立的燕国为西燕，但因他历年短促，不列入十六国中。慕容冲称帝以后又率兵进逼长安。

秦主新城自缢

慕容冲出兵攻打长安，秦王苻坚亲自防守，却连中数箭，满身是血，不得已退回城中。慕容冲纵兵抢掠，百姓四处流亡，道路断绝，千里不见

人烟。只有冯翊三十余所堡壁推平远将军赵敖为统主，共结盟誓，并派人运粮食给苻坚，但途中这些人多被燕兵所杀，只有两三个人进入长安。三辅地区的豪杰请求拨兵攻打慕容冲，愿做内应，并在城中放火。苻坚不赞同，让他们三思而行。偏偏三辅豪民情愿效死，于是苻坚派了八百骑士前去攻打慕容冲。豪民随即放火，无奈风势不顺，火反而朝着自己烧来，三辅豪民无一幸免。

苻坚听到消息后更加悲伤，就在长安设立祭台为他们招魂，并命护军仇腾为冯翊太守，前去安抚郡县的士兵百姓，众人都感激涕零，发誓效命。无奈天意难违，长安城中谣言四起。苻坚让太子苻宏留守长安，派将军杨定从西门出发去攻打慕容冲。自己与宠妃张夫人、幼子中山公苻诜、幼女苻宝锦去五将山祈福。正准备启程时，突然有人来报，说杨定被慕容冲擒获。苻坚大惊，匆匆出城。

长安城中的战将首推杨定，杨定被擒，全城惊恐。燕兵又猛攻不息，秦太子苻宏见不能抵御，就带着母亲妻儿逃往下辨。百官也都四处逃散，权翼等人投奔后秦。慕容冲即刻攻下了长安。秦王苻坚逃出长安赶往五将山。

后秦主姚苌派骁骑将军吴忠带领骑兵围攻五将山。吴忠星夜前进，来到五将山，一声鼓噪把山围住。秦兵纷纷逃散，只剩下十多个人跟着苻坚。苻坚神色自若，平静进膳，从容下筷，不慌不忙。不久，后秦兵赶到，将苻坚擒获，带往新平。除张夫人以外的妃子都被俘虏了，幽禁在新平的佛寺中。姚苌不见苻坚，只派人逼苻坚交出御玺，另派右司马尹纬前去逼迫苻坚禅位。苻坚见尹纬身材魁梧，身长八尺，不由得惊问道："你是否在朕的朝廷做官？"尹纬答道："曾做过几年的吏部令史。"苻坚叹息道："你的仪容不亚于王景略，也是宰相之才，朕竟然不知道你，怪不得今朝亡国啊！"

尹纬将来意说明，苻坚大怒，说姚苌是叛贼，忘恩负义，不配做一国之主。姚苌听说后，派人来逼苻坚自尽。苻坚临死时，对张夫人说道："不能让羌人玷污了我的女儿。"随即拔出佩剑，杀了女儿宝锦，然后投缳自尽，终年四十八岁。张夫人抚尸大哭了一场，拾起佩剑往颈上一横，刹那间碧血飞溅，红颜凋落。中山公苻诜也取剑自刎，随着父母的亡魂，一同奔赴鬼门关去了。姚苌将他们殓葬，追谥苻坚为壮烈天王，苻坚总计在位二十七年。两年后，燕军进入长安。

秦太子苻宏逃到下辩，想投靠南秦州刺史杨璧。杨璧的妻子顺阳公主是太子苻宏的姐姐。杨璧为求自保不认郎舅[1]，拒绝了苻宏。苻宏无计可施，只好投奔武都。顺阳公主恨丈夫薄情寡义，随弟弟苻宏一起走了。姐弟二人担心杨璧发兵来追，索性往南逃去，向晋廷投降。晋廷让他们在江州安身，授予苻宏辅国将军职衔。秦长乐公苻丕回到邺城，手中还有三万部众。当时王猛之子王永与平州刺史苻冲在壶关驻守，派使者来迎苻丕。苻丕担心燕军再来攻打邺城，就率领六万余百姓前往潞州。秦骠骑将军张蚝和并州刺史王腾在半路等候，让苻丕到晋阳去。王永知道后，留苻冲镇守壶关，亲自去接苻丕，将长安失守和故主身亡的事情一一呈报。一行人在晋阳举哀，三军缟素，追谥苻坚为宣昭皇帝。

苻丕即日继位，为苻坚立庙，号称世祖，改建元二十一年（385年）为太安元年。秦左将军窦冲等人也全部归来。领军将军杨定从燕营逃回陇上，南秦州刺史杨璧也来投靠苻丕。苻丕大喜过望，封杨定等人为州牧，令王永传檄州郡，声讨慕容氏及姚苌。

1　郎舅：指男子与其妻兄弟的合称。

慕容冲之死

苻丕嗣位以后，下令侍中王永负责讨伐慕容氏及姚苌。无奈苻氏已经衰落，匡复宗室谈何容易！

西燕主慕容冲打败了秦王苻坚父子，入据长安，怡然自得，渐渐荒淫起来。加上他赏罚不均，号令不明，引来众多臣子的不满。慕容盛年仅十三，有一天，他对叔父慕容柔道："一个人要成为人主，必须先有大德大智，然后才能使天下归附。中山王慕容冲智识并不出众，大业尚未建成就骄奢淫逸起来。据我看来，恐怕不能持久！"

慕容冲派尚书令高盖率五万兵马前去讨伐后秦。高盖领军走到新平南境与姚苌兵马相遇，两下交战，高盖大败，士兵损失大半。高盖担心回去会获罪，索性投降了姚苌，姚苌任命高盖为散骑常侍。消息传到长安，慕容冲如同失去臂膀，无奈之下，只好命左仆射慕容恒、右仆射慕容永处理政事，但也不怎么信任他们，最终导致众叛亲离。

将军韩延等人见人心不稳，就与前将军段随商议道："主上越来越骄奢，臣民不安，只怕迟早会有祸乱。我与将军经历疆场百战才得关中，怎么能让庸主葬送呢？"段随道："依你之见，应当如何？"韩延附耳说了两句，段随只是摇头。韩延变色道："将军如果不这么做，恐怕难免灭族之祸了！"段随大惊！韩延说道："韩信和彭越功高天下尚且被诛，试问将军能比得过韩、彭二人？"段随听到这话也惊恐起来，就采纳了韩延的计策。到了黄昏，段随密召数百士兵攻入宫中。那时，慕容冲正在酣饮，见有乱兵闯进，刚要斥责，刀已架到他脖子上了。刹那间颈血模糊，慕容冲倒在地上，一命归西。

苻丕被杀

苻登被拥立为抚军大将军，称为略阳公。随后他率领众将士往东攻占南安，然后派使者到晋阳请命。秦主苻丕不能不从，封苻登为南安王，命他讨伐姚苌。

当时，王永担任左丞相一职，两次颁发征讨姚苌的檄文，并定下征讨的日期。苻丕留将军王腾据守晋阳，右仆射杨辅戍守壶关，自己率领四万兵马进屯平阳。这时慕容永派使者来借道，自愿东归，苻丕当然不许，并下令誓死捉拿乱贼，以报国仇！

苻丕一声令下，诸军并出，最后却全军覆没。苻丕大惊，领着几千名骑士狼狈赶赴东垣。苻丕探得洛阳兵备空虚，想去偷袭洛阳。洛阳当时已经归晋，晋西中郎将桓石民探得消息，立即派扬威将军冯该从陕城去攻打苻丕。苻丕半道遇敌，仓促交战，部下纷纷逃命。苻丕跳上马，往回奔逃，谁知马失前蹄，将他掀翻在地，恰巧被冯该追到，冯该顺手一槊了结了苻丕。苻丕称帝不过两年。

东海王苻纂与弟弟尚书永平侯苻师奴召集人马，占据杏城。此外的后妃、公卿大多被慕容永掳去。慕容永随即即位称尊，上殿受朝，改元中兴。

苻丕死后，苻登即位，立儿子苻崇为太子。姚苌移兵占据武都，与苻登大小数十战，多败少胜，只好退到安定扎营。苻登令大军到胡空堡寻找粮食，然后亲率精兵围攻姚营。姚苌见苻登军中有苻坚神位，怀疑是苻坚有灵，因此苻登才每战必胜。当下也在军中立起苻坚神位，然后带兵退入安定城，并派姚崇去偷袭大界营。大界营是苻登储备军资的地方，苻登的皇后毛氏及苻登的儿子苻弁、苻尚等都在营中。苻登得知姚崇要偷袭大界营，急忙率军回去，在路上大破姚军，姚崇狼狈逃回。

苻登得胜后，以为姚苌不敢再来偷袭，留尚书苻愿据守大界营，自己进攻平凉，再进拔苟头原，逼攻安定。哪知姚苌又率领三万铁骑夜袭大界营。苻登的皇后毛氏擅长骑射，仓促上马，带领壮士大战，左手张弓，右手发箭，弦声所至，姚军无不倒地，一共射死了七百多人。箭放完后，毛氏就弃弓用刀，拼死战斗，终因寡不敌众，与儿子苻弁、苻尚一起被杀。姚苌掠得五万余人之后，仍旧回到安定。

苻登听说大界营失陷，妻儿被杀，又悲又悔。经左右从旁劝慰，才退回胡空堡，暂时休养生息，两秦因而罢战半年。

北魏崛起

当时中原除江东司马氏外，列国分峙，大小不一。秦分为三：前秦、后秦、西秦，燕分为二：后燕、西燕，加上凉州吕光建立的后凉，共计六国。此外又有一国突然兴起，扫清河朔，在北方称雄，传世九代，共一百五十年，在当时诸国中最为强盛。这建国者正是代王拓跋什翼犍的孙子拓跋珪。

拓跋什翼犍死后，拓跋珪与母亲投奔拓跋什翼犍的外甥刘库仁，刘库仁非常优待他们，母子二人安然居住下来。不久，刘库仁被燕将慕舆文所杀，其弟刘头眷代领其众；又过了不久，刘库仁的儿子刘显刺杀刘头眷，自立为主，并想杀害拓跋珪。刘显的弟媳是拓跋珪的姑母，知道刘显的阴谋后，她赶紧告诉了拓跋珪的母亲。拓跋珪当时已经十六岁了，聪颖过人，立即与母亲谋划出逃。

拓跋珪来到贺兰部投奔舅舅贺讷，说明详情，贺讷惊喜道："贤甥智识不凡，必能再兴家国，他日光复故国，不要忘记老臣！"不久，贺氏的堂弟贺悦也率领部众投奔了拓跋珪。中部大人庾和辰趁机带上贺氏一起投奔了贺兰部。

拓跋珪于次年正月在牛川登代王位，纪元登国，把都城迁到了盛乐。北人称土为拓，后为跋，因此以拓跋为姓。拓跋珪改代为魏，自称魏王。

前秦灭代时，曾将代王拓跋什翼犍的少子拓跋窟咄送到长安。后来慕容永任命拓跋窟咄为新兴太守。刘显派弟弟去迎接拓跋窟咄，说拓跋窟咄才是真正的代王，诸部因此骚动不安。魏王拓跋珪身边的于桓等人与部下合谋，想抓住拓跋珪投靠拓跋窟咄。幸亏于桓的舅舅穆崇预先告诉了拓跋珪，于是拓跋珪诛杀了于桓等人。因担心内患未绝，暗算难防，拓跋珪再次翻越阴山前去贺兰部，并派遣外朝大人安同向燕求救。燕主慕容垂派赵王慕容麟去救援拓跋珪。慕容麟还没赶到，拓跋窟咄又与贺染干联合侵犯魏国北部。北部大人叔孙普洛不战而逃，竟然投奔了匈奴铁弗部首领刘卫辰。魏都大震。慕容麟急忙派安同前去报信，说援军快到了，魏人才稍稍安心。拓跋窟咄屯兵高柳，拓跋珪与燕军一同攻打拓跋窟咄，打得拓跋窟咄大败而逃，投奔刘卫辰，刘卫辰却把拓跋窟咄杀死了。由于拓跋珪不问前罪，拓跋窟咄的余众纷纷归顺北魏。拓跋珪任命代人库狄干为北部大人，并犒赏燕军，欢送他们回国。燕主慕容垂封拓跋珪为西单于兼上谷王，拓跋珪不愿受封，托词说自己年少才庸，不堪为王。

刘卫辰久居河西，招兵买马，日见强盛。后秦主姚苌封刘卫辰为河西王、幽州牧，西燕主慕容永任命刘卫辰为朔州牧。刘卫辰派遣使者到燕国进献名马，行至中途却被刘显的部众将马夺去。使者逃到燕都，两手空空，不得不向燕主哭诉。燕主慕容垂勃然大怒，打算兴兵讨伐刘显。正巧魏主拓跋珪担心刘显又来逼迫，再派安同到燕国求援。燕主慕容垂一举两得，立即派赵王慕容麟与太原王慕容楷率兵前去。拓跋珪也率领士兵与燕军会合，一起攻打刘显。刘显大败，逃到西燕，所有军备物资以及牛马都被燕、魏两军获得。

从此魏国的势力日渐强盛，接连打败库莫奚、高车、叱突邻等部落，称雄北方。魏王拓跋珪渐渐有了攻打燕国的心思，于是派太原公拓跋仪以通好为名，到燕都窥探虚实。两个国家表面上友好往来，和平相处。

彼此敷衍了一两年，拓跋珪与慕容麟在意辛山会合，一同攻打贺兰附近的纥突邻、纥奚等部落。大军所向披靡，战无不胜。刘卫辰安静了一阵又来出头，让他的儿子直力鞮攻打贺兰部。贺讷向魏国求援，魏王拓跋珪率兵前去支援贺讷，直力鞮望风逃走。拓跋珪将贺讷的部众迁到魏国的东边。不久，贺染干与贺讷兄弟不和，挑起内乱。拓跋珪打算吞并贺兰部，于是想出一条借刀杀人的计策。他派使者向燕国请命，讨伐贺讷兄弟，表示自己愿意做向导。于是燕主慕容垂派慕容麟前来攻打贺讷。贺讷本没有什么能力，再加上兄弟间闹得一塌糊涂，怎么能抵御燕军？魏国又不支援，贺讷兵败力竭被慕容麟擒获，贺染干不战而降。燕主慕容垂得到捷报之后，让慕容麟归还贺讷的部众，将贺染干带到燕都，班师回朝。慕容麟回到都城，让慕容垂提防拓跋珪，慕容垂让拓跋珪派使者到燕都朝拜。拓跋珪让弟弟拓跋觚到燕国修好，慕容麟劝慕容垂留下拓跋觚，并向魏主索求良马。拓跋珪不肯照给，派张衮到西燕求和。于是燕国扣押了拓跋觚，拓跋觚伺机逃走，被燕太子慕容宝追回，燕国与魏国从此失和。

姚苌的噩梦

秦主苻登退到胡空堡后一直按兵不动。后秦主姚苌派弟弟和亲信分别守护各个城池。不久，姚苌得了重病，派遣姚硕德镇守李润，仆射尹纬据守长安，召太子姚兴速到行营。

秦主苻登听说姚苌得了重病，不禁大喜，于是厉兵秣马[1]，准备再次攻打姚苌。为此还特地向苻坚神位祷告，然后大赦境内，率军进逼安定。离城只有九十余里时，侦察的骑兵回来报告说："姚苌前来迎战了。"苻登惊诧道："难道姚苌病愈了吗？"随即带领轻骑继续前行。走到半路，又有探子来报说："姚苌已派姚熙隆从小路绕出，进攻我方大营去了。"苻登担心大营有失，于是勒马回营。望见距离兵营几里远的地方，果然有敌军驻扎。苻登见天色已晚，就命部众戒严，好不容易过了一夜，正在庆幸没发生什么事，骑兵突然来报告，说："贼营空空洞洞，贼兵已不知所踪！"苻登大惊："姚苌是何方神人？他来我没有察觉，他离开我又不知道，人人都说他快死了，他偏偏又出现。我与此人生于同时，真是大不幸啊！"于是一路小心翼翼地退

1　厉兵秣马：喂饱战马，磨快武器，准备战斗。也泛指事前积极做好准备工作。

兵，总算完好无损地回到雍州。姚苌究竟用的是什么计策呢？原来苻登出兵时，姚苌的病才刚好一点儿，他不想与苻登交战，就想出了一条疑兵之计，让苻登心生疑虑。等到苻登退兵回雍州时，姚苌本来已经绕到苻登的前面，埋伏下来等着他了，但见苻登的队伍行列整齐，料想难以得手，也乐得让他过去，就返回安定了。

姚苌久病不愈，命姚兴先回长安，自己则继续前进。到了新支堡，晚上住在驿道中，姚苌蒙眬中似乎看见一金甲皇帝领着将士毁门而进。仔细一瞧，那皇帝不是别人，正是秦王苻坚。姚苌吓得想逃，回头一望，恍惚中看见宫门开着，便踉踉跄跄地跑进去了。正巧有宫人出来，姚苌便向他们呼救，宫人手拿长矛向前刺去，谁知没有刺中敌军，却刺中了姚苌的肾囊。姚苌顿时觉得痛彻肺腑，更可恨的是敌兵居然拍掌欢笑道："正中死处，正中死处！"姚苌那时又痛又愤，咬着牙根，将长矛拔了出来。长矛拔出后，血狂流不止，姚苌忍不住大声号呼，突然惊醒，才知是做了噩梦。挑灯一看，什么都没有，不过肾囊上却有些暴痛，细细一看，略略红肿，也不知是什么病症。等到天亮，红肿更加严重，于是召来医官查看，外敷内治全不见效。医官不得已，只好用针治疗姚苌，姚苌痛得晕厥过去。后来姚苌溘然长逝，在位八年，享年六十四岁。

姚兴担心内外有变，于是秘不发丧，急调叔父姚绪镇守安定，姚硕德成守阴密，召弟弟姚崇回来镇守长安。

苻登探得姚苌已死，欣然道："姚兴小儿，怎能敌得过我？我只要折根棍子就足以让他屈服了。"于是亲自率领大军进击关中。后秦始平太守姚详占据马嵬堡，堵截登军。姚兴担心姚详不能抵挡，特派长史尹纬前去助战。尹纬来到废桥与苻登相抗，尹纬麾众出战，部下一当十，十当百，竟将苻登杀败。苻登损兵折将，落荒而逃。尹纬班师回朝。

姚兴这才安心为父发丧，命人在槐里筑坛，然后登上帝位，大赦境内，改元皇初。不久，姚兴从长安赶到安定，调集人马，攻打苻登。苻登战败回到南安，遥见山南有士兵奔来，以为是援兵，便高兴地出去迎接。等到相遇才叫苦不迭，原来来的不是援兵，而是姚兴派来的索命大军。那时秦浑已避无可避，逃不能逃，只好交战，不到一会儿，部众死的死，逃的逃。最后只剩下苻登一人一马，孤掌难鸣，无论怎么狂奔乱跑，终逃不过一死。苻登总计在位九年，终年五十二岁。

苻登的儿子苻崇逃窜到湟中，草草登上大位，改元延初。苻崇孤立无援，只好投奔陇西王杨定。杨定召集兵马，与苻崇攻打西秦乞伏乾归。乞伏乾归派凉州牧乞伏轲殚等人出兵抵御杨定。

杨定无法抵挡，被乞伏轲殚手下的将军翟瑥砍死。苻崇没来得及逃，也被敌军杀死。秦国自苻健僭号传到苻崇，一共传了六人，共计四十四年。苻氏已亡，乞伏乾归占据陇西、巴蜀等地，声威大震。

北魏争雄

这个时候，慕容垂灭了西燕，慕容永统辖的八郡都被他收去。其他战役也大获全胜。慕容垂北上龙城，在太庙告捷。不久，慕容垂接到北方军报，说魏王拓跋珪出师秀谷，侵逼附塞诸郡。慕容垂本打算亲征，但身体衰迈，力不能及，于是派太子慕容宝为统帅，辽西王慕容农、赵王慕容麟等人率领八万人马从五原出发，讨伐魏国。当时慕容柔、慕容楷等人相继病逝，慕容德、慕容绍掌兵如故。慕容垂令慕容绍带一万八千兵马做慕容宝的后应。散骑常侍高湖上疏进谏道："魏与燕通好已久，前次因求马不得，扣留了拓跋珪的弟弟。他直我曲，因此不应当兴兵。况且拓跋珪既善谋又世故，兵精士盛。太子年少气壮，一定会轻视拓跋珪，万一挫败必然大损国威，愿陛下慎重。"慕容垂非但不听，反而罢免了高湖，并令慕容宝等人向北进发。

燕军先进军五原，后又进军临河，砍树造船，十多天就造了一千多艘。魏王拓跋珪听说燕兵要渡河，立即发兵抵御，并派右司马许谦到后秦借兵。燕太子慕容宝刚刚备齐船只，让士兵们登船，河中忽然刮起一阵狂风，将船只吹动，有几十艘船竟顺风漂到了对岸，正好被魏兵前队看到，就将船拦住，船上的三百多名士兵都被俘虏。魏王拓跋珪说道："燕主已经死了，燕太子为什么不早点回去，反而还要渡河呢？"说完，就把他们放了。燕兵回去就将拓跋珪的话告诉了慕容宝。燕太子慕容宝不免惊疑。原来慕容宝带兵到五原后，就派使者到中山传达消息，数次都不见答复，听了这话，还以为慕容垂果真发生不测。其实中山并非没派使者回复，只不过被魏国暗地里截

获了而已。魏王拓跋珪又让中山使者隔河传言，假说燕主已死，慕容宝更加惊慌，士兵们也惊骇不已，因此不敢渡河。于是拓跋珪派陈留公拓跋虔率领五万骑兵驻屯河东，东平公拓跋仪率十万骑兵驻屯河北，略阳公拓跋遵率领七万骑兵绕出河南，堵住燕军回去的路。加上后秦派杨佛嵩带兵来援助，魏国的势力更加强盛。

燕太子慕容宝走到幽州，车轴突然无缘无故地断了，术士勒安连说不祥，劝慕容宝道："天时不利，急速还军，才能幸免！"慕容宝仍然不听。勒安叹道："我们都要弃尸荒野，不能生还了！"赵王慕容麟的部将慕舆皓以为慕容垂真的死了，于是密谋作乱，奉慕容麟为主，后来事情败露被杀。慕容宝因此忌恨慕容麟。当时是初冬，还不是很冷，河水都没有结冰，慕容宝认为魏兵无法渡河，就没有派人去侦察敌情。偏偏隔了一晚，北风暴吼，天气骤冷，河水全部结冰。魏王拓跋珪带着两万精兵顺顺利利地过了河，一路追赶燕军。

燕军驻扎在参合陂，慕容宝以为魏军追不上了，一路更是没什么戒备。沙门支昙猛见天象忽变，连忙劝慕容宝早做防备，派兵断后，慕容宝不以为然。范阳王慕容德也劝道："宁可先做预防，也不要事后后悔。"于是慕容宝就派慕容麟负责断后。但慕容麟认为魏兵不会追来，虽然奉命，却并不认真戒备。

魏兵昼夜兼行，到了参合陂西部，燕军还没有察觉。靳安对慕容宝说道："今天西北风很是强劲，肯定是追兵快要到了的征兆，我们应当快马回都，否则就难逃大祸了！"慕容宝不听，当夜还是安营住下。第二天天大亮的时候，燕军正准备启程，山上已鼓角乱鸣，震天动地。抬头一望，魏兵正从山腰外冲下来，好似泰山压顶一般。这一惊非同小可，吓得燕军个个胆战心惊，只想着逃命，没有一个肯为慕容宝效命赴死。只听一声哗噪，将士们全都弃营四逃。燕军急不择路，都往河涧中乱走。有的滑倒，被人马一通乱踩，有的溺死，有的被魏兵杀死。等过了河涧，死伤已有一万多人。魏拓跋遵又率兵冲出，截住燕军去路。燕军四五万人都恨慕容宝不听劝告，害得他们陷入绝地，索性丢兵弃甲，束手就擒。只有数千将士奋力杀开一条血路，才保住慕容宝。陈留王慕容绍被杀，鲁阳王慕容倭奴、桂阴王慕容道成、济阴公慕容尹国等文武将吏数百人被擒。慕容宝的宠妻、东宫的侍女以及兵器、军粮都被魏兵抢走。魏王拓跋珪本打算留下数人，其余的全部放还，偏有一人出来拦阻道："不可，不可！"拓跋珪顺着声音看过去，原来是中部大人王建。

中部大人王建劝魏王拓跋珪务必将燕军俘虏全部杀尽，他说："燕国自恃强盛，屡次侵犯我国。如今喜获大捷，理应将俘虏全部斩杀，免留后患。"拓跋珪道："这样做只怕会激起民愤，失了民心还怎么得天下呢？"无奈军中将士都支持王建，拓跋珪也不好坚持，就命人将一万多俘虏全部坑死，然后回盛乐去了。

慕容垂由悲生愤，竟然呕血，病情恶化，后来在上谷病逝。慕容垂遗命丧礼从简，秘不发丧，等到了中山才能举哀治葬。太子慕容宝一律遵行，回到中山才为慕容垂发丧。慕容垂在位十三年，享年七十一岁。太子慕容宝嗣帝位，改建兴十一年（396年）为永康元年。

司马道子专权

晋孝武帝亲政以后，尽心国事，委任贤臣，淝水一战击退强秦，收复青、兖等州，晋威稍振。后来，孝武帝沉迷美色，眷恋深宫，很多天不理政务，所有军国大事都交给琅琊王司马道子办理。

司马道子是孝武帝的胞弟，受封为琅琊王，担任骠骑将军，权势一天比一天大。太保谢安在位时，看不惯司马道子恃宠弄权，因而与他不和。谢安的女婿王国宝是故左卫将军王坦之的儿子，性格奸诈，喜欢阿谀逢迎。谢安不喜欢王国宝，始终不肯引荐他做官，王国宝因此怀恨在心。恰好王国宝的堂妹入选为司马道子的妃子，于是王国宝极力巴结司马道子。司马道子常常入宫进献谗言，说尽谢安的坏话。孝武帝素来倚重谢安，所以始终不信谗言，谢安又一直避居在外，因而得以善终。谢安去世后，司马道子手握大权，负责全国的军务，并担任扬州刺史，提拔王国宝为侍中，对他委以重任，王国宝因此更加肆无忌惮，作威作福。

孝武帝册立司马德宗为皇太子。司马德宗愚笨异常，连寒暑、饥饱都分不清，饮食起居都要人随身伺候，被立为储君后，依旧待在后宫。会稽人许荣上疏说太子应当搬到东宫，不宜留养后宫，孝武帝置之不理。

司马道子权倾朝野，门庭若市[1]，孝武帝心中不免有所猜忌。王国宝想奉承司马道子，就上了一份奏折，请求任命司马道子为丞相。奏书一呈上去，孝武帝大怒，将原奏驳了下来。

中书侍郎范宁、徐邈刚正不阿，指斥奸党毫不留情。范宁尤其敢言，无论亲贵，凡是坏法乱纪之人，必受抨击。王国宝是范宁的外甥，范宁认为他为人卑鄙，而且屡教不改，上疏请求皇上贬黜王国宝。王国宝倚仗司马道子这个靠山，反去诬陷范宁。范宁对他又恨又怕，只好请求外调，愿做豫章太守。据说豫章太守这个职位很不吉利，凡是担任这个职位的官员都不能善终，因此朝臣都不愿担任这个职位。孝武帝看到范宁的奏折也大惊道："豫章太守这个职位不好，范宁为什么要以身试死呢？"但范宁一再坚持，孝武帝也只得允准。

后来，司马道子越来越放肆，出入宫禁如同出入自家府邸，完全不守君

---

[1] 门庭若市：门前和院子里像集市一样。形容往来人很多，十分热闹。

臣之礼，甚至卖官鬻爵[1]。孝武帝想选用名士镇守藩镇，以牵制司马道子，因此在朝廷内外都安插了心腹，哪知内患未除，却惹出一场外患来。

张贵人弑君

司马道子窥透孝武帝的心思，就用王国宝为心腹，琅琊内史王绪为爪牙，就连王国宝的兄弟数人都官居显位。王国宝向来是个逢迎高手，探得孝武帝有意提防司马道子，于是竭力迎合孝武帝，并且重贿后宫的张贵人，让她为自己说尽好话，一夕之间竟从相府爪牙，一跃成为皇宫心腹！司马道子知道后心中不平，在内省遇见王国宝就斥骂他忘恩负义，并拔剑相向。王国宝吓得魂飞魄散，撒腿飞奔。司马道子举剑朝王国宝扔过去却没刺中，被他逃脱。后来经百官多方劝说，司马道子才作罢。孝武帝知道后，对王国宝更加信任，常让他在一旁侍宴。

孝武帝整日沉溺酒色，竟因一句戏言，酿出一宗内弑的骇闻！孝武帝常在清暑殿中与张贵人饮酒作乐，张贵人因武帝身边妃嫔太多而醋意大发，加之年老色衰，被几个妃嫔冷嘲热讽，满腔愤恨无处发泄，烦恼不已。

一天晚上，孝武帝与张贵人共饮，张贵人心中不快，勉强陪饮。孝武帝见她似乎有些不快，问她是否安康，她说无恙。孝武帝所爱唯酒，以为酒入欢肠，百忧俱消，因此就让张贵人多饮几杯。张贵人酒量本来就小，更因怨气积胸，根本不愿喝。但君命难违，前两杯还是耐着性子勉强喝干，到了第三杯实在是饮不下了。孝武帝还要苦劝，说："朕不说你有罪，谁敢说你有

---

[1] 卖官鬻爵：形容掌权者出卖官职、爵位，以聚敛财富。

罪？如果你今天违令不饮，朕就要治你的罪！"张贵人蓦然起身说道："臣妾偏不饮，看陛下如何罚妾？"孝武帝也起身冷笑道："你不必多嘴，你也快三十了，年老色衰应该废黜了！后宫年轻貌美的佳丽多的是，你以为朕离不开你吗？"说着忽然一阵眩晕，想要呕吐，一时忍不住，竟对着张贵人喷了过去。可怜张贵人的玉貌云裳，被吐得肮脏不堪。

张贵人自从得宠以来，从没有受过这样的"责罚"，哪里禁受得起？张贵人啜泣多时，忽然柳眉双竖，让侍女撤去酒席，将心腹侍婢召进去，轻声嘱咐了数语。侍婢吓得连连后退，面有难色，张贵人大怒道："你如果不肯依我，便叫你一刀两段！"侍婢无奈，只好战战兢兢地来到御榻旁边，颤抖着双手用被子蒙住孝武帝的头，然后将重物压在孝武帝身上，使他不能动弹。过了好一会儿，才敢揭开被子查看，只见孝武帝已经毫无气息了。这孝武帝笑责张贵人，明明是酒后的一句戏言，却没想到张贵人被触动心

事，竟狠下毒手结束了孝武帝的性命。孝武帝总计在位二十四年，改元两次，年仅三十五岁。

张贵人杀了孝武帝，自知罪责深重，必须设法瞒骗，于是取出金帛钱财堵住众口，好为自己消灾，然后命人报告宫廷，说孝武帝暴崩。太子司马德宗比西晋的惠帝还要呆笨，自然不能为父雪冤。会稽王司马道子巴不得孝武帝早日归天，欢喜还来不及，哪会再费心追究？太后李氏以及琅琊王司马德文也万万不会想到张贵人竟敢弑主。于是一个弥天大案就这样化于无形了。

第二天，太子司马德宗即位，按照惯例大赦天下，史称安帝。司马道子权位日益尊贵，声威日益显盛，朝廷里的官僚大半趋炎附势[1]，争相奔走权门。最奇怪的是，王国宝不知道用了什么手段，又取得了司马道子的欢心，使得司马道子不计前嫌，依旧优待他，还将他引为心腹，赏了王国宝一个领军将军的职位。

小人王国宝

平北将军王恭为人刚直，为司马道子所忌惮。王绪诌附司马道子，因此与王国宝秘密商讨想除去王恭，但未下手。王恭也想除去王国宝，但因冀州刺史庾楷与王国宝是同党，而且兵马强盛，颇为担忧，就去找王珣商量。王珣说道："王国宝始终是个祸害，但现在他的劣迹还没有显露出来，不如等到王国宝恶贯满盈[2]的时候，再为民除害，到时候名正言顺，还怕不能成功

1　趋炎附势：巴结、投靠有权势的人。
2　恶贯满盈：罪恶极多，像用绳子穿钱一样，已穿满了一根绳子。

吗？"王恭点头称好，二人一笑而散。

过了一个月，安帝奉葬先帝于隆平陵，尊谥孝武皇帝。事情办完后，王恭上疏辞行，准备回到自己的镇地，因而与司马道子等人告别。王恭离开的时候对司马道子说："主上刚刚登基，宰相责任重大。愿宰相纳直言、远佞人，保邦治国，这样才不愧为良相！"说着，眼睛直视司马道子。又看见王国宝在旁边，脸上顿生怒色，眼睛瞪了又瞪。王国宝不敢直视，只好低下头去。司马道子觉得愤愤不平，但又不好骤然发作，只得敷衍几句，送王恭出朝。

第二年元旦，安帝改元隆安。司马道子提拔左仆射王珣为尚书令，领军将军王国宝为左仆射。王国宝当了仆射，手握大权，司马道子又让他统领东宫兵甲，他的气焰更加嚣张。此时，王国宝心中忌惮的人只有王恭和殷仲堪，因此曾建议司马道子黜夺王恭和殷仲堪二人的兵权。虽然司马道子没有照行，但消息已经传遍朝野。王恭镇戍京口，离都城较近，对都中的事情当然有所耳闻，于是修书一封寄给殷仲堪，与他商量讨伐王国宝。殷仲堪曾与桓玄谈论国事，桓玄正想利用殷仲堪动摇朝廷，于是趁机进言道："王国宝专权怙势，最忌惮的人就是你。如果他说动皇上召你入朝，不知你如何应对？"殷仲堪皱着眉说："这正是我担忧的事啊，不知你有什么良策？"桓玄答道："王恭疾恶如仇[1]，正好与他联手兴兵，入都城，清君侧，东西并举，还愁什么？桓玄愿率荆楚之地的豪杰率先响应。"殷仲堪一听，立即拍手称好。

然而其他藩臣都不赞成举兵，殷仲堪闷闷不乐，不免踌躇起来。这时王恭的书信到了，殷仲堪便想出一条圆滑的法子，他让王恭先起兵，自己做后应。王恭看了回信，自然大喜，便立即派人将讨逆檄文呈给朝廷。

---

[1] 疾恶如仇：憎恨邪恶的人或事如同仇敌一般。

晋廷大臣看了檄文，个个心惊。安帝立即传旨内外戒严，司马道子惴惴不安[1]，召来王珣一起商量大计。王珣本为孝武帝的亲信，可孝武帝暴崩后，王珣没有得到顾命，因此并没有什么实权。司马道子问道："二藩为逆，你知道吗？"王珣随口答道："朝政得失，王珣不敢议论，王、殷发难，臣从哪里得知呢？"司马道子无词可驳，只好询问王国宝。王国宝只知阿谀逢迎，对这种事情实在无能为力，急得不知所措，只好派遣数百人到竹里戍守。

这数百人夜行时遇到大风雨，四散而逃，王国宝更加惶恐不安。王绪说道："王珣与二藩互相勾结，车胤也是王珣的同党。为今之计，不妨假托宰相的命令将这二人杀死。消除了内患，再挟持主上讨伐二藩，人心一致，还有什么好怕的呢？"王国宝迟疑不定，被王绪厉声催逼，才派人召来王珣和车胤。等到他们前来，王国宝又不敢加害，反而同王珣商量方法。王珣说道："王恭、殷仲堪与你本没有什么深仇大怨，不过是为了争权才生出这样的心思。"王国宝不等他说完，愕然问道："莫非把我视作曹爽不成！"王珣说道："这也太严重了，你并没有曹爽那样的罪过，王孝伯又怎么比得上宣帝？"王国宝又问道："车公以为如何？"车胤答道："如果朝廷发兵讨伐王恭，王恭必定会据城固守。到时候如果京口没有攻下，而荆州军又到了，你将如何应对呢？"王国宝失声惊道："怎么办，怎么办？看来只好辞官了！"王珣与车胤窃笑而出。

车胤少时好学，家境贫寒没有灯油，夏天的时候就抓取萤火虫放在囊中照明读书。囊萤照读的故事说的就是车胤。王国宝放走了王、车二人后，又起悔心，于是矫诏自复官位。不料司马道子却当场翻脸，说他假传诏命，派

---

1 惴惴不安：形容因害怕或担心而不安。

人抓捕王国宝及王绪，赐死王国宝，将王绪斩首。于是王恭带兵回到京口。一场风波总算平息。

三分凉土

吕光是秦太尉吕婆楼的长子，祖上是氐族，一直居住在略阳。吕婆楼是秦王苻坚的佐命功臣，故得享尊荣，惠及子嗣。吕光占据凉州以后，趁机自立，史称后凉。不久又生出南、北二凉来。

南凉为秃发乌孤所建，秃发乌孤是秃发思复鞬的次子。秃发思复鞬曾派长子秃发奚于协助张大豫抵抗吕光，秃发奚于后来被吕光杀害。不久，秃发思复鞬也去世了，秃发乌孤登位以后发誓为兄长报仇，因此派大将纷陁谋取凉州。纷随说道："凉州不能急取。请先休养生息，养精蓄锐后再报前仇。"秃发乌孤从谏如流[1]，不久后势力就强盛起来。吕光想要笼络秃发乌孤，特派使者前去，封秃发乌孤为冠军大将军。秃发乌孤接受册封。凉使走后，秃发乌孤立即整顿兵马，攻破乙弗、折掘二部，又派石亦干修筑廉川堡，然后迁都廉川。秃发乌孤发兵四出，连破诸部。

吕光听说秃发乌孤日渐兴盛，于是封秃发乌孤为广武郡公。广武人赵振素有谋略，前来依附秃发乌孤。秃发乌孤立即与他见面，谈及国政，赵振见解独到，秃发乌孤听了，大喜道："我得赵生，大事成了！"这时凉州又有使者前来封秃发乌孤为征南大将军、左贤王。秃发乌孤又攻取凉乐都、湟河、浇河三郡，收纳岭南羌、胡数万家，连凉将杨轨、王乞基也率众归附。秃发乌孤改称武威王，史家因他在凉州南面，所以称其为南凉。

南凉既兴，北凉又起，首先发难的是沮渠蒙逊。沮渠蒙逊是张掖郡卢水人，先祖是匈奴左沮渠王，因此以沮渠为姓氏。沮渠蒙逊的堂兄沮渠男成在晋昌起兵，响应沮渠蒙逊。酒泉太守垒澄带兵出击，大败而亡。沮渠男成随即进攻建康。建康太守段业此时正受仆射王详的排挤，沮渠男成派人劝段业归附，但遭到拒绝。然而段业向姑臧求援，援兵始终不到，只好归附沮渠男成。于是沮渠男成推段业为大都督、龙骧大将军、凉州牧，号为建康公，改吕氏龙飞二年（397年）为神玺元年。

段业很自大，自号凉王，又改元天玺，提拔沮渠蒙逊为尚书左丞，梁中庸为右丞，以张掖为国都。张掖在凉州北面，所以史家称其为北凉。两国南北相对，都从后凉分出。后凉吕氏就此渐渐衰败了。

---

[1] 从谏如流：形容能很快地接受别人的规劝，像水从高处流到低处一样顺畅自然。

慕容宝逃跑

魏王拓跋珪养兵蓄锐，日见强盛。于是称尊号，建天子旌旗，改登国十一年为皇始元年（396年）。魏人忌惮的只是慕容垂，慕容垂死后，魏人无不暗自欣喜。拓跋珪大举进攻燕国，率领四十余万兵马从马邑出发，势如破竹。燕主慕容宝听到消息后脑袋发麻，始终拿不定主意，只好求助于赵王慕容麟。慕容麟答道："魏兵锐不可当，应当闭城固守。等他粮尽力竭，然后再出击，不怕不能取胜。"于是慕容宝决定修筑城墙，囤积粮粟，准备打持久战，并命辽西王慕容农驻屯安喜，作为外援。所有军事调度都由赵王慕容麟负责。

拓跋珪的大军一路夺下井陉，进攻常山，擒住太守苟延。常山以东的各郡县，或望风投降，或弃城逃生。只有邺城与信都二城固守不下。拓跋珪命东平公拓跋仪攻打邺城，冠军将军王建和左将军李栗进攻信都，自己率兵直攻中山。然而城中已有防备，自然不容易攻下。拓跋珪围攻数日，毫无进展，便决定放弃中山。临走之前，拓跋珪为了示威，再麾众猛攻一场，南城墙不甚坚固，差点被魏兵攻入。燕高阳王慕容隆一面派兵修缮城墙，一面奋勇力战。到黄昏时分，魏兵才退下南走。

魏军围攻邺城一年多，始终不肯退去。魏主拓跋珪因邺城久攻不下，信都也没有攻克，决定亲赴信都，支援冠军将军王建。燕宜都王慕容凤在信都已经守了七十多天，粮食将尽，又听说拓跋珪亲自前来围攻，吓得半夜逃到中山去了。信都没了主帅，将军张骧、徐超只好开城投降。

燕国虽然丢了信都，却攻占了杨城，杀死杨城三百守兵。燕主慕容宝计划全力出击北魏，于是将府库金银全部取出，招募壮士，不论良莠全部录用，于是盗贼、无赖通通混进了军队，几天就招了数万人。拓跋珪担心国都被困，就想结束与燕国的战争，于是派遣国相涉延向燕求和。燕主慕容宝不肯接受和谈，反而率领大军在滹沱河沿岸扎营。魏主拓跋珪听说燕主不肯和谈，勃然大怒，也带领军队来到滹沱河南岸，与燕军夹岸列寨。

燕主慕容宝见魏兵势盛大，不禁担忧。高阳王慕容隆想出一计，打算夜劫魏营。慕容宝点头赞同，并在营中戒严，以做后援。慕容隆挑出万名勇士，每个人都拿着火具，等到夜深寂静无声的时候，悄悄渡河。一登上对岸立即乘风纵火，边烧边杀入魏营。魏兵从睡梦中惊醒，见漫天大火，顿时乱作一团，抱头乱窜。拓跋珪见外面火光漫天，不由得胆战心惊，连衣服和帽子都来不及穿戴，就匆匆逃跑。燕将乞特真捣入魏主的寝帐，发现魏主已经走远，只剩下一些衣服、靴子，只好作罢。营中的军粮兵械都被燕兵搬走，燕兵你抢我夺，竟然私斗起来。

魏主拓跋珪逃到数里之外，发现后面没有追兵，才敢稍稍休息。等到士兵们都回来，依然择地安营。拓跋珪登高遥望，见燕军互相抢夺，自相争斗，不禁大喜，笑道："今夜还可以转败为胜呢！"随即回营召集士兵，在营外遍插火炬，然后带着骑兵大肆进攻燕兵。魏兵一路追杀，大胜燕军。慕容宝一路狂奔，顾不上全军，只带了两万旧兵，匆匆向北逃走。因担心被魏兵追上，命令士兵将兵械全部扔掉，数十万的兵器就这样抛洒了一路。

燕主慕容宝回到中山，还没来得及喘息，就召慕容农、慕容隆二王商议，打算放弃中山，带兵保卫龙城。慕容隆应声道："先帝栉风沐雨[1]才成就如今基业，作为儿孙怎么能轻易扔下祖宗社稷呢？如今外寇正盛，内乱又起，百姓人心不稳。北迁旧都只会引起不必要的骚乱，万万不可。龙城土地狭窄，百姓贫困，不适合做都城。"慕容宝答道："你说得有道理，但是如今情况危急，不能不迁了。"慕容隆默然退下，慕容农随后退出。他们召来

---

[1] 栉风沐雨：意思是大雨洗发，疾风梳头。后用来形容经常在外面奔波劳碌。

部下，告知他们出发的日期。其部下多半不愿走，只有司马鲁恭、参军成岌没有异议。慕容隆喟然道："愿走的走，不愿走的也得走，这是命令！"属下只好各自打理行装，准备出发。慕容农也即日整装，部将谷会归进谏道："城中士兵因为参合战败，恨不得与敌拼命，以报国仇家恨。士兵们都愿意杀敌战死，而不愿北行。大王应当带领众将士击退魏军，然后奉迎陛下重整河山，这样不是忠勇两全吗？"慕容农气恼道："你不要多说，我心意已决，立即出发！"谷会归只得告退。当天晚上燕主慕容宝开城出发，慕容农、慕容隆、太子慕容策、长乐王慕容盛一同随行。

燕都无主，百姓惊慌不已，东门连夜不闭。魏主拓跋珪听说后，正准备带兵入城，偏冠军将军王建劝魏主等到天明再去。等到晨鸡报晓，旭日已升，魏主拓跋珪来到东门时，城门已经关闭。见城上守兵却比之前更为勇猛，拓跋珪不由得惊诧起来。拓跋珪率兵攻打，没捡到半点便宜，反而损失了数百人。第二天又来进攻，仍然没得到好处。于是派人喊话道："慕容宝已经弃城逃跑，你们这些百姓还把守什么？难道你们都不怕死吗？"守兵齐声答道："从前参合一战，投降的人都被杀害。既然守是死，降也是死，不如死守！况城中并非无主，去一君立一君，难道魏人能杀尽我等吗？"原来燕开封公慕容详没有出城，被守兵奉为主帅，闭城死守，中山城才算暂时保全。

中山变乱

慕容宝一行人来到蓟城。随从卫士逃的逃，死的死，所剩无几。只有慕容隆部下还有四百骑兵。慕容会率领两万骑兵来到蓟南，听说慕容宝已经进入蓟城，于是进城与父亲相见。父子叙谈的时候，慕容会言谈中多有讽刺，脸上也时常露出不平之色。慕容宝等慕容会退出后，召来慕容农和慕容隆二人，说起与慕容会交谈时的种种情形。二人都说道："慕容会是陛下的儿子，年纪还小，难免任性骄纵，但他一定不会有异心。"慕容宝心有疑虑，因此想夺去慕容会的兵权，交给慕容隆。慕容隆担心慕容会报复，坚决拒绝。慕容宝仍将慕容会的士兵分拨给了慕容农和慕容隆，又派西河公库傉官骥率领三千士兵前去帮助守戍中山，然后将蓟城的库藏全部带到龙城。

慕容宝对慕容农和慕容隆道："我看慕容会已经有了造反的念头，现在不除他，难免成为祸患。"二王齐说不可。慕容宝慨然道："逆子已经不顾君父，你们还能宽恕他，不忍心诛杀。一旦他作乱，必先灭掉你们，然后是我，到时候只怕后悔也来不及了。"慕容宝虽然这么说，但也不肯急切下手，只是依旧向龙城进发。

没过多久，慕容会上疏请求诛杀佞臣，并立自己为太子，慕容宝当然不肯答应。慕容会掠去了许多财物，分别奖赏给将吏，然后自称皇太子，兼任尚书，以讨伐慕舆腾的名义，率领众人再次进攻龙城。慕容宝登上城门谴责慕容会不忠不孝，慕容会跨马扬鞭，意气自如，还下令士兵鼓噪扬威。城中将士见慕容会如此无礼，无不义愤填膺[1]，开城迎战慕容会。城中将士一鼓作气，锐不可当，将慕容会杀退。慕容会大败，灰溜溜地回到营中。到了半夜，侍御史高云又从城中悄悄潜出，带着一百多名死士袭击慕容会的兵营。慕容会大败，士兵相继逃散。慕容会只带了十多名骑兵奔往中山。开封公慕容详怎能容得下慕容会？他立即将慕容会抓住，斩首了事，并派人传报龙城。于是慕容宝颁令大赦，论功行赏。龙城暂得安宁。

邺城此时尚被围困，慕容详仍然坚守到底。魏主拓跋珪命东平公拓跋仪

---

1 义愤填膺：胸中充满义愤。

撤围，到钜鹿筹运粟米。慕容详暗中派遣士兵偷袭魏营，杀败守兵。拓跋珪因粮道未通，不便相持，于是率兵退到河间。慕容详还以为自己威震天下，竟然自称皇帝，改元建始。慕容详称帝以后，便即淫荒，嗜酒无度，更对部下横加杀戮。尚书令可足浑谭直言进谏，慕容详酒醉糊涂，竟不分青红皂白，喝令左右把可足浑谭推出去斩首。官吏不服，慕容详就派人监视，凡是私议政事的人，不论贵贱，全部处斩。不到一个月，就杀了五百多人，城内城外从此再也没有人敢议论什么了。

当时城中缺粮，大闹饥荒，百姓想到外面觅粮，偏慕容详下令严禁出入，以致饿死了很多人。因此全城百姓都恨慕容详无道，想要投靠赵王慕容麟。因为城中缺粮，慕容详就派辅国将军张骧到常山运粮。慕容麟趁机偷袭骧军。张骧大败，仓皇逃走。随后慕容麟带着将士悄悄来到中山，城门当时没有关闭，众人一拥而入。城中百姓见慕容麟到来，无不欢喜，引着慕容麟

进入伪宫去捉慕容详。慕容详正在酣醉当中,被众人七手八脚捆住,送到慕容麟面前。慕容详睡眼模糊,听得一片杀声,眼睛一睁,刀已横到脖子上了,话都没说,头颅就掉了。慕容麟随即僭号称尊。

魏主拓跋珪听说中山变乱,立即派长孙肥带领七千轻骑偷袭中山,一举攻入外城。慕容麟急忙抵御,长孙肥只好退去。慕容麟带着步骑追击,双方交战一场,各有杀伤。慕容麟丧失铁骑两百名,长孙肥也身中数箭,两军各自退回。拓跋珪移兵到常山九门,然后命略阳公拓跋遵带兵攻打中山。拓跋遵顺路割取禾稻,满载而归。中山没有了粮食,大闹饥荒。

慕容盛复国

高阳王慕容隆的老部下段速骨等人趁慕容宝出征攻打北魏之际,发动叛乱。段速骨带着乱兵,进逼龙城。城中守兵不多,长乐王慕容盛招募了一万百姓,奋力守城。段速骨人数虽多,但同谋的人不过百人,其他人都是迫于形势,不得已才作乱,所以没什么斗志。尚书顿邱王兰汗是慕容垂的舅舅,又是慕容盛的岳父,却起了歹心,与段速骨同谋作乱。段速骨等人更加有恃无恐,亲自缘梯登城,纵兵大肆杀掠。燕主慕容宝与慕舆腾等人往南奔逃。

兰汗表面上与段速骨是同谋,其实暗中一直忌惮段速骨,于是他趁段速骨不备,突然兴兵,将段速骨等亲党一股脑儿送入阴曹地府,当下废去慕容隆的儿子慕容崇,推立太子慕容策监国,然后颁诏大赦,并派使者迎慕容宝北归。

慕容盛等人跟着慕容宝一同进了蓟城,召见兰汗的来使。慕容宝想要北还,慕容盛进谏道:"兰汗是忠是奸还不清楚,怎么能贸然前去?万一有变,后悔也来不及了。不如往南投奔范阳王，然后合兵攻打冀州。"于是慕容宝从小路进入邺城，到了黎阳，暂时在河西驻扎。

这时兰汗派左将军苏超迎接慕容宝，极力表明忠诚。慕容宝信以为真，慕容盛劝阻不住，只好跟在后面。慕容盛与张真等人不肯进城。慕容宝却匆匆返了回去，到了索莫汗陉，距离龙城只有四十里，城中欢喜不已。兰汗派弟弟兰加难出迎，又让兄长兰提关上城门，禁止行人出入。兰加难来到陉北，与慕容宝相见，做出一副恭恭敬敬的样子。又走了十余里，兰加难忽然命人将慕容宝杀死。兰汗知道后，将慕容宝殡葬，追谥曰灵。随后兰汗自称昌黎王，改元青龙。

慕容盛得知变故，打算前去奔丧，将军张真极力劝阻。慕容盛说道："兰汗应当会顾念我是他的女婿，不忍心加害我。"随后入城赴丧，并先让妻子兰氏去求兰汗的妻子为自己说情，以求免除一死。兰汗本想杀了慕容盛，但见一妻一女悲泣哀鸣，免不得心肠软了下来。兰提和兰加难都说斩草留根，必成后患，要求立即杀死慕容盛。兰氏在一旁磕头，哀求不已，兰汗说道："那我就赦免了他，但你应当替我传话，让他感念我的恩德。"

兰提等人屡次劝兰汗杀死慕容盛，兰汗始终不从，兄弟间从此有了嫌隙。加上兰提为人骄狠荒淫，时常逾越礼法，即使与兰汗相见也往往恶语相加，二人因此嫌隙更深。太原王慕容奇是慕容楷的儿子，同时也是兰汗的外孙，被授予征南将军的官职。慕容奇与慕容盛二人心怀国仇家恨，当然患难相亲，时常一起密谋。慕容盛常常挑拨兰提和兰汗二人的关系，还让慕容奇到外面私招士兵。慕容奇潜入建安，募集了几千壮丁，让他们据城自固。

后来兰提与兰汗发生冲突，兰汗派长子兰穆前去讨伐兰提。兰穆临行时，对兰汗说道："慕容盛与我有仇，现在慕容奇起兵，慕容盛必然会响应。这心腹大患应当尽早除去，然后再平内乱也不迟。"兰汗半疑半信，打算在召见慕容盛时将他杀害。兰氏对此稍有耳闻，连忙转告慕容盛。慕容盛谎称生病，闭门不出。此事也就搁置不提了。

兰穆击败兰提，回城告捷，兰汗大犒将士，欢宴终日，父子喝得酩酊大醉，各自回去休息。有人悄悄通报慕容盛，慕容盛立即直奔东宫，杀了兰汗父子。

慕容盛报了父仇，便祭告太庙，大赦境内，一时不称尊号，仍以长乐王自称。随后召太原公慕容奇回都城。慕容奇听信谗言，竟然背叛慕容盛，在距龙城十里的横沟驻扎。慕容盛亲自出兵讨伐，慕容奇不敌，被箭射中，并在龙城被处死。随后慕容盛命河间公慕容熙为侍中，改谥先主慕容宝为惠愍皇帝，庙号烈宗。

不到一年，改元长乐。每有罪犯，慕容盛必当明察，并且吸取慕容宝的教训，对待宗族勋旧非常严格，稍有过失便用重刑。辽西太守李朗在郡十年，威行境内，慕容盛屡次征召他都不来，还暗地里召来魏兵恐吓燕廷。慕容盛查明实情后，就将他留居在龙城的家眷全部处死，并派遣辅国将军李旱前去讨伐李朗。李旱奉命出发，忽然朝使又召他回都。李旱只得奔回。回到都城，马上进宫询问原因。慕容盛说："我只是担心你过于劳累，所以召你回来。"过了一晚，慕容盛又派李旱速速出兵，群臣都觉得莫名其妙，李旱也摸不着头脑，但只能依命行事。

李朗听说李旱率兵出击，自然严加防守。后来又听说李旱中途退回，还以为龙城发生了什么变故，就放松了戒备，只让儿子李养守住令支，自己到北平迎候魏兵。李旱日夜兼程，潜进令支，一举歼灭了李朗一党。慕容盛讨平了辽西，魏兵也已经出境，燕魏交战在所难免。

王恭受戮

东晋青、兖二州刺史王恭与荆州刺史殷仲堪分别镇守长江，权倾朝野。会稽王司马道子担心他们起兵，就命世子司马元显为征房将军以防不测，并将谯王司马尚之以及他的弟弟司马休之招为谋士。司马尚之对司马道子进言道："大王何不分割藩镇的权力，外树心腹，自增藩位？"司马道子听了，立即任命司马王愉为江州刺史。偏豫州刺史庾楷不愿分权，上疏抗议，朝廷没有答复。庾楷便派儿子庾鸿去劝说王恭："司马尚之兄弟是会稽王的羽翼，打算借助朝廷之手削弱藩镇，王愉又是王国宝的兄弟。公如果不早做打算，恐怕他们必来报复前嫌，到时候就有大祸了。"

王恭本来就担心司马道子报复，听了这话当然着急，忙派人报告殷仲堪。殷仲堪立即与桓玄商议。桓玄本就是个闯祸的头目，自然极力怂恿。殷仲堪当即写好回信，愿推王恭为盟主，约好日期一同前往建康。王恭收到信后，正要发兵，刘牢之进谏道："会稽王是天子叔父，又当国秉政，彼此都是国家栋梁，利益休戚相关，一损俱损，一伤俱伤。之前会稽王因将军责备，诛杀了王国宝和王绪，并且自割所爱向将军道歉，将军也可谓得志了。现在王愉出镇江州，又没有什么大损失，就是豫州四郡都割给王愉，对将军而言又有什么损失呢？"王恭不肯听从，上疏请命征讨王愉及司马尚之兄弟。

司马道子听说后，派人拉拢庾楷。没想到庾楷让使者回去传话道："王恭之前进兵山陵，相王无计自保，是我发兵前去守卫，王恭才有所忌惮，没有大动兵戈。去年王恭入都兴罪，我也尽力保全相王。我对待相王不曾有负，相王却为了自救而杀了王国宝兄弟。王国宝如此受宠尚且被杀，敢问还有什么人敢再为相王效力？庾楷家有一百口人，怎能不见机行事，难道还要留着让你灭门吗？相王落得今天的境地，应当先自我反省，而不是责备别人。"司马道子向来胆小，听了这些话，更是急得不知所措。世子司马元显愤然说道："之前放了王恭才有今日之祸，现在如果再姑息的话，朝廷还如何立足？我愿去讨伐逆贼。"司马道子听后，稍稍放心，于是将兵马大权全部交给司马元显，自己则在府中饮酒作乐，聊以消遣。

殷仲堪听说王恭已经举兵，也率兵出发。但殷仲堪没什么韬略，所有军事都委托给了杨佺期兄弟，他派杨佺期率领五千舟师作为前锋，桓玄带着两万士兵作为后应。桓玄带着精锐士兵杀入，所向无敌，连连攻破江东各城，由白石进入横江。司马尚之与他交战，竟然大败，仓皇逃走。司马恢之也被桓玄攻破，全军覆没。都城大震。司马道子驻守中堂，命王珣驻守北郊，谢琰屯兵宣阳门，严兵防守。司马元显独自驻守石头城，毫不畏缩，见敌兵来势汹汹，就多方刺探敌情，果然被他查出破绽，想出一条反间计来。

刘牢之因王恭不肯听自己的劝告，对自己又十分冷漠，不免灰心丧气，不愿再为王恭效命。正在懊恼的时候，庐江太守高素借入报军机之名，与刘牢之密语，劝刘牢之背叛王恭，说好事成之后即以王恭之位转授。刘牢之怦然心动，却装作踌躇不已的样子。高素又从怀中取出一封书信，交给刘牢之作为凭证。刘牢之一看是会稽王司马道子署名的书信，自然同意，随后对儿子刘敬宣说道："我打算助顺讨逆，你以为可行吗？"刘敬宣答道："助顺讨逆，理应如此，何必多疑？"于是二人细细谋划了一番。

刘敬宣趁着王恭出城阅兵的机会，突然麾骑而来，刹那间将王恭的人马打得七零八落。王恭单枪匹马回到城下，看到城上站着的大将正是东莞太守高雅之。王恭只得纵马逃跑，却被巡逻的兵吏截住，将王恭送到了建康。王恭和他的子弟党羽全部被杀。晋廷命刘牢之为辅国将军，代王恭镇守京口。

才女谢道韫

当时的会稽内史是王凝之。王凝之是前右军王羲之的二子，极其迂腐，除了擅长书法以外，没什么才能。安西将军谢奕的女儿谢道韫是有名的才女，小时候就擅长写诗作文，一次叔父谢安问她："《毛诗》中哪一句最好？"谢道韫答道："《大雅·嵩高篇》中的'吉甫作颂，穆如清风。仲山甫永怀，以慰其心'最好。"谢安听了一再点头称赞，连说谢道韫是个雅人。一个冬天，天上正下着大雪，谢安一家人聚在一起吃饭。谢安特意问道："此雪何所似？"侄子谢明说道："撒盐空中差可拟。"谢道韫微微嘲讽道："未若柳絮因风起。"谢安一听大悦，连夸谢道韫聪慧灵敏。谢道韫长大成人后，嫁给了王凝之。

本以为二人郎才女貌，应当是琴瑟相和[1]才是。谁知谢道韫归宁时却怏怏不乐。谢安问道："王郎是王羲之的儿子，并不恶劣，你还有什么不满的呢？"谢道韫怅然说道："叔父一门有阿大、中郎。我的堂兄弟之中有封、胡、羯、末，都是才华横溢、一时俊杰。我以为天下人都是如此，没想到世上竟还有王郎这样迂腐的人。"谢安听了，也为之叹息不已，但二人已经成婚，还有什么办法呢。阿大是指谢安，中郎指西中郎将谢万。谢万长子谢韶小字为封，曾任车骑司马。胡是谢朗的小字，他官至东阳太守。羯是谢玄的小字，是谢道韫的兄长，在当时最有名望。谢川小字末，青年早逝。这四人都有才名，为谢氏一门的俊才。

---

1 琴瑟相和：琴与瑟是中国古代两种乐器，这两种乐器一起配合演奏时，其和声非常好听。所以，古人就将琴瑟相和形容夫妻关系和谐、美满。又称"琴瑟和谐"。

王凝之的弟弟王献之，风流有才，深得谢安的器重，做了长史。他善谈玄理，一次与辩客辩论，突然词穷，不知道该说什么。谢道韫在内室知道后，立即让婢女对王献之说道："我来为你解围。"满堂宾客听说，惊讶不已。不一会儿，谢道韫就来到屏风后面，接着王献之的话题向辩客发难，辩客招架不及，词穷而去。

王凝之到会稽赴任，谢道韫自然同行。半年之后，孙恩作乱，带兵逼到会稽城下。王凝之既不调兵也不做好防备，只在厅室中设天师神位，每天焚香诵经，在天师座下念咒烧符，好像疯子一般。官吏进来拜见，让他发兵讨贼。王凝之神色安然，缓缓说道："你放心，我已经向道祖借了几千神兵神将，让他们分守各处要隘，孙恩兵马再多也无能为力。"然而神兵始终未到，乱贼倒是越逼越近，距离会稽城不过数里了。属吏连番告急，王凝之才准许出兵，兵马还没有调集，乱贼已经杀来。城中百姓纷纷夺门而出，避难逃命去了，王凝之却还在道室内叩拜祈祷。忽然隶役急匆匆跑进来禀报："贼兵已经攻进城了。"王凝之这才着急，连忙带着儿子出逃，连妻子谢道韫都没来得及带走。跑了十里左右，就被贼兵抓到，绑到孙恩面前。孙恩说他殃民误国，应当斩首。王凝之还念念有词，无奈咒语仍然无效，只听得几声刀响，王凝之父子的头颅都被砍去。

谢道韫当时还在内室，得知贼兵已经攻破城池，依旧从容自如，毫不慌张。听到王凝之父子被杀害时，才失声痛哭，流下数行眼泪。她让婢仆等人准备马车，自己带着年仅几岁的外孙刘涛准备逃走。刚出署门，就被贼兵拦住，谢道韫指挥婢仆与贼兵拼杀。但贼兵越来越多，谢道韫索性亲自下车，与贼兵奋杀起来，接连砍倒了好几个贼兵，终因寡不敌众，被贼兵抓住。谢道韫毫无惧色，请求面见孙恩。来到孙恩面前，谢道韫仍不卑不亢，从容陈述。孙恩见她说得有条有理，心中暗暗称奇，就没有加害她，可见了幼儿刘涛，却要把他杀死。谢道韫慷慨激昂地说："刘涛是刘氏后人，今日之事关乎王门，与他族有什么相关？如果你一定要杀他的话，不如先杀了我！"孙恩不禁动容，不再为难，让他们自行离开。

谢道韫从此寡居会稽，矢志守节。谢道韫所写的诗文脍炙人口，在她去世后都被编辑成书，流传于世。

殷仲堪自误

荆州刺史殷仲堪担心桓玄过于跋扈终会成为祸患，于是与杨佺期结为亲家。桓玄戍守在夏口，任用卞范之为长史，庾楷为武昌太守。桓玄上疏朝廷："殷、杨必定会再次滋事，请先给臣特权，以便控制。"会稽王司马道子正想让他们鹬蚌相争[1]，于是委任桓玄负责荆州四郡军事，又让桓玄的兄长桓伟接替了杨佺期的兄长杨广的职务。杨佺期很是不平，杨广更是愤恨不已。

正好当时后秦主姚兴进兵洛阳，擒获了河南太守辛恭靖，河洛一带相继陷没。杨佺期想出一条声东击西[2]的计策，立即部署兵马，假意说要支援洛阳，暗中却想攻打桓玄。杨佺期担心兵力不足，就派使者和殷仲堪商量。殷仲堪又担心杨佺期得势，对己不利，因此修书苦劝，并派堂弟殷遹防守杨佺期。杨佺期只好按兵不动。

谘议参军罗企生对弟弟罗遵生说道："殷公优柔寡断，难免招来大祸。但他对我有知遇之恩，我不能舍他而去，将来必定是与他同死了。"罗遵生也叹息不已。后来荆州发生水灾，殷仲堪大开仓廪，赈济饥民。桓玄想乘虚

---

1 鹬蚌相争：比喻双方相持不下，而使第三者从中得利。
2 声东击西：声张击东而实击西。用以迷惑敌人，造成敌人错觉，给予出其不意的攻击。

先攻打殷仲堪，表面上也以援救洛阳为名，筹备军事，派人送信给殷仲堪，约他一起除掉杨佺期。

殷仲堪不答一词。桓玄带兵进入巴陵，夺取谷子作为军粮。当时梁州刺史郭铨奉命赴官，经过夏口，桓玄把郭铨留住，谎称朝廷命郭铨为前锋，并密报桓伟让他做内应。桓伟一时不知如何是好。殷仲堪得到消息后，便召桓伟前来问话。桓伟担心被殷仲堪所杀，只好和盘托出[1]，连连辩白此事与自己无关。殷仲堪让桓伟写信给桓玄，威胁他退军。桓玄看了之后微笑道："殷仲堪优柔寡断，必然不敢加害我兄长，我大可不必担忧，尽管准备进兵。"随后派郭铨、苻宏潜到江口，与殷遹大战一场。殷遹仓促接战，不能抵御，只好逃到江陵。殷仲堪再派杨广及殷道护前去抵御，又被桓玄打败。江陵大震。

此时，江陵城中粮食已经不够，只好用胡麻代替粮食暂时充饥。桓玄乘胜进逼，前锋距离江陵城只有二十里，殷仲堪大为惊恐，急忙请求杨佺期前来支援。杨佺期说江陵没有粮食，不能驻守，让殷仲堪投奔他，二人共守襄阳。殷仲堪不愿放弃江陵，便派人回话："现在已经存储了很多粮米，你不用担心没有粮食。"杨佺期信以为真，立即率领八千步骑直达江陵。杨佺期到了以后才知道自己被骗，勃然大怒道："这回又要败了！"然后与兄长杨广一同进攻桓玄。

桓玄退到马头，让郭铨留下来戍守江口。杨佺期带兵杀来，郭铨兵少势弱，要不是逃得快，性命都差点丢掉了。杨佺期休息了一晚，士兵们的锐气已经大减。谁知这时桓玄却领着大兵突然杀到，士兵当即溃散，只剩下杨佺期兄弟俩，如何抵御？兄弟二人没办法，只好拼命逃生，朝襄阳狂奔而去。途中被桓玄的将领冯该擒获，转献桓玄，桓玄将他们斩首，并把首级送到建

---

1 和盘托出：连同盘子一起端出来。比喻完全说出来或拿出来，毫无保留。

康。随后，杨佺期的弟弟杨思平与堂弟杨尚保、杨孜敬逃到蛮荒之地去了。

殷仲堪听说杨佺期被杀，立即奔赴长安。走到冠军城的时候，被桓玄的士兵们追到，殷仲堪手下的士兵一哄而散，只剩下侄子殷道护还跟随着。殷仲堪四顾无路，只能束手就擒。叔侄二人被送到柞城。桓玄逼着殷仲堪自杀，殷道护抚尸痛哭，最后也被杀害。后来殷仲堪的儿子殷简之找到了他们的遗骸，将其移葬在丹徒。殷仲堪出逃时，文武官员没有一个人来送行，只有罗企生跟随着他。经过家门时弟弟罗遵生对罗企生说道："今日生死离别，我们何不握手言别？"罗企生伸出手去，罗遵生用力一拉，将罗企生拉下了马车，死死拽住他，不让他脱身。殷仲堪回头，见罗企生被罗遵生拽住，只好独自策马离开。罗企生因此捡回性命。

后凉吕氏家乱

后凉主吕光自觉时日不多，自称太上皇，立太子吕绍为天王，命庶长子吕纂为太尉，吕纂的胞弟吕弘为司徒。没多久，吕光病逝。吕绍担心发生内变，因而秘不发丧。吕纂听说后，不顾阻拦进宫大哭。吕绍忌惮吕纂，担心自己为他所害，表示愿意禅让君主大位。吕纂始终不肯答应。于是吕绍嗣位，为父发丧，追谥吕光为懿武皇帝，庙号太祖。

吕光有两个侄子，年长的是吕隆，年幼的是吕超，二人都是将领。送完葬后，吕超对吕绍说道："吕纂连年统兵打仗，威震内外，必然成为朝廷的大患。应当设法早点除掉他，社稷才能安定。"吕绍摇头道："先帝早就嘱咐过我，兄弟间不得兵戎相向。况且我刚刚担当大任，正要倚重兄长来安定家

国，怎么能起杀心？如果他要杀我，我也只能视死如归，终不忍骨肉相残。你以后不要再说这样的话了！"吕超再劝，吕绍半天才答道："我宁可一死，也不愿残害兄弟骨肉。"吕超叹息道："陛下临机不断，臣担心大势已去。"

吕弘一直受吕光的宠爱，一心想做太子。吕绍被封为太子后，吕弘心中很是不平，不断怂恿吕纂谋反。于是吕纂在夜里率领几百个壮士潜进北城，攻打广夏门。吕弘也带着东苑卫士进攻蒲洪范门。吕绍无计可施，只好在紫阁自刎。吕超则逃到广武去了。

吕纂见吕弘部众强盛，不得不假装推让，劝吕弘即位。吕弘微笑推辞，不肯接受。于是吕纂称天王，改元咸宁。

吕弘担心自己功名太盛，不能被吕纂所容，因此常怀戒备之心，吕纂自然也怀着同样的心思。两人私下猜嫌已久，吕弘终于隐忍不住，在东苑起兵，围攻禁门。吕纂派焦辨抵御，吕弘战败逃往广武。不久吕弘被擒，吕纂派人将吕弘杀死。

吕纂篡位后，吕超和兄长吕隆决定伺机发兵。吕超调任番禾太守，擅自发兵击鲜卑思盘。思盘遣弟乞珍，至姑臧告诉吕纂，说吕超无故加兵。第二天，吕纂召来思盘与群臣在内殿饮酒，又召来吕隆和吕超二人，打算让吕超与思盘和解。吕超假装向思盘赔罪，思盘也好言相待。一直喝到太阳下山，群臣都已尽兴，纷纷谢宴回家，吕隆和吕超还不停地劝酒，吕纂是个酒中饿鬼，越醉越贪杯，喝得神志不清，才乘车返回内庭。吕隆兄弟俩借口搀扶吕纂，也跟着进入内廷。马车走到琨华堂东阁停了下来，不能前进。吕纂的亲信窦川、骆腾将佩剑取下挂到墙上，帮忙推车。吕超顺手抄起剑，上前刺去。因为有车轼隔着，没能刺中吕纂。吕纂一跃下车，徒手与吕超搏斗，无奈醉得头晕眼花，被吕超刺中胸膛，鲜血直喷，急忙奔进宣德堂。窦川、骆腾与吕超格斗，都被他乱剑刺死。杨皇后得知消息，连忙命禁兵围攻吕超，哪知殿中监杜尚反而帮助吕超，带着他进了宣德堂，将吕纂枭首示众。事已至此，众人都不敢反抗。

吕超让吕隆嗣位。于是吕隆即天王位，打算更改年号。吕超在番禾时曾获得一尊小鼎，认为是祥瑞之物，因而劝吕隆改元神鼎。

南燕定都广固

北凉主段业虽然建国，但庸弱无才，没有威望。敦煌太守李暠起初是北凉的臣子，后来居然另建年号，建了西凉国。北凉主段业得知李暠自立，正打算发兵征讨，无奈力不从心，再加上尚书沮渠蒙逊等人从中作梗，自己的位子尚且不保，怎么还能顾及敦煌？所以李暠安稳了一段时间。而段业的大好头颅竟然被沮渠蒙逊取去。

原来，北凉主段业任用沮渠蒙逊为尚书左丞，私底下却不信任沮渠蒙逊。沮渠蒙逊知道后，更加小心谨慎。但段业还是逼死了沮渠蒙逊的堂兄沮渠男成。沮渠蒙逊得知沮渠男成已死，涕泪交加地对部众哭诉："我的堂兄沮渠男成忠心耿耿，反被大王枉杀，岂不可恨？我等拥段业为主，本来是为了安土息民，谁知段王却如此无道，戮害忠良，我等还能安枕无忧吗？各位如果肯为我兄报仇，请听从我的号令。"部众听了，悲愤异常，纷纷主动请命，霎时间就集聚了上万人。于是沮渠蒙逊进逼氐池，不费吹灰之力，长驱直入张掖。沮渠蒙逊率兵入城后，立即砍死了段业。于是沮渠蒙逊自称大都督、张掖公，改元永安。

当时，南燕王慕容德从滑台迁都广固，随后称帝。先前秦主苻登被姚兴所灭，苻登的弟弟苻广投奔了南燕。慕容德任命苻广为冠军将军，命他镇守乞活堡。不久苻广自称秦王，随后出兵击败南燕北地王慕容锺。于是慕容德留鲁王慕容和据守滑台，自己率领精骑征讨苻广，将苻广斩首了事。没想到长史李辩杀死了慕容和，举城投降了魏国。慕容德闻报大怒，准备带兵前去讨伐。韩范谏阻道："如今人心大乱，不可再战。应当先占据一方，养足兵力，再来攻取滑台。"正在议论，帐外报称右卫将军慕容云到来，慕容德立即传入。慕容云献上李辩的首级，并说已经救出将士家眷。慕容德军中的士兵正一心挂念家眷，得知消息纷纷前去相认，众人大喜。

慕容德召集将佐商议道："此战虽然平定了苻广，却丢了滑台，进有强敌，退无所依，各位有什么好策略？"张华进言道："彭城是楚国旧都，依山傍水，地广民多，我们应迁都到彭城休养生息。"慕容德不禁犹豫。慕容锺等人建议攻打滑台。尚书潘聪道："滑台四通八达，北通大魏、西接强秦，时刻被这两国窥伺，防不胜防。彭城地势平坦，距晋国太近。我等一旦进兵彭城，晋国必会与我国相争。我军擅长陆战，晋军擅长水战。假使我军取得彭城，到了秋夏之交的时候，江淮水大涨，千里为湖，晋人鼓棹前来，我军又如何抵御？因此进攻彭城并非良策啊。青齐土地肥沃，方圆两千里内有十多万百姓，左有大海，右有山河，易守难攻，是用武的胜地；况且广固山形险峻，易守难攻，足以定为都城。广固如今被辟闾浑占住，辟闾浑原本是燕臣却投敌叛国，辜负国恩。为今之计，应当先礼后兵，拿下广固，再养精蓄锐。"

慕容德决意东行，带兵攻入薛城，兖州等郡县望风降附。慕容德另设官员，禁止士兵抢掠，百姓没有受到滋扰，纷纷牵牛端酒前来犒劳士兵。齐郡太守辟闾浑抗命不从，慕容德命慕容锺率兵进攻齐郡，自己则率兵进踞琅琊。徐、兖二州十多万百姓陆续归附。兖州守将任安弃城自逃。封孚是后燕的吏部尚书，前次兰汗作乱，他投奔了辟闾浑，做了渤海太守。慕容德到了莒城，封孚献城投降。慕容德大喜，说道："我最开心的不是攻取了青州而是得到了封孚啊。"随即对封孚委以重任，但凡军机大事都与他商量。二人

计划进军广固，做慕容锺的后援。辟间浑调了八千多人驻守广固，派崔诞镇守薄荀、张豁镇守柳泉，崔、张二人都不战而降。慕容德定都广固，并特意为沙门僧朗修建了神通寺。第二年，慕容德自称皇帝，改元建平。因其名不易避讳，就在德字前加一"备"字，叫作备德，诏示境内。

后燕主慕容盛苛刻寡恩。勉强过了两年，宗族亲旧都对他心怀不满。这时，慕容盛的伯母丁太后与慕容盛的叔叔河间公慕容熙勾搭成奸，二人都视慕容盛如同眼中钉一般，恨不得置慕容盛于死地。正巧一天半夜，有一个刺客砍死了慕容盛。丁太后趁这个机会让河间公慕容熙叔承侄统，众臣不免惊愕不已。但因慕容熙手握兵权，不好反抗，只得联名上疏推荐慕容熙。慕容熙继承大位，改元光始，北燕台改称大单于台。

刘裕大胜孙恩

后凉主吕隆称天王后，一心想要逞威风，不遗余力地抓捕内外叛党。偏偏姑臧城里大闹饥荒，一斗米值五千钱，人们互相残食，饿殍塞道。吕隆担心发生变乱，就关闭城门，日夜不开。百姓乞求出城觅食，吕隆恨他们煽动民心，索性把他们抓住，全部杀害，城内尸积如山。

北凉趁机进攻姑臧，吕隆不得已向南凉求援。南凉派秃发傉檀前去支援。沮渠蒙逊听说秃发傉檀即将来到，勒兵出战，却被吕隆打败。于是沮渠蒙逊与吕隆讲和，并留下万余斛谷子赈济凉民，然后退回。秃发傉檀中途接到秃发利鹿孤的命令，移兵征讨魏安守将焦朗。焦朗无力守城，只好投降。秃发傉檀将焦朗送到西平，将魏安百姓迁到乐都，然后进攻姑臧。沮渠蒙逊也去侵扰姑臧。秃发傉檀在南，沮渠蒙逊在北，累得吕隆南防北守，奔走不迭。偏偏后秦也来作祟，派使者征吕超入侍。吕隆急得没法，只好令吕超带着珍宝，献给秦廷，并表示愿将姑臧送给秦国。秦主姚兴派齐难率领四万兵马前去迎接吕隆，命王尚担任凉州刺史，镇守姑臧，并派人镇守仓松、番禾二城。秦主姚兴任命吕隆为散骑常侍，吕超为安定太守。后凉从吕光建国到吕隆亡国，共历四主，仅存十九年。吕隆在秦国称臣数年后因连坐处死。

孙恩逃到海岛后，余灰复燃，又率领士兵攻占勾章，然后转攻海盐。勾章守将刘裕率兵抵御，在海盐修筑城堡。孙恩屡次来攻打，都被刘裕麾兵击退，党羽姚盛也被斩了头。孙恩虽然屡次受挫，但余焰不衰。城中兵少孤，恐怕也不能支撑很久，刘裕就想出一个办法。半夜的时候，将城上旗帜全部拔去，秘密派遣精兵埋伏在城外。到了天明，竟然大开城门，只派几个老弱残兵在城门守卫。孙恩探得城内空虚，连忙驱兵来到城下，见城门开着，便厉声喝道："刘裕在哪里？"城上的兵卒答应道："昨晚已经带兵出逃

了。"贼众信以为真，纷纷进城。忽然听到一声鼓响，城门左右两边突然杀出两路伏兵，大刀阔斧地向贼众乱砍。贼众进退无路，除了被杀死外，多半自相踩踏而死。孙恩当时还在城外，连忙掉头逃走，余众死了一半，只剩下一半人跟着孙恩逃往沪渎。

刘裕带兵追击孙恩，海盐令鲍陋派儿子鲍嗣之率领一千吴军与刘裕一起追击。鲍嗣之年少气盛，自恃骁勇，请命做前驱。刘裕让他做后援。鲍嗣之道："将军未免太小瞧晚辈了。我决意前行，效力杀贼，虽死无怨。"说着，带兵自去。刘裕无可奈何，只得在后面跟着，并在队伍两旁准备了许多旗鼓。等到前驱军遇到贼兵，两下交锋，刘裕就让伏兵扬旗呐喊，擂鼓助威，贼兵以为四面都有伏兵，仓皇退去。偏偏鲍嗣之策马急追，竟然将刘裕远远甩在后面。鲍嗣之冒冒失失地闯进贼兵之中，被贼众团团围住，终因独力难支，战死沙场。贼众打了胜仗，趁势进击刘裕。刘裕见贼众来势凶猛，只得边战边退。退了数里，贼众仍然穷追不舍，刘裕麾下的士兵已有多人死伤。刘裕见此情形索性下马，让手下故作闲暇。贼众见了，不禁生疑，立即勒马停住。刘裕反而上马大呼，麾兵杀贼，贼众纷纷骇退，刘裕得以从容退去。孙恩认为刘裕不好对付，就移兵前往沪渎，攻入守将袁山松的营垒，将袁山松以及部下四千人全部杀死。孙恩劫掠三吴壮丁，胁迫他们为贼，然后坐船赶往丹徒。随后，孙恩带着十多万党羽、一千多艘战船，趁夜直逼建康。都城大骇，内外戒严。

百官会聚朝堂，共同商议对策。朝廷命冠军将军高素驻守石头城，辅国将军刘袭堵住淮口，丹阳尹司马恢之戍守南岸，冠军将军桓谦防守白石，左卫将军王嘏屯兵中堂，谯王司马尚之保卫京师。会稽都督刘牢之令刘裕从海盐出发，前去支援丹徒。刘裕接到命令后立即出发，手下士兵不到一千人，兼程前进。孙恩刚到丹徒，刘裕大军就接踵而至[1]。丹徒的守军，本来没什么斗志，百姓也多携妻带子准备逃跑。孙恩率领众贼登上海岸，一路鼓噪着登上蒜山，声震江流，沿岸士兵和百姓惊慌不安。刘裕晓谕城中兵民，让他们不要惊慌害怕，然后亲自率领步兵上山奋击，一当十，十当百，竟把孙恩击退。孙恩投海自尽。

桓玄夺晋位

孙恩溺死后，他的妹夫卢循被剩下的几千贼众推为头目。卢循带着众贼仍然盘踞海岛，不肯归附晋廷。晋廷还想命刘牢之等人出兵剿灭卢循，偏偏

1　接踵而至：指人们前脚跟着后脚，接连不断地来。形容来者很多，络绎不绝。

长江上游又起了一场大乱,几乎把东晋江山席卷了去。晋廷只好暂时放下卢循之事,先平定长江乱事再说。

长江乱首是谁呢?就是荆、江二州刺史桓玄。桓玄自认为地广兵强,一心想篡晋,屡次上疏暗暗讽刺朝廷,还向会稽王司马道子写信为王恭诉冤。会稽王父子看了桓玄的信笺,当然惶恐。庐江太守张法顺对司马元显说道:

"桓玄刚刚得到荆州,尚未尽得人心。如果派刘牢之为先锋,再派大军跟进,攻下桓玄并不难。"司马元显向来倚重张法顺,自然听从了他的建议。正好这时,武昌太守庾楷私下派人对司马元显说愿意做内应。司马元显大喜,立即派张法顺到京口转告刘牢之,刘牢之颇觉为难。张法顺报告司马元显道:"刘牢之无意效命,将来必然背叛晋廷。不如召他入京,先斩了他,否则反而多了一个强敌,难免误事。"司马元显听后,不以为然,没有答应,只令整顿水军,准备征讨桓玄。

元兴元年（402年）元旦，晋廷颁下诏书，历数桓玄罪状，任命司马元显为骠骑大将军，负责调度十八郡军马，刘牢之为前锋，谯王司马尚之为后应，定好日期前去征讨桓玄。桓玄坐镇江陵，一心以为朝廷没有余暇来讨伐自己。当听到司马元显已经统军前来时，不禁吃了一惊，打算回城据守。长史卞范之进谏道："明公声威远扬，司马元显不过是乳臭小儿，刘牢之又心怀他意。我军如果进逼京畿，他们必然回军自守。这样我们的危机也就解除了，何必将他们引进境内呢？"桓玄立即抗表传檄，斥责司马元显，留下桓伟戍守江陵，自己则举兵东下。经过寻阳的时候，并不见有官军把守，于是桓玄放大胆子疾速进军，又探知到庾楷的计谋，于是分兵袭击庾楷，将他抓住。江东大震。司马元显刚出都门，接到桓玄的檄文，已经心慌，再听到庾楷被囚的消息，免不得惊上加惊，于是停止前行，始终不敢发兵。晋廷上下也不免着急，特派齐王司马柔之拿着驺虞幡[1]告示荆、江二州，下令罢兵。司马柔之途中遇到桓玄的前锋，惨遭杀害。桓玄顺流而下，直入姑孰，派部将冯该进攻历阳。襄城太守司马休之据城固守，桓玄派人堵截洞浦，纵火烧了豫州所有的兵船。豫州刺史司马尚之率领九千士兵列阵以待，又派杨秋屯兵横江。杨秋不战而降，引桓玄攻打司马尚之，司马尚之大败而逃，躲避数日，终被玄军擒去。司马休之出战应敌，不能抵御，弃城逃走。

刘牢之本来一直观望，不愿依附司马元显，他想利用桓玄除去司马元显父子，然后再剪除桓玄，好为了能独掌大权。所以刘牢之虽是前锋，却始终不肯效力。下邳太守刘裕是刘牢之的参谋，他请刘牢之立即攻打桓玄。刘牢之摇头不答。正巧刘牢之的族舅何穆暗中得到桓玄的嘱托，因而对刘牢之说道："自古以来，功高必危。不如摆脱司马元显父子，自谋富贵。"刘牢之

---

[1] 驺虞幡：一种绘有驺虞图形的旗帜，用以传旨解兵。驺虞，神话中的仁兽，生性仁慈。

正有此意，就与桓玄暗中勾结。刘裕与何无忌一再劝谏刘牢之，刘牢之始终不听。刘裕让刘牢之的儿子刘敬宣劝刘牢之三思而行。刘牢之怒斥道："我也知道击败桓玄是容易的事，但是平定了桓玄以后，试问司马元显能容下我吗？"刘敬宣不好违逆父亲，只得唯唯应命。刘牢之派刘敬宣到桓玄那里投降，桓玄假装优待他们，然后乘势进攻建康。

桓玄整兵入京，矫诏解严，自称丞相，任扬州牧。晋安帝本来就形同木偶，国事内政全由琅琊王司马德文代理。司马德文无兵无权，无法钳制桓玄。因此桓玄专断独行，借着天子的名号号令四方，还暗中派人毒死司马道子。

自从安帝嗣位以来，会稽王司马道子父子秉权乱政，闹得朝政一塌糊涂。桓玄初入建康，黜奸佞、任贤才，都中的百姓自然欢喜。谁知才过了一个多月，桓玄就变得奢侈无度，不但凌辱朝廷，甚至克扣宫中供奉。安帝以下不免饥寒，三吴又大闹饥荒，百姓多半饿死，苦不堪言。

到了第二年二月，朝中大臣已多是桓玄的党羽，纷纷逼迫安帝交出玺绶，然后逼迫安帝迁到永安宫居住。桓玄于元兴二年（403年）十二月初一早上即帝位，改国号为楚，纪元永始。

刘裕入都

桓玄性格严苛，喜怒无常，朝令夕改，群臣常常无所适从。他还喜好游猎，每天要出去游玩。

青州刺史桓弘令青州主簿孟昶到都城汇报政事，桓玄见他神态雍容，很是器重。孟昶返回青州时在京口与刘裕相遇，彼此叙谈多时，非常投机。刘

裕笑着说道："草泽间当有英雄崛起,你可曾听说?"孟昶接道："今日英雄应该是足下吧。"说完,二人相视一笑。

刘裕与孟昶共同商议匡复的办法,二人安排妥当,便分头通知。刘裕与何无忌在京口谋划,刘裕决计起兵,命何无忌当晚草拟檄文。何无忌的母亲是刘牢之的姐姐,从旁看见檄文,不禁痛哭流涕道："我虽然比不上东海吕母,但你能这样做,我还有什么好遗憾的?"得知主事者是刘裕,何无忌的母亲大喜道："刘裕为主,桓玄必亡了。"

青、徐、兖三州迅速被刘裕的人马占领,只有建康及豫州两路还没有发兵。刘裕被众人推为盟主,负责徐州军事,任用孟昶为长史,檀凭之为司马。当下号召徐、兖二州的壮丁,从竹里出发,声讨桓玄。

刘裕率军攻克京口,走到江乘,正遇上吴甫之带兵杀来。吴甫之向来骁勇,一连挑落数人。刘裕大呼道："吴甫之敢来送死吗?"说完一刀把吴甫之斩落马下。

皇甫敷正在对面严阵以待。刘裕打算亲自出战，司马檀却阻止了他，纵马先出，与皇甫敷交锋。数十回合后，司马檀被皇甫敷刺死。刘裕不禁大怒，立即策马前去接战。皇甫敷素闻刘裕的威名，不敢与他交手，于是麾众围攻刘裕。刘裕毫不畏缩，靠着大树与皇甫敷力战。皇甫敷喊道："你打算怎样死？"说着，即拔戟刺向刘裕。刘裕大喝一声，吓得皇甫敷倒退数步，不敢靠近。正巧刘裕这边来了援兵，大胜皇甫敷。皇甫敷凄声说道："君得天命，皇甫敷应当受死，唯愿以子孙相托。"刘裕一边答应，一边斩杀了皇甫敷，随后命军吏厚恤皇甫敷家人，然后进逼建康。

桓玄听说二将战死，大惊失色，连忙召集亲眷，带着儿子桓昇和侄子桓濬出了南掖门。一行人逃到石头城，船只已经备齐，便立即登船逃走。船中不曾备有粮食，桓玄一行好几天都没有进食，不禁饥肠辘辘。等船走到百里以外，才从岸上弄到一点儿粗粮。桓玄勉强吃了几口，却不能咽下，桓昇代为抚胸，惹得桓玄涕泪俱下，心中涌起阵阵酸楚。众人进餐后，乘船前往寻阳。

建康城内王谧等人将刘裕迎入都城。王仲德抱着王元德的儿子王方回，出城迎接刘裕。第二天，刘裕移屯石头城，设立留台，令百官照常办事，另造晋室神位奉入太庙，又派刘毅追击桓玄，再派部将臧熹入宫检收图书、器物，封闭府库，又派尚书王嘏率领百官到寻阳迎回安帝。刘裕自己则统领八州军事，担任徐州刺史。

桓玄奔到寻阳，刚想休息一下，又听说刘毅追来，急忙挟持安帝兄弟和何、王二后乘舟西行，留下何澹之、郭铨、郭昶之等人驻守湓口。刘毅不能前进，王嘏无从迎驾，只好回去报告刘裕。于是刘裕假称受安帝密诏，迎武陵王司马遵为大将军，暂居东宫代理朝政。司马遵的父亲司马晞是元帝的第四个儿子，受封武陵。后来司马遵承袭爵位，留官建康，任中领军。桓玄篡位以后，贬司马遵为彭泽侯。司马遵即位后大赦天下，只有桓玄一族不在赦免之列。正巧刘敬宣和司马休之从南燕奔回，于是司马遵任命司马休之为荆州刺史，刘敬宣为晋陵太守。司马休之奉命赴任，但此时的荆州还被桓石康占据着，他怎么肯轻易让给司马休之？再加上桓玄也从寻阳奔赴了荆州，桓石康当然要与晋廷相抗。

晋安帝回都

桓玄挟持安帝回到江陵，冯该请命整兵再战，无奈人心已失，无人听命。桓玄不得已，打算投奔桓希。当晚，桓玄刚刚出城，黑暗中忽然闪出几个人，拿着刀一阵乱砍。幸好桓玄的部下眼疾手快，慌忙抵挡，桓玄才没受伤。桓玄单骑逃脱，上船等了好一会儿，卞范之、丁仙期、万盖等人才赶来，众人上船一同西行。因为城门的一场混战，安帝逃出桓玄的掌心，被王康产送到南郡府舍。南郡太守王腾之率领文武大臣一同保护安帝。琅琊王司马德文始终陪在安帝左右，须臾不离。安帝这才安下心来。

益州刺史毛璩之前曾要征讨桓玄，被桓希所阻。毛璩的侄子毛修之，听说桓玄战败西奔，正想设法除奸。于是毛修之到桓玄那里诈称蜀地安全，不妨前往。桓玄是只要有路可奔，去哪里都愿意。宁州刺史毛璠病死任上，毛璩派侄孙毛祐之等人护送毛璠的灵柩回江陵。在枚回洲的时候，正巧与桓玄相遇，毛祐之眼快，一眼看见桓玄坐在船中，当即大喝一声道："逆贼哪里逃？"一声令下，船上的士兵纷纷拉弓放箭，射向桓玄。桓玄惊慌乱窜，丁仙期、万盖以身护主，都被射死。

益州督护冯迁带着壮士，跳到桓玄的船上。桓玄颤声问道："你，你是什么人？竟敢杀天子！"冯迁不屑地说："我来杀忤逆天子的贼臣。"话落刀闪，桓玄的首级已被斩下。桓昇急忙扑过来救护，却被冯迁打倒，捆绑而去。毛祐之、费恬等人陆续赶来，劈死了桓石康、桓濬，卞范之跳入水中逃生。毛祐之等人提着桓玄的首级，带着桓昇，赶赴江陵。并派人迎来安帝，暂时借江陵为行宫。安帝命人将桓昇斩首，提拔毛修之为骁骑将军。

桓谦率领群臣奉还了玺绶。琅琊王司马德文接了玺绶，交给安帝，并婉言让桓谦退下去，等候诏旨。过了一会儿，安帝下诏任命司马德文为徐州刺史，桓振为荆州刺史，桓谦为侍中卫将军兼任江、豫二州刺史。桓氏再次专政，安帝身边的人都是桓振的爪牙。桓振叹息道："我叔父不早用我，才导致国灭身亡。如果叔父尚在，我为前锋，天下早就定了。如今蜗居在这个小地方，也不能长久啊。"桓谦劝桓振东下，自己据守江陵。桓振刚刚夺权，正想纵情酒色，肆行杀戮，安享几天的威福，怎肯再去战场？桓谦只得招募兵马，到马头防守，并派桓蔚戍守龙泉。

刘裕任命刘毅为兖州刺史，收复江陵。刘毅召集各军来到江陵城下，纵火焚门，桓谦弃城西逃。晋军随后扑灭余火，麾军进城。安帝再得正位，改元义熙。

当时建康留台已经备齐法驾，要迎回安帝。何无忌奉帝东还，留刘毅、刘道规驻守夏口。晋安帝回到建康，下诏任命琅琊王司马德文为大司马，武陵王司马遵为太保，刘裕为侍中兼任车骑将军，刘毅为左将军，何无忌为右将军，刘道规为辅国将军，魏咏之为征虏将军兼吴国内史。刘裕推辞不受，恳请归藩。安帝一再劝说，刘裕仍不愿受命，始终请求调任外镇。于是安帝让刘裕统领十六州军事，驻守京口，刘裕这才没有推辞。

刘毅曾担任过刘敬宣的参军，有人说刘毅是一代雄杰，唯独刘敬宣说他"内宽外忌，夸己轻人，将来得志，必然取祸"。刘毅知道后，一直耿耿于怀。刘敬宣因功受赏，升任江州刺史，刘毅对刘裕说道："刘敬宣并没有立

下大功，却让他出任江州刺史，未免太优待他了。"刘裕没有听从。刘敬宣知道后，却自请解职，后来做了宣城内史。刘毅与何无忌分别征讨桓氏的余党，将他们全部荡平。荆、湘、江、豫四州从此肃清。朝廷命刘毅管治淮南五郡，何无忌治理江东五郡。晋室这才稍得安宁。

当时，宫廷虽经丧乱，但大祸已除，人心自然思治，共望升平。彭泽令陶潜是陶侃的曾孙，字元亮，又字渊明。一天朝廷派的督邮来到郡中，县吏要求所有的官吏束带出迎。陶潜慨然叹息，不肯为五斗米折腰，在义熙二年（406年）解印归田，并写了一篇《归去来兮辞》表明心志。后来借诗酒自娱，归隐农田直到寿终。

赫连勃勃建夏

刘卫辰被北魏所灭,刘卫辰的儿子刘勃勃辗转来到秦国,投靠了秦高平公没奕于。没奕于将爱女许配给刘勃勃,并将他举荐给姚兴。姚兴见他身高八尺,仪容伟岸,应对详明,禁不住暗暗称奇,便任命刘勃勃为骁骑将军兼任奉车都尉,所有军国大事,常让他一同参谋。姚邕入谏道:"刘勃勃天性不仁,不能重用,愿陛下留意。"姚兴恼怒道:"刘勃勃有济世之才,我要平定天下正需要这样的人才,怎么能疏远他呢?"不久,又任命刘勃勃为安远将军,封为阳川侯,让他与没奕于一同镇守高平。不久,又提拔刘勃勃为安北将军,封为五原公,命他镇守朔方。

刘勃勃独镇一方,免不得暗蓄雄心。听说秦魏通好,就与秦国有了嫌隙,心中起了叛意。那时柔然部的酋长社仑派使者护送八千匹马进贡秦国,路过大城,刘勃勃竟把他截住,将马匹夺为己有。刘勃勃召集部众三万余人假装到高平川狩猎,引诱岳父没奕于和他相会。没奕于不加防备,坦然出去相迎。不料刘勃勃竟然暗中派人刺死没奕于,并将高平的士兵全部收服。

晋安帝义熙二年(406年),刘勃勃自称天王,改姓赫连,建元龙升,设置百官,以夏为国号。他派人出击鲜卑、薛干等部,收降一万多人,随后又进攻三城以北的戍垒。

三城是秦国的要塞,由秦将杨丕、姚石生等人驻守。得知赫连勃勃要来攻打,杨丕、姚石生自然要带兵堵击。偏偏赫连勃勃兵锋甚锐,势不可当,杨、姚二将连战失利,相继战死。赫连勃勃到处侵掠,不肯罢休。部将奏请定都高平,赫连勃勃道:"我新创大业,士兵不多。姚兴也是一时的英雄人物,有众多将领效命于他。我如果专恃一城,他们必定合力攻打我,那时我就必死无疑了。我不如东西驰突，攻他不备。他顾后必失前，顾前必失后，劳碌奔波，即使不战也会被我方拖累。我游食自如，不出十年，岭北、河东可尽归我所有。等姚兴一死，立即进攻长安。姚泓小儿怎么能抵挡得住我军？到时我自有妙计擒他。古时候的轩辕氏也是迁居无常，二十多年后才定国都，我为什么不效仿他呢？"部将一听，相继拜服。于是赫连勃勃进攻秦岭以北的各个郡城，忽来忽去，忽东忽西，害得秦国各地不得不终日关闭城门，白天也不敢打开。种种警报，频频传入长安，秦主姚兴大为感慨："我不听劝告，才导致了今天的大祸，真是追悔莫及啊。"

慕容超即位

南燕主慕容备德占据广固，蹉跎了五年，已是六十九岁，一直苦于没有后嗣。后来得知兄长之子慕容超在长安，就立即派使者将他接回。慕容超母子曾与呼延平投奔后凉，后来凉主吕隆投降了秦国，呼延平就带着慕容超母子来到长安。不久，呼延平去世，慕容超痛不欲生，母亲段氏说道："我们母子死里逃生，全赖呼延氏的保护，此恩不报，良心如何能安？呼延平已死，但还有一个女儿。我想让你娶她为妻，以报前恩，你认为如何？"慕容超自然从命。

因为担心被秦人陷害，慕容超一直假装疯癫，四处乞食，秦人都把他当乞丐看待。唯独东平公姚绍窥破隐情，对姚兴说道："慕容超必定不是真疯。"姚兴便召慕容超入见。慕容超故意胡言乱语，答非所问。姚兴不明就里，就放慕容超回去，并不再管束他。一天，一个叫宗正谦的相士在路上遇到慕容超，说道："您是大贵之人，怎么混居在市井之中呢？"慕容超一听，

连忙将宗正谦带到僻静处，将自己的身世一一告知宗正谦。宗正谦是济阴人，立即派人秘密通知南燕。慕容备德这才知道慕容超的存在，于是派遣济阴人吴辩前来查明真伪。吴辩来到长安，先拜访宗正谦再由宗正谦转告慕容超。慕容超与吴、宗二人改名易姓，到了镇南长史悦寿的住处才敢吐露真实姓名。

悦寿报知兖州刺史南海王慕容法，慕容法担心慕容超是冒充的，因此不肯迎入慕容超。悦寿就将慕容超送到广固，慕容备德得知消息后大喜过望。慕容超觐见慕容备德，呈上金刀，转述祖母临终遗言。慕容备德当即封慕容超为北海王，让他担任侍中。慕容超长得威武雄壮，与慕容备德很是相像，慕容备德因此更加宠爱他，打算立慕容超为嗣，还特意为慕容超在万春门内修建了一处宅邸，每有闲暇，必亲自前去与慕容超谈论国事。慕容超曲意承欢，谨慎侍奉，并开府招纳贤人，屈己下人，名望渐隆。

约莫过了一年，暮秋天凉，汝水忽然干涸，慕容备德大惊，过了两个月，竟然卧床不起。慕容超向慕容备德请命，打算前去祭拜汝水神，慕容备德摇头道："命数天定，汝水神恐怕也无能为力。"当天晚上，慕容备德梦见父亲慕容兢对自己说道："你既然没有后嗣，为什么不立慕容超为太子？否则恶人就要夺位了。"慕容备德正要问恶人是谁，偏偏被人从旁唤醒，睁眼一瞧是皇后段氏，不由得唏嘘道："先帝有命，令我立储，看来我快要死了。"第二天，慕容备德在东阳殿与群臣商议，准备立慕容超为太子。事情还没决定，地面忽然震动起来。慕容备德支撑不住，只好回宫。晚上，慕容备德已经不能说话了。段氏在旁大声呼道："召中书草诏，立慕容超为太子，好吗？"慕容备德点头同意。于是段皇后宣入中书，让他草定遗诏，立慕容超为皇太子，慕容备德才瞑目而逝，享年七十岁，在位六年。

慕容超登上大殿，嗣为南燕皇帝，改元太上。尊段皇后为太后，命北地王慕容锺任尚书事，南海王慕容法为征南大将军，桂阳王慕容镇为开府仪同三司，尚书令封孚为太尉，追谥慕容备德为献武皇帝，庙号世宗。

南燕危矣

慕容超继位后，任命亲臣公孙五楼为武卫将军。公孙五楼一心想要离间宗亲，私下里总不免向慕容超进谗言。于是慕容超改任慕容锺为青州牧，段弘为徐州刺史。太尉封孚进谏道："慕容锺是国家重臣，社稷所赖；段弘在外戚之间很有威望，百姓都信服他。应当将内政大事委任给他们二位，不应当将他们调离外镇，更不宜委任公孙五楼辅政。"慕容超却始终信任公孙五楼，没有听从封孚的劝告。慕容锺与段弘心中不平，互相说道："黄犬皮恐怕要补狐裘呢。"公孙五楼听到后，与他们的嫌隙更深了。

慕容超因为归国的事而对慕容法心怀忌恨。慕容备德去世时，慕容法担心慕容超为难自己，就没有前来奔丧，慕容超派人责备。于是慕容法与慕容锺、段弘合谋，打算废掉慕容超。谁知事情泄露，慕容超立即下诏召他们入都。慕容法与慕容锺都称病不去。慕容超搜查内党，将慕容统、慕容根、段封等人斩首，将封嵩车裂。然后命慕容镇攻打慕容锺，慕容昱攻打段弘，慕容凝、韩范进攻慕容法。封嵩的弟弟封融逃到北魏，召集一群盗贼进袭石塞城。慕容凝也起了异心，谋杀韩范，袭击广固。范侦带兵攻打慕容凝，慕容凝逃往后秦。慕容法支撑不住，弃城投奔北魏。慕容锺在青州大败，也奔往后秦去了。慕容超平定叛党之后，四处游玩。百姓屡受征调，不堪劳役，多有怨言。

刘裕想要亲自讨伐蜀国，但南燕太近恐成祸患，不得不先讨伐燕国后讨

伐蜀国，于是上表北伐，打算发兵进讨南燕。朝臣多说西南未平，不宜图北，唯独左仆射孟昶、车骑司马谢裕、参军臧熹赞同刘裕。安帝不能不从，便命刘裕率军北行。当时是义熙五年（409年）五月，夏日正长，大江水势上涨，刘裕率舟师从建康出发，直抵下邳，然后麾兵登岸。来到琅琊，所过之处燕军都做好了防守。有将领认为不宜深入，刘裕笑道："鲜卑贪婪，哪里懂得什么远谋？诸位不必多虑，看我此行大破虏贼。"于是下令急进，连日不休。

南燕主慕容超召集群臣商议，侍中公孙五楼道："晋兵轻锐只想速战速决，我方不宜急着与他争锋。应当据守大岘山，与晋军打持久战，消耗他的锐气，然后派精骑截断他的粮道，再派段晖带领兖州士兵沿着大岘山东面攻入，腹背夹攻刘裕，这是上计。如果在各处险要关隘分别派兵戍守，筹足军粮，收割禾苗，焚烧田野，使刘裕无从侵掠，到时候他求战不得，求粮无粮，不出几个月，自然受困，这也不失为中策。如果纵容敌兵进入大岘山，再出城迎战，便是下策了。"慕容超却偏偏认为下策是最好的应敌方案，辅国将军贺赖卢道："大岘山为我国要塞，万万不能放弃，一旦失去此界，国家就难保了。"慕容超摇头不答。桂林王慕容镇又进谏道："陛下既然主战，何不率军在大岘山进击刘裕？即便不胜，还可以退守。"慕容超始终不从，最后竟然拂袖而去。慕容镇不禁叹道："如此纵敌深入，坐等敌军围攻，必定是死路一条。今年国灭，我必是一死。"慕容超得知后，将慕容镇逮捕下狱。然后召集莒地与梁父的守兵，静待晋兵到来。

刘裕安然越过大岘山，指天大喜道："我军已经越过险隘，消灭南燕，在此一举了。"慕容超命公孙五楼为征虏将军，让他与贺赖卢和段晖率领五万军兵驻守临朐，自己带领四万军兵作为后应。临朐南面有巨蔑水，距城有四十里。公孙五楼领兵刚到水滨，晋将孟龙符已经杀来，公孙五楼不敌，只好逃走。临朐城下，晋军与慕容超大战一场，不分胜负。参军胡藩向刘裕献了一策，刘裕依计派胡藩、檀韶带兵直攻临朐，并大呼道："我军不下十万人，你们这些守城的兵吏能战就战，否则就快点投降。"城内只有少数老弱残兵，自然很快就被攻陷了。城南的段晖得知消息，连忙派人报告慕容超。慕容超大惊，单骑逃奔到段晖营中。南燕兵失了主子，四散逃跑。刘裕带兵乘胜冲入段晖兵营。段晖出营拦阻，被刘裕一槊杀于马下。慕容超策马急奔，晋军长驱追杀。慕容超逃入广固，广固城仓皇无备，被追来的晋军一拥而入，夺去了外城。

慕容超亡国

晋军攻入广固外城，慕容超慌忙紧闭内城大门，派兵固守。刘裕带兵围攻，四面筑栅，安抚降兵，并从中选拔贤俊之人委以重任。慕容超无计可施，派张纲向秦国求援，并赦免桂林王慕容镇，让他负责军事，又召入慕容镇，殷勤问计。慕容镇慨然答道："秦人也有外患，恐怕无暇分兵救援。现在将散卒召集起来还有数万人，陛下应当拿出金帛充作犒赏，激励士兵决一死战。如果天意助我，定能破敌，万一不能获捷，死亦殉国，比起坐以待毙要好得多了。"话没说完，乐浪王慕容惠接着道："晋兵气势威盛，让羸兵与之决战，必败无疑。秦国虽有外患，但他与我们如同唇齿，怎么会不来支援呢？尚书令韩范在秦国也颇有名望，应当派他前去求援！"于是慕容超令韩范前去求援。

当时，秦国正处于内忧外患的困难时期。秦主姚兴一心想要发兵收复姑臧。这时南燕又来请求秦国援助。秦主姚兴只好命令张纲先行援助南燕。张纲在泰山被太守申宣抓住，送入晋营。刘裕听说张纲善于制作攻击用的兵器，便对张纲好言抚慰，让他对坚守广固的燕军守吏喊道："赫连勃勃大破秦军，秦主无暇来救，你们自寻生路吧。"守吏听了，大惊失色。慕容超只好派使者到刘裕营中请和，愿割让大岘山以南的土地给晋廷，同时愿世代为藩臣。刘裕拒绝。不久有秦使传话给刘裕道："如果晋军不退兵的话，秦国将派十万大军来支援燕国。"刘裕大怒道："你大可回去禀报姚兴，我平定燕国后，便去攻取洛阳。姚兴如果自愿送死，尽管速来。"参军刘穆之道："公为何要挑动敌怒呢？一旦秦国发兵，敢问我们该如何抵御？"刘裕笑道："你不懂，这是兵机。试想姚兴如果真的想援救燕国，就不会先派使者前来告知我军了。这分明是虚张声势，不足为虑。"

秦主姚兴本来派卫将军姚强与燕使韩范到洛阳与守将姚绍合兵，然后前去援救广固。后来赫连勃勃杀败秦军，窥伺关中，姚兴不得不召回姚强，然后用一个虚张声势的计策去吓唬刘裕。谁知刘裕根本不信，韩范怏怏而归，悲叹道："天要亡燕了。"燕臣张华、封恺出兵抗击刘裕，都被俘虏。封融、张俊相继乞降，张俊对刘裕道："燕人的希望全在韩范一个人身上，只要韩范前来投降，燕城就可以不攻自下。"于是刘裕修书招降韩范。韩范慨然道："燕若灭亡，秦也难保，我不如投降晋廷罢了。"于是投降。刘裕大喜，让韩范到城门下招降守将。城中得知韩范投降，顿时乱成一团。

灵台令张光说天象显示燕国必然灭亡，劝慕容超投降晋廷。慕容超一听，立即拔出佩剑，一剑斩下张光的首级。晋义熙六年（515年）元旦，慕容超登上天门，在城楼朝见群臣，杀马犒飨将士。第二天，慕容超与宠姬魏夫人登城，见晋兵势力强盛，不禁唏嘘泪下，与魏氏握手对泣。

尚书令董锐劝慕容超投降，慕容超将董锐打入大牢。贺赖卢、公孙五楼暗中凿通地道，带兵出战。晋军被杀了个措手不及，幸亏晋军律向来严格，才很快稳住了阵脚，杀退燕军。城门久闭不开，城内居民无论男女都生了一种脚气病，不能行走。尚书悦寿对慕容超说道："天时人事，现在已经可以

知晓了。从来历数既终，尧舜尚且避位，陛下也应达权通变，这样或许还能保存宗庙，保住一方百姓。"慕容超慨然道："兴废原有天命，我宁可奋剑杀敌致死，也不愿衔璧求生。"

　　刘裕见城中困乏，于是下令破城，士兵们猛扑不已。悦寿在城上望着，料想燕军无法支撑，就开门迎纳晋军。慕容超与左右数十骑兵没走几里路就被晋军追到。刘裕叱责慕容超，说他抗命不降，殃及兵民。慕容超神色自若，只将母亲托付给刘敬宣，然后一言不发。刘裕派人将慕容超押解到建康。将燕王公以下三千人全部处斩，将平濠城变成荒地，然后班师。慕容超被押解到晋都后，枭首市曹，终年二十六岁。南燕从此灭亡。慕容宝的养子高云已经篡位，恢复原姓，并任命慕容归为辽东公。至此前燕、后燕、南燕三国全部沦亡。即使史家把高云列入后燕，后燕也只延续了一年多就灭亡了。

北魏之变

拓跋珪素来好色，称帝时曾纳刘库仁的侄女为妃，对她宠爱一时。刘妃生了个儿子叫拓跋嗣。后来拓跋珪因为慕容氏貌美，就将慕容氏立为皇后。拓跋珪的母亲贺氏逝世，追谥为献明太后。献明太后有一个年幼的妹妹入宫奔丧。拓跋珪见她生得貌美如花，禁不住暗暗垂涎。无奈这位贺姨母已经嫁人，不肯与他苟合，惹得拓跋珪心痒难熬，竟动了杀心，暗地里找刺客杀害了贺姨父，然后派人逼令贺氏入宫，贺氏不得不就范。后来贺氏生下一个儿子，取名为拓跋绍，长得蜂目豺声[1]，与贺氏大不相同。拓跋绍长大后，凶狠狡猾，不服管教。拓跋珪曾将他两手反绑起来，倒悬井中，直到拓跋绍奄奄一息，才把他放出来。从此以后，拓跋绍稍稍收敛，心中却忌恨不已。拓跋珪哪里知晓，还以为拓跋绍从此改过自新，特封他为清河王。

后来拓跋珪变得喜怒无常，动不动就杀人。长子拓跋嗣本来受封为齐王，后来被立为太子，但拓跋嗣的母亲刘氏反被赐死。拓跋珪召来拓跋嗣说道："昔日汉武帝将立太子必先杀其母，他这样做是担心妇人干预政事。现在要立你来继承大统，我不得不效法汉武帝了。"拓跋嗣一听，忍不住落下泪来，悲不能抑。拓跋珪大怒，将他斥退。拓跋嗣回到东宫，仍旧痛哭。拓跋珪知道后，又派人召见拓跋嗣。东宫的侍臣劝拓跋嗣不要应召前去，拓跋嗣因而托病不去。卫王拓跋仪一直被拓跋珪忌惮，拓跋珪夺去他的官职，令他闲居。拓跋仪不免有所怨言，拓跋珪知道后便说他图谋不轨，勒令拓跋仪自尽。贺夫人偶然一次违逆了拓跋珪，拓跋珪竟要将贺氏杀死，贺氏吓得逃

---

[1] 蜂目豺声：眼睛像蜂，声音像豺。形容坏人的面貌声音。

到冷宫，随后立即派侍女通知拓跋绍。拓跋绍本来心中就有宿愤，又听说生母将要被处死，气得双目直竖，五内如焚，立即招来心腹，贿通了宫女、宦官，让他们做内应，然后趁着天昏夜静，进入宫中。宫中的宦官将拓跋绍带到内寝，拓跋绍破门而入。拓跋珪从梦中惊醒，刚要掀开帐子查看，刺刀已经飞入，拓跋珪顿时毙命。

拓跋绍杀了父亲，就去见母亲贺氏。贺氏得知事情经过，大惊失色，急忙前去查看，见拓跋珪已经断气，不由得簌簌落泪。拓跋绍召集卫士进攻东宫，意图夺位。卫士多半不愿听命。东宫太子拓跋嗣命令将军安同诛杀逆臣拓跋绍。安同慷慨誓众，卫兵们无不愿意，一拥入宫，抓捕拓跋绍。拓跋嗣随后登殿，将拓跋绍斩首，贺氏坐罪赐死。拓跋嗣随即登上尊位，为拓跋珪发丧，追谥为宣武皇帝，庙号太祖，后来又改谥道武。

平定卢循与西蜀

晋刘裕平定了南燕之后，屯兵下邳，忽然晋廷飞诏刘裕，催促他回来支援。原来，卢循攻陷长沙，徐道复攻陷南康、庐陵、豫章，顺流东下，居然想要攻夺晋都了。原来卢、徐二人之前虽然接受了晋朝的官职，但一直阳奉阴违，伺机作乱。

刘裕的大军到了山阳，又接到豫章警报，江荆都督何无忌被徐道复打败，已经阵亡。何无忌是江左名将，突然战死，刘裕自然惊心，担心京畿就此失守，急忙卷甲赶回，与数十骑兵快马奔驰到淮上。可巧遇到朝廷来使，刘裕急忙询问战况，听朝使说贼众还没到京都，这才放心。

刘裕等人安安稳稳地到了京口。百姓见刘裕到来，欢庆不已。过了两天，刘裕回到都城。青州刺史诸葛长民、兖州刺史刘藩、并州刺史刘道怜各自带兵前来保卫都城。

卢循得知刘裕已经回到建康，打算立即退回寻阳，然后攻取江陵，占据江、荆二州以对抗晋廷。徐道复却认为应当乘胜急进。彼此争论了好几天，毕竟徐道复气盛，卢循不得不从，于是麾舟东下。警报传到建康，刘裕立即募民为兵，修筑石头城。诸葛长民、孟昶探得贼势猖獗，有十万大军，不禁被吓得魂惊魄散，打算过江暂避敌军锋芒。刘裕不许。孟昶以死相谏。刘裕愤然道："你先看我打一仗，到时再死也不迟。"孟昶怏怏退出，回家后服药而死。

徐、卢二人见刘裕屯兵石头城，知道难以取胜，只好撤退。

刘裕见敌军撤退，当然欣喜，便打算亲自出兵讨贼。右军参军庾乐生逗留不前，刘裕立即将他斩首示众。众人畏惧，奋勇向前。贼众纷纷骇乱，四

散狂奔。卢循、徐道复逃往寻阳。

刘裕得此大捷，又麾军进击左里。徐道复硬着头皮，拼死守城。毕竟贼势孤危，抵挡不住骁勇的官军，一着失手，便被攻入。徐道复被晋军乱矛刺死。卢循在途中接到警报，因而得以逃入交州。

此前，九真太守李逊作乱，被交州刺史杜瑗平定。不久杜瑗去世，晋廷命杜慧度承袭职位。杜慧度还没接到诏书，卢循已经袭击合浦，捣入交州。杜慧度拿出所有的私财犒赏将士，将士感激不已，更加奋勇无畏。卢循乘船出战，杜慧度手下都是步兵，水陆不便交锋，于是杜慧度在两岸列兵，点燃火炬扔入循船。卢循的三万船只全被烧着，连自己坐的船也被点燃。卢循连忙扑救，已经来不及了。卢循自知死路难逃，先将妻儿毒死，然后自己也一跃入江，溺死了事。杜慧度命军士捞起卢循的尸首，砍下他的首级。盘踞南方十多年的海寇终于被涤荡一空，不留遗种了。晋廷当即奖赏功臣、厚恤死者。

刘裕提拔西阳太守朱龄石为益州刺史，让他率领宁朔将军臧熹等人，率众伐蜀。蜀王谯纵早已接到警报，以为晋军仍由内水进兵，所以倾兵驻守涪城，令谯道福为统帅扼住内水。黄虎是内水要口，此次刘裕只令老兵弱将前去，分明是虚张声势以迷惑谯纵。外水一路才是主军，由朱龄石亲自统率进军平模。平模距成都只有两百里，谯纵得知后，连忙派遣秦州刺史侯晖、尚书仆射谯诜出兵驻守平模夹岸，筑城固守。当时正是盛暑时节，赤日当空。朱龄石与刘钟商议休兵养锐。刘钟答道："不可，不可。我军以内水路作为疑兵，所以谯道福不敢去涪城。侯晖见了我军自然惊心，我军趁他惊疑未定的时候，大肆进攻，无患不克。攻克了平模，成都也就容易攻取了。"朱龄石听完，立即誓众进攻。

蜀军有南北二城，北城地险兵多，南城较为平坦。诸将都认为应当先攻南城，朱龄石道："攻占了南城，却不一定能攻下北城。但如果攻下北城，南城却能不战而得。"于是率军猛攻北城,将士前仆后继,一举将北城攻陷,斩了侯晖、谯诜,然后移兵攻打南城。南城已经没了守将,士兵们纷纷逃命,晋军随即占据南城。正巧臧熹也从中水杀进,斩了牛脾守将谯抚之,赶走打鼻守将谯小狗,留兵据守广陵,然后前来与朱龄石会合。两军攻向成都,敌兵的各个屯戍望风大溃,晋军如入无人之境,成都大震。

谯纵魂飞天外,慌忙带着爱女弃城逃走,先到祖墓前告辞。爱女打算殉难,流泪道:"即便逃命也终究难免一死,还不如死在先人墓前。"谯纵拦阻,爱女竟然咬着银牙,用头撞上墓碣,砰的一声,一道贞魂,渺然而逝。谯纵痛失爱女,心里虽然悲伤,却也不敢久留,即刻纵马投奔涪城。途中遇到谯道福,谯道福勃然大怒道:"我正因为平模失守,带兵前来救援,没想到主子竟然骑马逃跑!大丈夫有如此基业都断然抛弃,在其他地方还能成什么事?人生总有一死,难道就怕到这种程度?"说着,拔剑投向谯纵。谯纵连忙闪过,利剑击中了马鞍。谯纵挥鞭往回奔,跑了数里,马突然停住,然后轰然倒地。谯纵下马休息了一会儿,暗想无路求生,不如一死了事,于是解带悬林,自缢而亡。

巴蜀人王志斩了谯纵的首级,送给朱龄石。当时朱龄石已经攻入成都。蜀地尚书令马耽封好府库,献上图籍。朱龄石下令搜诛谯氏亲属。谯道福当时还未被搜到,他将家财拿出来犒赏兵士,号令军中道:"蜀地存亡与否就看今日了。今天尚足以一战,还望大家努力!"众人虽应声称诺,但等到金帛到手,却都私下逃走了。谯道福孤身逃窜,被巴蜀百姓杜瑾抓到,押送到晋营,结果自然是枭首示众。谯氏总计称王九年。

南凉国灭

这时候,北凉王沮渠蒙逊已攻下了南凉的姑臧城,把都城从张掖迁到姑臧,自称河西王,改元玄始。此前多年,南、北二凉之间互相仇恨,争战不休。

沮渠蒙逊围攻姑臧,城内大为惊恐,百姓多半惊散。秃发傉檀只得派使者求和,将儿子秃发他及司隶校尉敬归送去做人质。沮渠蒙逊这才带兵退去。敬归到胡坑时趁机逃走,可没逃多远又被抓了回去。秃发傉檀担心沮渠蒙逊再来侵犯,就率领亲党迁居乐都,只留大司农成公绪戍守姑臧。秃发傉檀刚出城门,魏安人焦谌、玉侯等就闭门作乱,占据了南城,推焦朗为大都督,自称凉州刺史,并秘密与沮渠蒙逊约为内应。沮渠蒙逊再次进兵姑臧,

焦朗不知道焦谌的阴谋，依然召集士兵守城。焦谌暗中打开城门，迎进沮渠蒙逊。焦朗来不及逃走，束手就擒。沮渠蒙逊大开恩典，赦免了焦朗，然后移兵进攻北城。成公绪早已逃走，沮渠蒙逊占领姑臧城。沮渠蒙逊任命沮渠挈为秦州刺史，戍守姑臧。随后，沮渠蒙逊率兵攻打乐都。

秃发傉檀慌忙带兵守城，与沮渠蒙逊相持了几个月，全城无恙。但秃发傉檀见守卒伤亡太多，总觉得南京岌岌可危[1]，不得已再与北凉讲和。沮渠蒙逊要求秃发傉檀以爱子秃发安周为人质。秃发傉檀不得已答应，沮渠蒙逊这才退兵。过了几个月，秃发傉檀又想攻打沮渠蒙逊，邯川护军孟恺进谏道："沮渠蒙逊刚刚攻下姑臧，势力正盛，我军不宜速攻，应以保卫境土为是。"秃发傉檀一心想要复仇，不听孟恺的劝告，当即分兵五路，同时举兵大进。到了北凉番禾、苕藋等地，劫掠了五千多户百姓，然后商议是否班师。部将屈右认为士兵已经疲惫，应当班师回都。卫将伊力延反驳道："示人以弱，这难道也算良策？"秃发傉檀采纳了伊力延的意见。屈右私下里对弟弟说道："主上不采纳我的建议，这难道是天意吗？恐怕我们兄弟不能生还了。"秃发傉檀一路慢行，途中遇到大风雨。北凉兵忽然从天而降，喊声四震，吓得南凉兵魂不附体，撒腿飞跑。秃发傉檀一路丢兵弃甲，狼狈逃回。沮渠蒙逊追到乐都，四面围攻，秃发傉檀又送出一个儿子秃发染干做人质，沮渠蒙逊才罢兵回去。

秃发傉檀连年遭受战祸，国威大挫。唾契汗乙弗居住在吐谷浑的西北面，本来是南凉的臣属，此时却兴兵叛乱。秃发傉檀决意西征，邯川护军孟恺进谏道："不如与乞伏炽磐结盟，等筹到充足的粮食，再伺机而动，这样才能保得万全。"秃发傉檀不听，命太子秃发虎台戍守都城，自己率兵亲征，约定一个月之后回都。大兵西去，大破唾契汗乙弗，掳得四十多万头马牛

---

[1] 岌岌可危：形容十分危险，快要倾覆或灭亡。

羊，满载而归。哪知乐极悲生，福兮祸倚，路上遇到安西将军秃发樊尼，报称："乐都失守，王后和太子都成了俘虏。"秃发傉檀听后，险些晕了过去，勉强镇定心神，问明情形，才知是乞伏炽磐偷袭了乐都。秃发傉檀见退无可退，踌躇了好一会儿，号令众人再次向西进发，夺取唾契汗乙弗的所有资财。接着，又麾众西进。

众将士一心想要东归，路上多半逃走。到了最后，只剩下一个叫阴利鹿的随从。秃发傉檀不禁凄然说："我的亲属都离开了，你为什么还要留下呢？"阴利鹿道："臣家里还有一个老母亲，但忠孝不能两全，臣不能为陛下保住国家，怎么能弃陛下独自远逃呢？"秃发傉檀感叹道："要了解一个人实在不容易。大臣亲戚纷纷弃我而去，只有你始终追随，你没有负我，我却实实在在地有愧于你啊。"说完，泪如雨下。阴利鹿也不禁落泪。二人一路同行。

途中，二人探知乞伏炽磐已经回师，留下部将谦屯镇守乐都，任命秃发赴单为西平太守，镇守西平。秃发赴单是秃发乌孤的儿子，秃发傉檀的侄子。秃发傉檀当即去投靠秃发赴单。秃发赴单上报乞伏炽磐。乞伏炽磐从前在南凉做人质，秃发利鹿孤曾将宗族之女许配给乞伏炽磐为妻，乞伏炽磐回国后，秃发傉檀将他的妻子送回。所以乞伏炽磐听说秃发傉檀前来投奔，就特意派遣使者迎回秃发傉檀，以上宾之礼相待，封他为左南公，对秃发虎台也同样优礼相待。秃发傉檀便遣阴利鹿归家，阴利鹿这才离开。至此，乞伏炽磐彻底吞并了南凉，自称秦王，后来他担心秃发傉檀成为后患，就派人用鸩酒毒杀了秃发傉檀。南凉自秃发乌孤立国，兄弟相传，历三主，共十九年。

后秦灭亡

秦主姚兴嗣位后,曾立昭仪张氏为皇后,长子姚泓为太子,其他的儿子都封为公爵。姚弼受封为广平公,他阴险狡诈,心里时刻谋划着夺取储君大位,表面却装作一副孝顺的样子,因此深受父亲的宠爱,担任雍州刺史。

后来,姚兴得了重病,太子姚泓入宫侍奉。姚弼趁机作乱,暗中召集上千党羽,准备等姚兴一死就杀了姚泓。姚裕察觉了姚弼的阴谋,立即派人通知各位兄长。上庸公姚懿等人都悄悄做好了讨伐姚弼的准备。后来,姚兴渐渐痊愈,姚弼的阴谋才没有得逞。征虏将军刘羌在大殿之上揭发了姚弼的阴谋,姚兴慨然道:"朕教子无方,才使得他们兄弟不和,为此朕深感惭愧。愿各位爱卿各陈己见,以安社稷。"京兆尹尹昭、右仆射梁喜都建议将姚弼问斩,姚兴始终不忍,只免除了姚弼尚书一职。后来又有大臣上疏请求废黜姚弼,姚兴仍然不从。就这样过去了一年。

这个时候,晋廷提拔刘裕为中原大都督。刘裕得知后秦皇室内骨肉相残,决定西讨,于是敕令戒严,准备起行。

秦主姚兴任命司马休之为镇军将军、扬州刺史。当时后秦诸子相争,动荡不安,天灾地祸频繁,姚兴也不免担忧。

姚兴在这样内忧外患的压迫下,病情加剧,几乎说不出话了。宫中人士纷纷传言姚兴即将去世。姚兴少子姚耕儿对兄长姚愔说道:"主上已经驾崩,请速决计!"姚愔立即号召党羽尹冲、姚武伯进攻端门。敛曼嵬勒兵抵御,胡翼度率领禁兵闭守四门。姚愔在端门外面放起火来。宫内的大臣、嫔妃见外面火光照天,嘈杂不已。秦主姚兴听到声音,才知有人作乱,马上传旨逮捕姚愔,将他赐死。禁兵见姚兴出来,士气大振。姚愔兵败,逃奔骊山。姚愔的党羽建康公吕隆逃奔雍州,尹冲与尹泓奔往晋国,秦宫稍稍安定。姚兴

在弥留之际，召来姚绍等人，让他们受诏辅政。第二天姚兴逝世。姚泓派人追捕姚愔、吕隆等人，然后发丧，追谥姚兴为文桓皇帝。姚兴总计在位二十二年，终年五十一岁。

姚泓继位，改元永和。北地太守毛雍起兵叛乱，姚泓命东平公姚绍征讨，毛雍战败被斩。长乐公姚宣受参军韦宗的鼓动发兵作乱，东平公姚绍移兵征讨，大破姚宣，并将姚宣斩杀。后来西秦王乞伏炽磐、仇池公杨盛、夏主赫连勃勃先后进犯，秦土日益危困。

晋刘裕兴兵讨秦，一路上势如破竹，先声夺人。

秦军根本无力抵抗，姚泓只好向北魏求援。晋刘裕正好也派人向北魏借道。于是魏主拓跋嗣召集大臣商议，大臣多认为应当援救后秦，崔浩却进谏道："秦国将亡，救无可救。不如借道让刘裕西上，然后发兵堵塞东路。如果刘裕大胜，必然感激我们；如果刘裕战败，我们也有救秦的美名。"拓跋夫人也劝拓跋嗣援秦拒晋，于是拓跋嗣派兵阻拦晋军。刘裕命朱超石领着弓弩手登上马车大射魏兵，魏兵大败，魏将阿薄干阵亡，刘裕大军安然西去。

魏主拓跋嗣后悔没有听从崔浩的建议，就召崔浩商议军情。崔浩建议拓跋嗣静观秦晋之争，按兵不动。晋将王镇恶驻守潼关，见粮食将尽，就到弘农劝说百姓输送粮食，百姓无不应命。沈林子击破河北秦军，斩杀多名秦将。姚绍愧愤成疾，呕血而亡。秦兵失了姚绍，更加无心作战。

晋将沈田子、傅弘之攻破武关，进屯青泥。秦主姚泓率兵前去抵御，但姚泓未曾经历大战，骤然看见晋军各执短刀，好似虎狼一般，不由吓得魂飞魄散，急忙逃跑。主帅逃跑，士兵自然溃散。沈林子见秦主已经逃走，立即派兵追击。刘裕到了潼关，命王镇恶进兵长安，自己率军继续前进，斩杀了姚强，赶走了姚难，直达渭桥。姚丕扼守渭桥，被王镇恶击败。

姚泓带兵前去援救姚丕，反被姚丕的士卒被冲散，自相践踏，不战而溃。姚泓单骑逃走，王镇恶追到平朔门。长安已破，姚泓只好带着妻儿逃往石桥。姚赞回军援救姚泓，胡翼度投降晋军。姚泓无计可施，只得投降。后秦自姚苌开始，一共传了三代，历经三十二年而亡国。

刘裕篡晋

晋廷派遣琅琊王司马德文和司空王恢之到洛阳拜谒五陵，又下诏提拔刘裕为相国，不久又封刘裕为王。当时夏主赫连勃勃雄踞朔方，在黑水南面修筑一城作为夏都，自谓要统一天下，君临万邦，给都城起名为统万城。又说祖宗跟随母姓，实属不该，特改刘氏为赫连氏，取徽赫连天之意。得知刘裕伐秦，赫连勃勃笑道："姚泓不是刘裕的对手，况且秦国内乱不已，眼见是要灭亡了。但刘裕不会久留,必然要南归,只留将领据守,到那时我正好谋取关中呢。"于是厉兵秣马,进踞安定城。秦岭以北的郡县都向赫连勃勃投降。

刘裕得此消息,知道赫连勃勃必然图谋关中,就与赫连勃勃约为兄弟。刘裕本想留守西北,却接到建康急报,说左仆射刘穆之得病身亡。刘裕视刘穆之为心腹,府中大事全由他裁决。刘穆之忽然病死,令刘裕不得不顾念内忧,当即决定东归。

夏主赫连勃勃听说刘裕已经离开关中,立即向大臣王买德请教,问他应当如何谋取关中。王买德道:"刘裕匆匆东返,无非是急着去篡夺晋位,因而必定无暇顾及中原。现在不取关中,更待何时?青泥、上洛是南北险要之地,可先派兵将这两处占住,再向东塞、潼关发兵,断了晋军的水陆要道,然后传檄天下。"赫连勃勃大喜,率领大军进入长安,占据关中。朱龄石兄

弟及王敬、傅弘之等人矢志不屈，最终被杀。赫连勃勃命人在灞上设坛，自称皇帝，改元昌武。

刘裕年逾六十，急着要篡夺晋室。他密令中书侍郎王韶之买通安帝身边的人，谋杀安帝。安帝原是傀儡，一切事情全仗弟弟琅琊王司马德文代为处理。司马德文自从到洛阳拜谒帝陵之后，就回到都城，日夜不离安帝左右。王韶之等人无隙可乘，无法下手。后来司马德文患病，不得不回府调养。王韶之趁机入宫，指挥内侍用散衣打了一个结，套住安帝的脖颈，将安帝活活勒死。

王韶之报知刘裕，刘裕托称安帝暴崩，并伪传遗诏让琅琊王司马德文继位，称为恭帝。第二年正月初一，司马德文登基，改元元熙，立妃子褚氏为皇后。过了元宵，恭帝将安帝安葬，追谥为安皇帝，并加封百官，封刘裕为宋王。刘裕老实受封，迁居寿阳。不久，朝臣受到刘裕的暗示，纷纷劝谏恭帝晋封刘裕的母亲萧氏为王后，世子刘义符为太子。恭帝无法不从。

好不容易过了一年，刘裕在寿阳宴集群僚，假意说要奉还爵位，归老京师。僚属莫名其妙，中书令傅亮悉心揣摩，居然窥透刘裕心意。等到席散之后，傅亮前去拜见，说道："臣也想回都城。"刘裕捋须一笑。

天亮之后，傅亮立即奔赴都城。不久，就有诏命传出，让刘裕入都。刘裕到了建康，傅亮已安排妥当，逼迫恭帝禅位。傅亮写好诏书呈给恭帝，令他照稿誊抄。恭帝强作欢颜，执笔写成交给傅亮。取出玺绶交给光禄大夫谢澹、尚书刘宣范，让他们交给宋王刘裕，然后带着皇后褚氏凄然出宫。晋室遗胄都被各处戍将驱逐出境，一同逃往北魏去了。

宋王刘裕得了禅诏，假意再三推让，以示谦恭。那一班攀鳞附翼的臣僚连番劝进，刘裕就在南郊筑坛，祭告天地，即皇帝位，国号宋。颁诏大赦，改晋元熙二年（420年）为宋永初元年。东晋从此亡国。

心狠手辣的刘裕，暗想废主尚存始终是祸根，不如一律铲除。晋元熙二年九月中旬，刘裕命士兵前去逼迫司马德文服毒自尽。司马德文不肯，竟被士兵用被子捂住，活活闷死。可怜司马德文在位才一年多便惨死，年仅三十六岁。宋主刘裕为他举哀，追谥为恭。东晋从元帝到恭帝，共历十一主，总计一百零四年。两晋合计共历十五主，总计一百五十六年。

东晋亡国时，西凉也遭灭亡。西凉主李歆好兴土木，又崇尚严刑，百姓不安，变乱迭出。北凉主沮渠蒙逊想趁机攻打西凉。于是假意要攻打西秦，暗中却屯兵川岩，伺机攻打西凉。李歆打算乘虚袭击北凉，武卫将军宋繇苦口谏阻，尹太后也危词劝诫，李歆始终不听，执意出兵。行军途中遭遇沮渠蒙逊的大军，双方交战，李歆一败涂地。但李歆还是不肯退到酒泉自保，慨然道："我违逆母亲，自取此辱。不杀此胡，有何面目再见母亲？"当下集合残兵继续与敌兵厮杀，再战再败，直到战死。沮渠蒙逊进踞酒泉，灭掉西凉。西凉自李暠独立传到李歆亡国，历二主，共存二十二年。西凉太后尹氏前往伊吾，与孙子们生活在一起，得以寿终。北凉沮渠蒙逊传位于儿子沮渠牧犍，后来被北魏所灭。西秦从乞伏炽磐传到其子乞伏慕末时，被夏国所灭。夏国、北凉以及仇池杨氏，最后都被北魏吞并。这些就都是刘宋时候的事了。